U0514936

教育部人文社会科学
重点研究基地基金资助

批准号:05JJD780101

田螺山遗址自然遗存综合研究

北京大学中国考古学研究中心
浙江省文物考古研究所　编

文 物 出 版 社
北京·2011

责任印制　梁秋卉

责任编辑　王　霞

图书在版编目(CIP)数据

田螺山遗址自然遗存综合研究 / 北京大学中国考古
学研究中心编. —北京:文物出版社,2011.5
　ISBN 978－7－5010－3164－1

　Ⅰ.①田…　Ⅱ.①北…　Ⅲ.①河姆渡文化—文化遗址
—研究—余姚市　Ⅳ.①K878.04

　中国版本图书馆 CIP 数据核字(2011)第 069172 号

田螺山遗址自然遗存综合研究

北京大学中国考古学研究中心
　　　　　　　　　　　　　　　　　编
浙江省文物考古研究所

*

文 物 出 版 社 出 版 发 行

(北京东直门内北小街2号楼)

http://www.wenwu.com

E－mail: web@wenwu.com

北京盛天行健印刷有限公司印刷

新 华 书 店 经 销

787×1092　1/16　印张:18.75

2011 年 5 月第 1 版　　2011 年 5 月第 1 次印刷

ISBN 978－7－5010－3164－1　定价:150.00 元

目　录

从河姆渡到田螺山

赵　辉

（北京大学中国考古学研究中心）

上世纪 70 年代,浙江省的考古工作者们发现和发掘了余姚河姆渡遗址[①]。消息一经传开,立即在整个学术界引起轰动。

河姆渡遗址的发现,第一次让人们了解到长江下游钱塘江以南地区较已知崧泽、良渚文化更早阶段的文化面貌。70 年代的中国新石器时代的考古学,凭借新发现来建立各地文化年代框架的任务还十分繁重。因此,这一发现备受关注,就是十分自然的了。有关这一基本层面上的各种问题,如河姆渡遗址早期遗存(第一、二期)在整个新石器时代分期中的位置、如何看待遗址第一至第四期遗存的关联、河姆渡遗存所代表的钱塘江以南地区史前文化与江北文化的关系等的讨论,随即开展起来,就是在今天,学者们就有关上述问题仍然不时会出现争执。

河姆渡遗址的发掘还有一个引人之处,即遗址的早期(第一、二期)遗存深埋在地下潜水面之下,这一十分特殊的埋藏环境使得大量动物和植物的有机质遗存得以保存下来,而且其保存程度之好,以至它们在出土的那一刻,还呈现出刚被埋藏时的色泽,令人大开眼界。随即,这些有机质遗存中蕴涵的可以反映当时人们生产生活各种情况的信息,得到人们的重视。例如河姆渡时期的木构建筑技术、编织技术、漆木器制作、骨耜以及大量不知名工具的功能、各种出现在不同材质遗物上装饰花纹的寓意等问题,都引起了学者们的议论。这其中,水稻及相关遗存的出土,尤其为人们所重视。在遗址两个年度发掘范围内的第四层上部,普遍有一层以稻草茎、叶以及谷壳为主的堆积,有学者根据其分布的面积和堆积厚度,换算出其大约相当于 120 吨稻谷的总量。这是一个惊人的数字,而且若考虑到遗址远未全部考古揭露,它尚不是全部。这很快促使学者们得出一个广泛的共识——河姆渡时期人们的生计主要依赖稻作,也即他们已经处于较为成熟的稻作农业社会阶段了。而这个认识很快就在更大范围的研究上显现出意义。

第一,河姆渡稻作遗存的发现将考古学家引入传统上是以农学家为主进行的农业起

---

① A. 浙江省文物管理委员会:《河姆渡遗址第一次发掘报告》,《考古学报》1978 年 1 期。
　B. 河姆渡考古队:《浙江河姆渡遗址第二次发掘的主要收获》,《文物》1980 年 5 期。

源的研究领域。在当时,河姆渡的稻作遗存是整个中国南方已知稻作遗存中年代最早的考古发现。把稻作看作不仅是作物种性的进化,也不仅仅是一种技术,而是文化的一部分,它不能单独存在,也很难完全脱离其他文化组分单独地发展和传播——这是考古学家容易采取的看法。站在这个立场上比较了各地物质文化间的关联后,考古学家发现了这样一个指向,即长江流域的稻作遗存不仅年代早,而且考古学物质文化上看不出与当时主流观点的稻作农业印度起源说或者印度阿撒姆——中国云南地区起源说的彼方地区的文化之间存在明确的联系,这就成为提出中国长江流域中下游地区是稻作农业的独立起源地之一看法的最基本的理由①。如果说这个学说在当时还带有某种推测的色彩,稍后不久一系列早于河姆渡的稻作相关遗存的发现,则几乎将稻作农业长江流域中下游地区起源说加强成为定论②。于是,河姆渡文化在探讨农业起源这一世界性课题时,就是一道绕不开的门槛了。

第二,稻作农业起源于长江流域中下游地区,早在公元前 5000 年上下的河姆渡已然是成熟的农业社会,则它可能具有技术的和更宽泛的文化的辐射能力,就是讨论相关问题时必须要给予充分考虑的了。在最终抵达日本北九州的各种可能的稻作农业东传路线的研究中,河姆渡都是起点。在南岛语族文化的起源和发展中,一些相当有影响的研究者也把河姆渡视为这一覆盖了几乎整个南亚和南太平洋岛屿的文化现象的原点。

与此同时,对河姆渡遗址所代表的河姆渡文化本身的研究,也在持续进行。除了前述所举各项研究内容之外,再如河姆渡遗址所处古代环境的复原、从出土动物骨骼的探讨遗址上的家畜饲养等,遗址出土各种材质文化遗物所见各种制作技术的研究等,也都稳步深入地开展起来。这其中,有关稻作资料的研究,主要集中在出土水稻的种性分析上。研究者们先后动用了粒型测量、水稻植硅体双峰乳突形态识别等技术,试图搞清楚这些水稻究竟为粳稻还是籼稻。为此,近年来,研究者还引进了更为先进的 DNA 鉴定技术。现代水稻分为粳稻和籼稻,它们在水稻进化过程中是异源的还是同源的,若为后者,它们又是何时分化开来的?这本来更多地是农学史和植物学上的问题。但一个特殊的文化现象,使得考古学家也对此格外关心起来,即日本学界一般认为现代日本文化是建立在稻作农业基础上的,而日本最早的稻作农业文化——弥生文化的水稻皆粳稻,也叫Japonica,可见粳稻与日本文化的密切关系。因此,追溯粳稻的来源,就差不多成了追溯日本文化来源的同义词了。日本学者关心河姆渡发现的水稻,更关心这些水稻的种性,从而也影响了国内史前水稻种性研究的取向。

所有这些有关河姆渡文化的研究皆遵从了一个似乎是不争的前提,即这个文化已经

---

① 严文明:《中国稻作农业的起源》,《农业考古》1982 年 1、2 期。
② A. 严文明:《史前稻作农业的新发现》,《江汉考古》1990 年 3 期。
　　B. 裴安平:《彭头山文化的稻作遗存与中国史前稻作农业》,《农业考古》1982 年 2 期。

进入到较为成熟的稻作农业阶段了。然而就是这一被广泛认同的前提,却在河姆渡遗址发掘后的 30 年,在一些后来成为本课题组成员的研究者之间产生了分歧。有研究者检讨了河姆渡遗址出土的与稻作农业相关的各种资料,如就遗址的稻草堆积层成因、稻米的性状、被看作农业的间接证据的骨耜之类器具的功能等进行了重新分析,以及整体考虑遗址大量出土的应为采集狩猎而来的动植物遗存后,认为传统的认识大大高估了河姆渡时期的稻作水平。综合遗址上的种种现象看,河姆渡时期的农业水平尚处在主要是利用稻类资源的阶段(长江下游地区农业真正成熟起来当是河姆渡文化以后的崧泽文化遗址,在长江中游地区与之相当的是大溪文化),即便有了稻作,在当时人们的生计活动中的比重也极为有限,就整体而言,还是采集经济①。相反,不同意见认为,遗址上毕竟存在大量水稻遗存,即便不是全部为稻作生产所得,也由于尚无充分证据而不能用全部来自野生采集而一言以蔽之。考虑到遗址以高超的木构建筑技术和较为发达的文化所表现的聚落生活内容,似乎也应当给予稻作在其经济基础中占有适当分量的估计。当然,对此也可以举出许多相反的例子,如绳纹文化前一中期(约距今 5500～4000 年)的日本青森三内丸山遗址同样是狩猎采集经济的社会,却有很大规模的聚落和比较复杂的社会结构。最后,对于河姆渡可否作为同时期整个长江中下游地区经济发展程度的代表,也有疑问。从江浙地区的情况看,浦阳江流域的上山、小黄山、跨湖桥等早于河姆渡的诸类遗存中,生计活动内容显然不比河姆渡进步,而串联起晚于河姆渡的马家浜、崧泽直至良渚文化中农业经济不断进步和社会结构稳步趋向复杂的情况看,河姆渡社会确处在这一连串发展的中间阶段,也即的确是一个时期的代表。然而,从整个长江中下游地区的角度看,河姆渡文化的分布基本局限在绍兴以东,是整个稻作经济文化区的边缘,这里的环境的多样性以及由此带来的资源的丰富性和多样程度,是内陆文化所不能比拟的。换言之,相对于单一环境下的人们在发展农业上应有更大的需求或动力。上个世纪八九十年代以来,湖南澧县彭头山、河南舞阳贾湖等遗存的发现,似乎有迹象显示内陆地区的稻作起源更早和发展更快一些。跨湖桥一类明显带有长江中游文化色彩的遗存出现在浙江浦阳江流域,也许就和这个大的文化背景有关。如此说来,河姆渡文化的生计模式,就有可能在整个长江流域农业化进程中并不具有十分典型的意义。

　　这些争论归结为两个问题:(1)河姆渡的生计模式内容究竟如何?(2)这一模式在史前农业进程中的地位如何准确评价?两个问题关系到能否以及在多大程度上颠覆一个自提出以来已经有 30 多年的成说,还涉及史前社会经济与社会结构之间一系列关系的重新解释,应当说是很有意义的。然而对于争论者们而言,回答第二个问题需要若干个

---

① 这些质疑中的主要部分被整合在以下文章中,秦岭、傅稻镰:《河姆渡遗址的生计模式》,山东大学东方考古学研究中心编《东方考古》第 3 集,科学出版社,2006 年。

类似第一个问题那样的个案研究的积累,即便是回答第一个问题,当时的资料也不能满足研究的需要。

河姆渡遗址的发掘,毕竟是30多年前的工作。通过发掘资料,我们可以了解到遗址上存在过的遗存种类,但不能获悉大多数遗存的数量信息。这也许是最大的缺憾。这样说,丝毫没有贬低当年工作的意思。当时的中国考古学主要关注的是尽快建立各地文化的谱系框架,田野作业时的取样方法也是围绕如何实现这个目的设计的,对与反映文化面貌关系不大的资料信息不够重视就在所难免。事实上,那个时代乃至更晚一些的考古资料,几乎都带有这个特点。而比较起来,河姆渡的工作应予称道的地方尤多。

也就是在对问题热烈讨论和在材料方面深感无奈之际,浙江省文物考古研究所在余姚市政府的支持下,在田螺山遗址进行了正式发掘,为深入研究河姆渡的相关问题提供了难得的机遇。

田螺山遗址距离河姆渡遗址仅十几公里。自2004年起连续的发掘表明,遗址堆积主体相当于河姆渡遗址的第一、二期,大部分堆积也埋藏在潜水面下,有机质遗物十分丰富且保存极好,与在河姆渡所见十分相似。得到消息后,教育部人文社会科学重点研究基地——北京大学中国考古学研究中心随即与浙江省文物考古研究所联系,一致同意结合遗址出土资料,就河姆渡文化时期的经济生活开展研究。2005年,以《田螺山河姆渡文化遗址自然遗存的综合研究》为题,向教育部申请科研立项并获得批准。这便是这个课题的由来。

考古学上的所谓自然遗存,主要指两个部分的内容,一是当时人们以各种方式带入聚落,因而是为人们所利用过的自然资源,包括动植物、矿物等;另一部分是虽然未被人们直接利用,却能反映与人们行为密切相关的环境等信息的资料,如杂草、花粉、硅藻、昆虫、小型软体动物等。此外,人类遗骸或许也可以算在自然遗存的大范畴里。总之自然遗存不像字面上给人的印象,似乎是一个完全与文化遗存相对立的概念。

本课题的主要目的是通过对上述自然遗存中相关部分的分析,复原或重建河姆渡第一、二期文化阶段田螺山遗址人们的生业经济活动模式。进而在一些相关问题上,如河姆渡稻作农业在史前农业进程上的地位、经济发展水平与社会结构的关系等,开展力所能及的讨论。

为实现这个目的,课题在立项时对研究内容进行了如下设计。

1. 古环境复原

对孢粉、硅藻、植硅石、沉积物等内容分别进行系统取样和分析,结合动物、植物群的研究结果,复原田螺山遗址的古微地貌环境和大环境。希冀据此开展如下讨论:(1)古代海岸线变迁对人类活动的影响及其变化;(2)早期人类定居社会的景观特点与规律;(3)早期人类取食经济资源的人工选择与自然选择。

2. 动物遗存分析

主要包括所有系统采集的动物骨骼遗存以及相关工具的分析。从而为如下问题的讨论奠定基础:(1)动物群与古环境的复原;(2)早期人类的肉食资源及其变化;(3)鱼类和大型哺乳动物的取食方法及消费模式;(4)渔猎活动的季节性问题。

3. 植物遗存分析

在系统取样的基础上对主要包括植物种子、果实、木头及木炭等大植物遗存;植硅石这样的微植物遗存;以及陶器尤其是夹炭陶中的植物印痕和相关工具的分析。拟讨论:(1)植物群与古环境的复原;(2)早期人类的植物取食资源及其变化;(3)水稻资源在早期社会中所占比例及其取食、加工和消费模式;(4)人工干预下水稻遗传性状的变化——栽培稻的驯化过程;(5)植物采集或栽培的季节性问题;(6)植物取食经济与手工业生产的相关性;(7)森林资源利用模式和对环境的影响等问题。

4. 残留物分析

通过对石器和陶器上残留物的提取,获得淀粉和植物碱成分,分别进行淀粉类别鉴定和植物碱基的药理学分析。进而讨论:(1)石质工具的功能和使用率;(2)各类陶器的功能;(3)食物的加工方式;(4)是否存在酿酒、致幻剂、茶饮等相关内容。

5. 年代学研究

系统采取短年生植物样本,进行 AMS 及常规 ^{14}C 测年。(1)力求通过系列数据,建立更细的河姆渡文化年表;(2)尝试和考古研究相结合,解决木构建筑的年代和使用时限等问题。

以上五个方面中,第 5 项年代学研究将为整个课题提供较已有分期更精细的年代标尺,是最为基础的工作。第 1 项是为恰当理解河姆渡生计模式提供背景。第 2～4 项,为复原或重建河姆渡生计模式的基本内容。

囿于发掘进度和课题结项时间等各种限制,课题组的工作并未如上述研究计划所列项逐条开展。而是结合课题组的成员特点和客观条件,对最终的研究内容进行增减。比如残留物部分的工作,因为课题结项时发掘还在进行,因此尚未开展;但同时根据研究队伍的调整,我们又增加了稳定同位素的研究内容(中方报告尚在撰写中)。又比如,动植物部分的研究,根据课题组成员的特点进行分工,分别由中方、英方和日方的学者相互合作撰写了多篇专项研究报告,合在一起才是完整的研究成果。凡此种种调整,都是为了能更好的发挥课题组成员的研究优势,以及充分利用课题时限内已经发掘的各类考古资料。

相对以往立项的重大课题,本项研究较多地借助了现代自然科学的分析技术。在谈论学科发展趋势的时候,经常听到的一句话就是要考古科学化,或者说要加强自然科学技术在考古学中的应用。不过,这只是一种表面现象,研究目的的变化才是带动技术现代化的根本原因。大约从上世纪八九十年代之交起,中国考古学开始将注意力投射在物质文化现象背后的社会层面上,从而提出对社会方方面面的复原与重建中的问题。学术一旦发展到这个程度,课题的多样性就立刻呈现出来了。不同的研究课题,需要以不同的资料和信息为基础。而要得到不同的资料信息,往往需要动用一些专门技术,例如田野作业中,大植物遗存和微植物遗存的取样方法就完全不同,实验室内的分析技术更是五花八门。然而,仅仅有资料信息,还是不够的,需要将它们按一定的相关性进行系统化,方能显现出这些内容对于历史阐述上的意义。要达到这个目的,就需要将若干种技术方法按照一定的学术逻辑组织起来,组成一支新的研究团队,建立一种新的协同研究的机制。本课题的实施正是基于此种目标进行的一次实践。

根据本课题设计的初衷,通过对田螺山遗址自然遗存的综合研究重新评估河姆渡文化的生业经济状况,应该说这个目标已部分地实现。根据现有的研究成果,很明显我们以前高估了河姆渡文化稻作农业的发展状况。河姆渡文化应该是处于稻作农业的早期阶段,水稻的驯化仍在进行之中,狩猎采集经济仍然占有相当的比重。这种生业模式显然与崧泽文化之后成熟的稻作农业形态有着显著的差别。

但是,由此也引出了一系列的相关问题:田螺山、河姆渡遗址的文化发展程度和生业模式是否在同一时期的整个长江下游地区具有代表性;近年来发现的早于河姆渡文化的跨湖桥文化中包涵有很多长江中游地区的文化因素,年代也与长江中游的皂市下层文化相当,那么整个长江流域甚至整个中国范围内稻作农业又是如何起源和扩散的。解决这些更宏观问题的,还依赖于今后各省市之间的共同关注与进一步合作。

第二,从研究方法上,田螺山遗址河姆渡文化自然遗存的综合研究课题将过去对农业起源的研究集中在农学家对作物驯化的生物学特征的讨论,转移到关注作物的驯化对早期人类定居社会经济形态所产生影响的考古学观察层面上来,具有重要意义。从这个意义上说,更需要多学科研究的支持,也能够从学术研究的根本目标上促成多学科研究的有效整合。我们希望通过田螺山个案研究,探索这种新的研究方法,促成学术界对包括稻作在内的农业起源问题的重新思考,这比得出某种单项的结论应该更为重要。

田螺山遗址第一阶段(2004～2008年)考古工作概述

浙江省文物考古研究所

一 发现和考古发掘的背景及缘起

浙江地区的史前考古工作发轫于 20 世纪 30 年代,以邻近杭州的良渚遗址发掘和研究为代表,若把它放在中国新石器时代考古开创阶段的学术大背景下,也算起步较早的。新中国成立以后不久,在杭嘉湖地区的邱城、钱山漾、马家浜和水田畈等遗址相继开展多项考古发掘,为马家浜文化、良渚文化研究打下了一定基础。而位于杭州湾南岸、自然条件相近的宁绍地区,直到 1973 年余姚河姆渡遗址被偶然发现以前,一直是考古的空白区域。这样在新中国成立后的 20 多年时间里形成了上述两个区域之间的考古不平衡状况。

但是,30 多年前宁绍地区东部河姆渡遗址的偶然发现和两次发掘,以其年代之久远,遗存内涵之丰富,涉及学科之繁多,对华夏文明史影响之深远,给考古界和历史学界乃至全社会带来极大的震惊,进而深刻改变了关于中国南方地区远古历史与文化的基本观念,特别是让后人清晰地窥见了远古江南多样的自然环境和先民多彩的社会生活。当然,由此也骤然改变了浙北杭州湾两岸地区考古研究的基本格局,尤其在多学科方法、技术在考古中的应用方面走在全国前列,甚至在此之后的 30 多年里,使宁绍地区成为中国史前文化研究一个不可忽视的区域。

另一方面,由于受到当年发掘技术条件局限和学科发展水平制约,当时虽然出土了特别丰富的文化遗存,但未能做到应用完善、细致的手段来处理、收集地下遗存中的完整遗物,并从中提取系统的信息和数据,因此也严重制约了后续研究者对河姆渡文化自然环境演化与社会经济结构动态关系等关键问题的深入探讨。在 20 世纪八九十年代,在宁绍地区虽然还开展了一系列配合社会基本建设的抢救性考古发掘,但一直难以突破河姆渡遗址发掘而产生的学术成果。

不过,面对河姆渡文化研究中亟待解决的一些问题(如"河姆渡文化"内涵不太完整;第三、四期遗存相对单薄;分布范围不太明确;河姆渡文化遗址聚落布局形态不够清楚;

干栏式木构建筑的形式、单元、技术的阶段性特征还存在不少疑问；稻作农业的规模、水平和经济地位没有明确的认识；河姆渡文化的来源还是难解之迷，对其衰落原因、发展去向和向外扩散传播方式也没有确切的解释；对河姆渡文化的社会形态探讨还较肤浅、薄弱；多学科研究缺乏系统、全面、准确的相关信息），浙江省文物考古研究所也一直没有忽略河姆渡文化后续研究这一重要课题。

宁绍地区（习惯上含萧山）历年史前考古项目一览表

遗址名称	地理位置	发掘时间	发掘面积	堆积年代（距今约BP）	主要发现
河姆渡	余姚河姆渡	1973/1977	2680m²	7000～5000年	干栏式木构建筑遗迹、稻作遗存、夹炭黑陶
慈湖	宁波慈城镇	1988	近300 m²	5800～4300年	水岸堆筑小路、岸边乱木堆、夹炭红衣黑陶
名山后	奉化南浦乡	1989/1990	600 m²	6000～4300年	人工堆筑土台、墓葬
塔山	象山丹城镇	1990/1992/2007	1500 m²	6000～4300年	上、下层墓地
壶瓶山	绍兴齐贤镇	1991/1992	350 m²	4500～4000年	山麓二次堆积良渚文化黑皮陶
跨湖桥	萧山城厢镇	1990/2001/2002	1080 m²	8000～7000年	村边水岸木构设施和独木舟、夹炭黑陶
小东门	宁波慈城镇	1992	300 m²	5500～4300年	坡相堆积、瓮罐葬
鲞架山	余姚河姆渡	1994	550 m²	6000～5000年	坡相堆积、成片瓮罐葬葬地、木栅栏、小水坑式河埠头
鲻山	余姚丈亭镇	1996	306 m²	6500～5000年	多层次干栏式木构建筑、打制石器加工点、夹炭陶
沙溪	宁波北仑区	1994/1997	370 m²	5000～4000年	坡相灰烬堆积、泥质陶
金山	萧山所前镇	1999	350 m²	5000～4000年	坡相堆积、坡地干栏式建筑残迹、墓葬
楼家桥	诸暨次坞镇	1999	900 m²	6000～4500年	山麓坡相堆积、石器加工点
下孙	萧山城厢镇	2003	550 m²	8000～7000年	感潮水岸堆积、灰坑
傅家山	宁波慈城镇	2004	2000多m²	7000～6000年	排桩型干栏式木早期构建筑
寺前山	绍兴杨汛桥	2004	100 m²	6000～4000年	马家浜文化晚期石砌护坡、良渚文化遗物
小黄山	嵊州甘霖镇	2004/2005	3200 m²	9000～7500年	环壕土台型聚落、挖坑埋柱式建筑遗迹、红衣夹炭陶
田螺山	余姚三七市	2004/2006/2007/2008	1000 m²	7000～5500年	多层次干栏式木构建筑、布局清晰的村落局部、稻作遗存、村落外围古水田、打制石制品、二次葬、丰富动植物遗存

河姆渡遗址坐落的姚江谷地,地处沿海,地势低平。改革开放之后,当地良好的区位和环境优势促使个体企业迅猛发展,也由此迎来河姆渡文化研究的又一历史性机遇。2001年底,位于61省道北侧田螺山上的一家小厂由于生产用水的需要打了一口3米深的水井,从中出土了不少陶片、木头和骨头。具有一定文物意识的热心厂主把这一消息报告给了河姆渡遗址博物馆,这样该遗址在掩埋5000多年后终于浮出水面,稍后又经浙江省文物考古研究所核实为河姆渡文化遗址,列入省所工作计划以后,经国家文物局批准,自2004年上半年至今,几乎连续地开展了四次考古发掘,其后的材料整理和发掘报告编写工作至今仍在紧张进行。此项工作是在河姆渡遗址发掘整整30年之后的历史背景下,新世纪以来在姚江流域开展的第一项河姆渡文化考古工作,也是浙江考古史上连续投入时间最长、参与研究的相关学科专家最多的一个考古项目,已产生较大的学术影响。

二　地理位置和周边环境

田螺山遗址位于浙江省余姚市三七市镇相岙村村口,西距余姚市区24公里,东距宁波市区23公里,甬余公路(61省道)北侧200米,西南距河姆渡遗址7公里;东经121°22′46″,北纬30°01′27″(图1)。

遗址地处宁绍地区东部姚江流域,四明山支脉——翠屏山南麓(图2)的一块1平方公里左右的沉积小盆地中部(图3),几乎四面环山(海拔300米以下的丘陵),自身又围绕着海拔仅5米的一个小山包——田螺山(图4)。周围现代水稻田海拔2.3米左右;经钻探,地面3米多以下是古浅海湾、滨海泻湖相沉积——厚度10多米的青灰色淤泥;西面100多米处有一条小溪由北向南流入姚江谷地。文化层分布范围,南北长220、东西宽约160米,总面积30000多平方米,保存非常完整。

三　第一阶段考古发掘概况

自2004年2月至2008年7月,田螺山遗址共开展了四次考古发掘,揭露总面积1000平方米,出土典型的河姆渡文化古村落遗迹(多层次的干栏式木构建筑、木构寨墙、独木桥、二次葬、食物储藏坑、废弃物坑和堆、古稻田等具有有机联系的一系列聚落遗迹)和3000多件各类(陶、石、玉、木、骨、角、牙、其他植物制品等)生产、生活遗物,以及与古人活动相关的大量动植物遗存。

(一)第一次发掘

为初步摸清田螺山遗址的文化内涵、堆积厚度、保存情况和研究价值,2004年2月

图 1　田螺山遗址地理位置

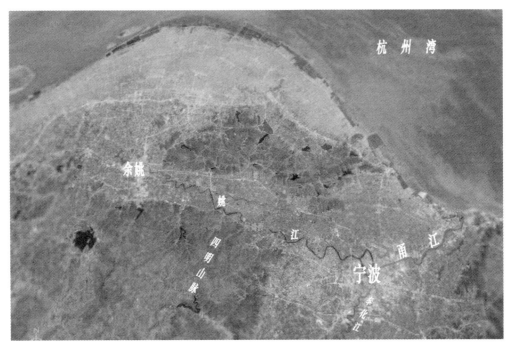

图 2　河姆渡文化早期部分遗址分布

图 3　田螺山遗址周围自然景观(由南到北摄)

图 4　保护棚建造以前遗址原貌(由南到北摄)

18日~7月7日,进行300平方米试探性发掘(图5、6),发现了保存良好、规模较大的干
栏式木构建筑遗迹和独木桥式跨水木构设施,并出土大量具有显著河姆渡文化特征的各
类器物和极其丰富的动植物遗存。它们都集中地体现出该遗址在开展河姆渡文化聚落
考古和当今时代多学科研究方面的重要价值,表明该遗址是姚江流域继河姆渡和鲻山遗
址之后发现的又一重要的河姆渡文化早期聚落遗址。

　　第一期发掘成果一经公布,很快引起当地政府、有关专家的高度重视。对河姆渡文
化具有深刻印象和文物保护意识的余姚市政府领导不久就作出在田螺山遗址发掘区上
方投入大笔资金建设保护棚(图7)的决策,此后两年里,先后完成从筹备、设计、施工到布
展的遗址现场馆整个建设工程(图8)。2005年下半年,为配合遗址保护棚工程的开展,
在施工前对几个影响到文化层的保护棚桩基土坑进行了局部的抢救性发掘(编号为
DK1~DK8)。

(二)第二次发掘

　　为更加全面、准确地了解田螺山古村落的聚落布局形态、揭示干栏式建筑遗迹单元
的完整性,在第一次发掘的基础上,适当扩大发掘面积,有序地推进已有的各方面工作。

图 5　2004 年发掘区(由东北向西南摄)

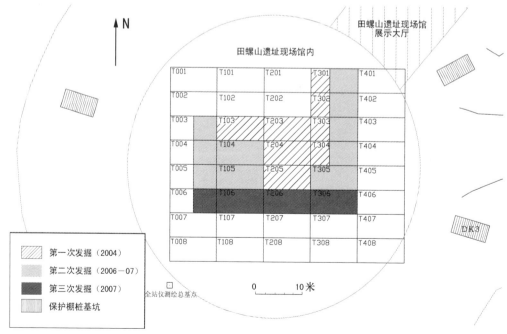

图 6　第一阶段保护棚内探方分布图

图 7　遗址现场馆位置(由西南向东北摄)

图 8　遗址现场馆外景(由东南向西北摄)

2006年9月下旬到2007年1月20日,第二次发掘实施,在原来300平方米的基础上扩大到600多平方米(见图6)。期间,先对原有发掘现场作了重新清理,并在新扩范围内逐层往下推进。为配合北京大学中国考古学研究中心与浙江省文物考古研究所合作进行的"田螺山河姆渡文化遗址自然遗存综合研究"课题,从本次发掘开始,所有探方都进行了系统取样,取样内容包括10%覆盖率的各文化层堆积土样,以及所有编号遗迹单位的土样。

通过此次发掘,最终对东发掘区内原有的干栏式木构建筑遗迹形态、单元布局有了更清楚的了解,还初步搞清了西发掘区内小码头或独木桥式的木构遗迹与东侧居住区的有机联系——双排桩式木构"寨墙"。它的发现和认定清楚地揭示了田螺山古村落的局部结构,对开展河姆渡文化乃至中国南方新石器时代文化的聚落形态考古学研究具有非常重要的价值,并出土了反映当时生产和生活状况的各类遗物500多件,如木桨4件、木耜1件、木筒1件,还有骨耜、骨镞、骨锥、骨凿、石斧、石锛和大量陶器碎片等众多遗物,以及不计其数的动植物遗存。

(三)第三次发掘

是在2004年第一次发掘和2006年第二次发掘之后开展的延续性工作,发掘时间2007年4~7月(见图6)。目的是为了更加全面、准确地了解田螺山古村落的聚落布局形态、揭示干栏式建筑遗迹单元的完整性、探索遗址外围稻作农耕遗迹状况。除原有的625平方米发掘范围内的后续工作以外,往南新扩发掘面积175平方米,基于聚落遗迹现场保护的需要,大部分只清理到第⑥层下的早期文化堆积表面。另外,在遗址西侧还进行了古稻田遗存小面积试掘。

发掘进展:(1)南边新扩的4个东西向探方中,揭掉最厚处近2米的淤泥层后,显露出遗址最晚期阶段的堆积形态——中间高、周围低缓呈斜坡状。通过逐层往下清理,村落遗址形成的三个阶段显示更加清晰(图9)。(2)早期,居住区的干栏式长屋继续由北向南延伸,西侧的近南北向木栅栏式寨墙也平行南伸,再往西,由于发掘进度的限制,村落西侧外围遗迹的状况和性质尚未能揭露清楚。(3)中期,很不完整的木构建筑遗迹大体反映出建筑技术和结构、以及村落布局和规模的一些变化,如一些带大块垫板的柱坑整体上分布成弧形,似乎表明这个阶段的建筑结构类似闽南地区现存的大型围屋——"土楼";其外围还有由较多的木桩、木柱构成的另一形态的木构建筑。(4)在遗址最晚期和最浅层的堆积中,只有少量几座简易土坑墓和似为一处残陶窑的一个大烧土堆,可以说明村落布局结构在此阶段有较大改变。上述村落遗迹的演进形态,加上叠压它们的斜坡状海相和湖相沉积,更好地反映了田螺山古村落的兴废轨迹,以及相关自然环境在全新世晚期的动态过程。

图 9　发掘区中部堆积叠压关系(由北往南摄)

图 10　与田螺山古村落布局相似的中国西南侗族村寨(引自《浙江画报》2007 年 5 期)

通过第三次发掘,使 800 平方米总体范围内的聚落遗迹的纵横联系显得更加清晰,即早期的居住区、寨墙、往村落外界的独木桥式的跨河木构通道等三种聚落单元与更外面的古稻田、环绕村落的古溪河、小山丘构成了一座江南远古村落的一幅诗意画面(图10);另一方面,该遗址完整的文化堆积及其包含的不同阶段的聚落遗迹形态,则确凿地记载了河姆渡文化时期东南沿海地区史前文化与自然环境的互动历程。

(四)第四次发掘

在 2005～2007 年对田螺山遗址外围大面积钻探调查、试掘和小规模探掘的基础上,对聚落外围古稻作农耕遗迹分布的范围、年代和地层叠压关系获得了比较可靠的认识。为最终完成我所科技考古室 2006 年初向浙江省财政厅申请资助的“浙江史前农耕遗迹调查”课题任务,2008 年初,经国家文物局批准,在田螺山外围进行了 200 平方米的正式发掘(图 11)。经过 2008 年上半年的艰辛发掘,在古农耕的层位、年代、遗存内涵、遗迹面貌,特别是与地下古村落布局的有机联系等方面获得突破性进展;(1)发现了与遗址早晚文化层相对应的两个深度、两个时期的古耕作遗迹;(2)发现一段类似田埂的田间小路(图 12a、b);(3)发现古农耕遗迹的兴废可与古环境和古村落的兴衰密切联系(图 12c)。这一重要成果在 2008 年 6 月于杭州举行的“河姆渡文化农耕遗迹论证会”上得到了国内外 10 多位知名专家的一致肯定,为河姆渡文化稻作发展水平的定位和开展中国南方地区史前文化聚落形态考古研究获取了扎实的材料。

四 发掘材料的整理和研究

(一) 2004 年上半年第一次发掘结束后,为配合余姚市政府落实遗址保护棚的设计和施工,暂缓了第二次发掘的实施,改做已出土材料的初步整理。2004 年下半年,主要把出土陶片作了分类、拼对、修复和统计。《余姚田螺山遗址 2004 年发掘简报》刊于《文物》2007 年第 11 期。2006 年上半年,由北京大学中国考古学研究中心和浙江省文物考古研究所合作开展的“田螺山河姆渡文化遗址自然遗存综合研究”课题正式启动,课题组成员开始对 2004 年发掘出土的动植物遗存进行观察、分类和记录。

(二)2007 年下半年,开始对前三期的发掘材料实施全面、系统的整理研究,重点是做各类出土材料的前期技术处理。(1)全部陶片的编号、分类、拼对、修复;(2)所有保存下来的文化层土壤的淘洗及其淘洗物的初步分类;(3)对从文化层中提取的 10％覆盖率的土样和遗迹单元中提取的定量土样的分层淘洗、存放,以及显微镜下的逐个观察、分拣、统计;(4)哺乳动物遗骸和由一个鱼骨坑出土的鱼骨的专门研究;(5)石质遗存的整理、记录和微量元素实验室理化分析与石材产地的合作调查研究工作也顺利开展。

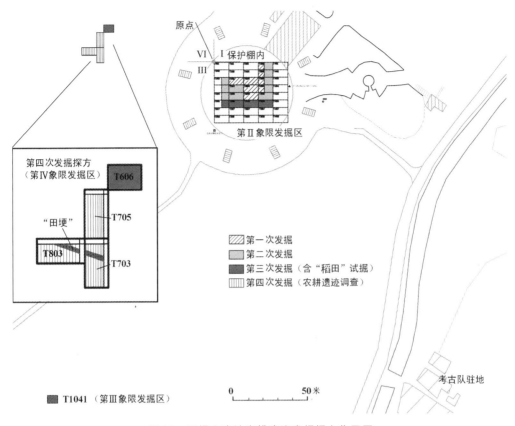

图 11　田螺山遗址农耕遗迹发掘探方位置图

（三）2008 年上半年,对前三期的发掘材料进行全面、系统的继续整理研究,重点是做各类出土材料的中期技术处理。(1)全部陶片的全面拼对、修复和已修复陶器的绘图、拍照;(2)安排技工和民工对中等粗细的淘洗物进行分拣,挑出植物种籽、果核和碎小动物骨头分类、统计、存放;(3)对各单元淘洗物中较粗的动物骨骸进行再分类,分出骨关节、鱼骨和龟鳖类遗骸;(4)哺乳动物遗骸的专门研究,主要进行分类测量记录;(5)结合从淘洗物中挑出的细小石质遗存,进行石质遗存全面的分类、观察、记录,同时穿插绘图和拍照工作,并开始考虑《石质遗存报告分册》的体例和编写分工。

五　遗址地层堆积

遗址堆积主要集中于田螺山这一小山包的西南坡下。发掘区堆积自东北向西南缓慢倾斜,最大厚度 330 厘米,共分 8 层,第③～⑧层,属河姆渡文化的地层,大体相当于河姆渡遗址第②～④层。鉴于现场保护出土的木构建筑遗迹的需要,除 T103、T105 已基本发掘到底外,其余各方大体上暂停在第⑥层下的堆积表面。

图 12a 遗址晚期农耕遗迹和"田埂"遗迹(由南往北摄)

图 12b "田埂"剖面(T703 西壁,由东往西摄)

图 12c 早晚两期农耕遗迹地层剖面
(T705 南壁,由北往南摄)

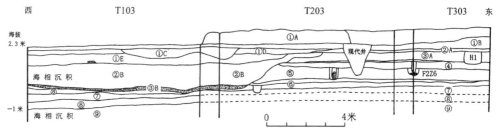

图 13 田螺山遗址 T103、T203、T303 北壁地层图

下面以 T103、T203、T303 北壁东西向剖面为例说明遗址堆积情况(图 13)。

第①层,表土,有多个小层。总厚度约 30～100 厘米。

第②层,暂分两小层。

②A 层,青灰色,略含沙和烧土颗粒,较硬实,仅分布于高处,直接叠压在遗址晚期文化层上面。厚 15 厘米左右。

②B 层,青灰色淤泥层,细腻、黏软,低处厚,直接覆盖在 2 米多深以下的文化层上面,

经初步取样分析,以海相沉积为主,与遗址废弃有很大关系。包含物很少,偶见细树枝条和原始瓷片。厚度 0~140、距地表最深达 230 厘米。

第③层,分两小层。

③A 层,原生文化堆积,仅分布在 T203~T206、T301~T306(发掘和整理的日常记录中,为方便计,多省略 A 和 B)青灰褐色沙土,较干硬,分布在遗址较浅部位,包含较多陶片、烧土块、石块和少量石器,它们往往与泥土胶结紧密,极少见动植物遗存。距地表40~80、厚度 0~50 厘米。此层上、下只有小烧土堆、零散柱坑、灰坑、似瓮罐葬、小墓葬等迹象。出土陶片中可辨器形有釜、鼎、灶、支脚、盆、豆、钵、罐、盉和异形鬶等。

③B 层,处在淤泥层(②B)下较深部位,仅分布在 T103~T106、T003~T006,大部分直接叠压在第⑤、⑥层上,距地表深 200~230、厚度 0~20 厘米,主要由大量沙粒和碎小陶片、木炭、烧土块构成,还有少量木块、树枝条,应属经冲刷、搬运而来的次生堆积。从其中最晚的陶片特征和主要器形看,与③A 层年代接近。

第④层,深青灰褐土,含细沙,略黏软,被③A 层叠压,距地表 90 厘米左右,厚度 0~35 厘米。此层下开口较多带垫板(木础)的柱坑类建筑遗迹和可能原本属于食物处理、储藏坑的一些灰坑。出土陶片中可辨器形有敞口釜、灶、甑、外红里黑细高把豆、罐、盆、钵、支脚等,还有个别鼎足。

第⑤层,松软的青灰色土,沙性大,还夹杂不少略硬的青黄色土块和一些木炭颗粒,也有较多的陶片、骨头和木块等有机质遗物。距地表深约 130、厚度多在 60 厘米上下。此层下露出一些木柱的尖部和几座二次葬性质的简单墓葬。陶片中较多的器形有敞口釜、敛口釜,直口釜较少,另有双耳罐、盆、盘、钵等。

第⑥层,深灰色土,质地松散,夹杂较多的木炭颗粒和黑色灰烬,与第⑤层不易区分。除陶片以外,还包含较多的木、骨类有机质遗物。距地表深约 200、厚度 0~30 厘米。该层下部出露不少保存尚好、排列有一定规律性的竖立木柱,并在此层下的地面上多能找出它们的柱坑开口,表明与遗址早期重要的木构建筑遗迹有关。从陶片中可看出以敛口釜、敞口釜为主,也有一些直口釜、单耳小口釜,另有盆、盘、钵、罐、支脚等。

第⑦层,褐灰色堆积,较湿软,除包含很多大块陶片外,还夹杂着肉眼所见的异常丰富的木块、木屑、树枝叶片、动物骨头(特别是鱼骨)、完整或残碎的菱角、橡子、酸枣、稻谷壳、炭化米粒等有机质遗物,以及肉眼难以辨认或无法看清的碎骨、种籽、孢粉等微体动植物遗存。所以,第⑦层与第⑥层可以截然区分。在这层堆积表面,保存着以成排方体木柱为特征的木构建筑遗迹,此层以下堆积大部分尚未发掘。距地表深约 240、厚度 20~50 厘米。出土陶器中敛口有脊釜较多,另有敞口釜、盆、盘、钵、罐、粗矮圈足豆、器座和圆体、方体支脚等。

第⑧层,深褐色堆积,湿软,夹杂少量小块纯净的青灰色淤泥。包含物性状与第⑦层接近，而且保存状况更胜一筹，丰富的有机质遗物大多清晰可辨。距地表深约 280、厚度多在 40 厘米左右。出土陶器与第⑦层相近，只是敛口有脊釜比例更高。

第⑧层以下是细腻、纯净、黏软的青灰色淤泥，经初步取样分析，为全新世较早阶段的海相沉积，在遗址附近的厚度从数米到 20 多米不等。在从田螺山南侧较浅处打穿这层沉积物的两个探孔底部，发现了处于它下面的、地下山坡表层的一些木炭颗粒和可能是小陶块的遗物。这是一条在本地区探寻河姆渡文化文化源头的重要线索。

上述从上到下的六个文化层，都保存着不同程度的村落建筑遗迹和丰富的生产、生活遗物，根据土质、土色、叠压次序和出土器物的形态差异，可以把距今 5500～7000 年间田螺山古村落先民的生存活动过程粗略地分为早晚衔接紧密、文化内涵各有特色的三个形成阶段，并大体上与河姆渡文化的第三、二、一期相对应。

六　文化遗存概述

（一）早期遗存（第⑥层以下）

A. 遗迹

经过三次发掘，800 平方米的村落发掘区内清楚地揭开了田螺山古村落西北部的早期布局面貌，即东边、中间和西边三个区位的三类村落元素：（1）以长排型干栏式木构建筑为特征的居住区；（2）围护居住区的双排桩式木构"寨墙"（木栅栏、木篱笆）；（3）以三根横卧的首尾相连的粗大木材和左右两侧支撑、加护的一系列小木桩为形式的跨河独木桥。

1. 干栏式木构建筑

在东边探方第⑥层下的大部分范围内出土了排列整齐、加工规整的众多方体木柱，它们多数露头于第⑤层以下，且通过解剖推测在第⑥层下都可能找到柱坑开口。根据它们的布列位置、残存形态、加工特征、用材种类、周围堆积变化等方面分析，它们应该是村落中保存良好的早期木构建筑遗迹的组成部分，而且从分布空间形态上大致可区分出两个以上的长排房式建筑单元（其中，东北部的那个单元相对基本完整，统一编号为 F3，全长约 20 米以上，由五六排南北向的柱网构成，最西侧一排保存最好，共矗立着八根左右方体木柱，经初步鉴定用材以柏树为主，相邻两根木柱之间的距离均衡，都在 2.5 米左右，西北角转角木柱最为粗壮结实（图 14）；在 F3 北侧，发掘中出土了数量很大的动物骨头堆，初步观察所属种类多样、大小悬殊，可能是 F3 使用过程中先民大量消费肉食、就近倾倒骨头所致）。这样清楚的建筑遗迹在河姆渡遗址同期遗迹中也是少见的。但受揭露面积所限，建筑单元形态和布局关系还不够清晰。在 T103 方内第⑥层下的堆积中出土了大量的夹炭、夹砂陶敛口釜，它们的形态和装饰风格与河姆渡遗址第四层的同类器形

图 14　干栏式木构建筑遗迹 F3 局部(由北向南摄)

如出一辙。因此,第⑥层下这组重要的建筑遗迹的年代应处于河姆渡文化二期偏早、一期偏晚阶段,距今约 6500 年。在 F3 南侧,位于发掘区东南部、并可能靠近村落中心的 T305、T306 两个探方内,也露出不少方体木柱,虽然它们所属的建筑单元形态远未清楚,但从它们壮硕的体量来看,很可能属于村落的中心房屋所在(图 15)。

2. 木构"寨墙"

在 T203、T204 的西端第⑦层表面形成的缓坡下和 T105、T106 的东端,从第⑤层下部就开始出露近南北向的成排木桩尖头,揭到第⑥层下以后,木桩暴露更加密集,排列也更加清楚,既有圆桩,也有侧向紧密编排着的板桩,大体上构成间距约 30 多厘米的两排排桩,它们与东边的干栏式建筑走向几乎平行,距离靠近,而且整体上临近西边一片小河浜似的积水低洼地,在其两侧还出土多件大小和加工程度不一的木桨形器物。所以,综合以上因素大体上可把它们判断为古村落居住区周围的一段木构寨墙,已揭露部分长 20 多米。在 T203 西端,约有 3 米左右没有木桩,代之以侧立横卧的大块木板,在其中段,还有一块带一近长方形孔的弧凸木雕部件,从其形态、出土部位和精心加工的目的分析,很象是这段寨墙中间的一个通道所在,具体而言是一根门槛(图 16)。

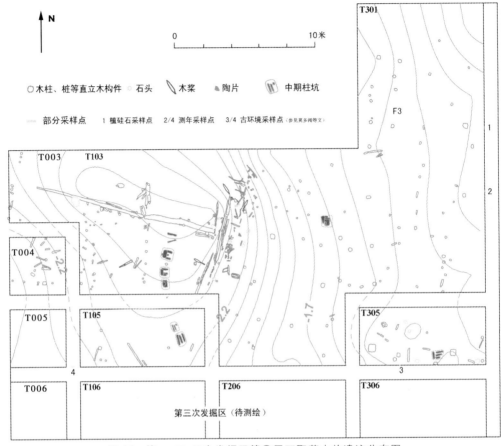

图 15   第一、二、三次发掘区第⑥层下聚落木构遗迹分布图

3. 跨河独木桥

位于发掘区西部的探方 T103、T003 内,在第⑥层下出土早期木构遗迹,主要由三根横卧的首尾相连的粗大木材和左右两侧支撑、加护的一系列小木桩构成,横木直径达20～40 厘米,三根全长在 15 米以上;它们的高度与东边居住区的第⑥层下堆积表面有50 厘米左右的落差,表明此处地势相对低洼,从其下第⑦、⑧层堆积中有机质保存良好的情形来看,当时这里应长期积水;在它们附近还出土了多件完整木桨。再结合与它们垂直分布的东侧"寨墙"遗迹和居住区遗迹加以综合判断,它们应一起构成了田螺山早期村落西侧的一处跨水通道——独木桥,也许还有临近河湖的小"码头"或河埠头式的性质(图 16)。

B. 遗物

一方面,早期遗存因为现场保护的需要,实际发掘面积有限;另一方面,早期堆积埋藏环境特殊,有机质遗物保存非常好,加上出土堆积大部分经过淘洗,遗物收集较全,因此出土的早期遗物数量还是比较大的,约占已出土遗物总量(约 3000 件)的一半以上,有

图16 木栅栏式"寨墙"及与其垂直走向的独木桥

(上：由西南向东北方向摄 下：俯视，上南下北)

陶、石、玉、骨(角、牙)、木和芦苇等多种质地，出土文物的密度之大，甚至超过河姆渡遗址。根据遗物的性质和用途可以分为生产工具、生活用具和与之相关的自然遗存三大类。

1. 生产工具

若按用途细分，有狩猎工具、农业生产工具、建筑工具、交通工具和部分手工业工具

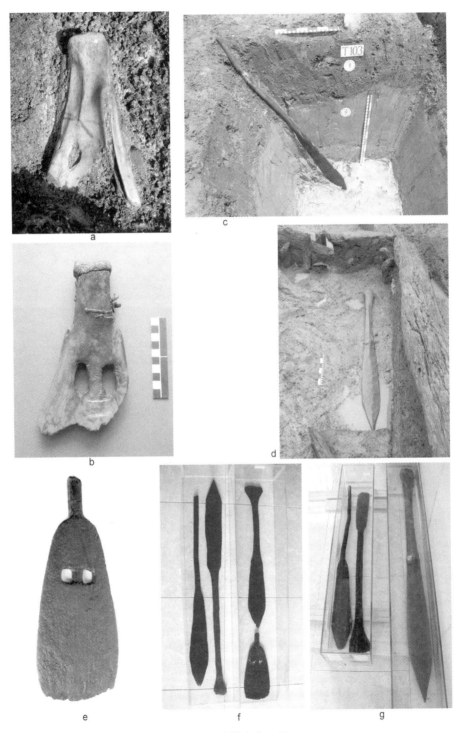

图 17　早期生产工具

a. 骨耜出土情形　b. 带藤条骨耜　c、d. 木桨出土情形　e. 木耜　f、g. 木桨

等。主要用石、骨(角牙)、木等三种材料制作,数量以骨器为最多,各类器物尚未准确计数(图 17)。

骨(角、牙)器,器类以狩猎用的镞、掘土用的耜为主。

石器,主要有砍伐和修整木材用的斧、锛、凿等和器物加工过程中用的砺石、石球、石锤等。

木器,大致有划水驾舟用的木桨和掘土用的木耜两类,在古稻田发掘中还出土 1 件尖头、加工光滑的木棒,直径 4 厘米左右,长 1 米多,从形状和出土位置看可能是播种用的耒。木桨共出土 8 件,其中 6 件基本完整,有的加工精细,大小、形状各有差异。它们反映了水上交通方式对于当时祖先生活的重要性和当时村落依山傍水的生态环境,以及捕渔和采集水生植物等经济手段的可能性。

2. 生活用具

遗址中出土的最主要的生活用具是陶器,其他还有用石、玉、骨(角、牙)、木和芦苇等多种天然材料制作的用品和器具。

陶器,分夹砂陶和夹炭陶两大类,而且在陶系上一开始就以夹砂灰黑陶为主、夹炭黑陶次之,这一点与河姆渡遗址有所不同。器类以炊器、盛器和水器等日常用器为主,器形有釜、罐、盘、钵、盆、豆和支座等,另外,还有数量不少的细小陶珠和少量陶塑品、纺轮等,它们总体上与河姆渡遗址早期接近,但在陶釜类器物中,据初步统计却以敞口釜为最多,敛口釜次之(图 18a—e)。

石器,用作生活用具的石器原来一直以为较少,常见的只有磨盘,但这次把早期地层堆积的泥土全部淘洗后却发现了不少个体很小的打制品,经仔细辨认后可初步认出刮削器、端刃器、锥状器、切割器等可能主要用于肉类食物处理的小型器具。

玉器,作为用美石类材料制作的各种小件装饰品,从原料和制作工艺上尚未真正从石器里独立出来,材料仅有萤石(氟石)、迪开石、叶蜡石、石英、水晶、石髓等广义上的玉材,尚未出现用真玉类材料制作的玉器。器形有珠、管、玦及璜等可能用于头、颈、胸及手等人体部位的几种简单的装饰品,制作方法有敲砸、锤琢、切割、双面实心钻和锉磨抛光等。

骨(角、牙)器,除狩猎用的骨镞外,当时还制作了不少日常生活用品和器具,如凿、锥、针、发笄、珠和坠等。

木器,有蝶形器、筒形器、矛形器、小圆棍、把手等(图 18h、j)。

植物编织制品,有芦苇编织成的席子和植物纤维搓成的线绳等(图 18f、g)。

3. 与生产、生活相关的自然遗存

以往考古发掘中通常不太注意保留自然遗存。而在田螺山遗址,距地表 2 米多深的第⑥层下部和以下的第⑦、⑧层堆积,处在稳定的地下水浸润的密封环境下,其中除了较

图 18　生活用具

a. T103⑧敞口陶釜　b. T103⑦大敞口束颈釜　c. T103⑦单耳敞口釜　d. T103⑧刻纹陶盉

e. T103⑦敞口盆　f. g. 芦苇编织物　h. 黑漆木筒形器　i. 木蝶形器（正面）　j. 木蝶形器（背面）

完整的器物、较多的烧土块、沙粒和大小不规则石块以外,还保存着异常丰富的木屑、木炭颗粒、树枝树叶、菱角、橡子、桃核、柿核、芡实、薏米、葫芦、酸枣、炭化米粒、动物碎骨等有机质遗存,它们在土壤中的含量甚至多于泥土,因此发掘中出土数量很大,为了更加接近真实地重建当时的历史原貌,也系统地把它们收集起来,其中方便观察的部分先加以分类、观察、统计、记录、分析,其他的矿物和动植物遗存,力图用现代条件下的多学科技术手段进行深入的观察、鉴定、统计、分析、测试(图 19、20)。

(二)中期遗存(第④层以下)

A. 遗迹

在发掘区中部的第④层下,出土比较密集的小土坑和分布不太规则的带不同层次垫板("木础")的"柱坑"(图 21)。前者的坑体大小和形态与柱坑相似,只是底部没有任何垫木,反而往往有薄薄的淤沙层和一些橡子残留,而有的是一两件残破的陶器,所以,它们多数很可能是食物储藏坑性质的遗迹。后者,坑口形状多是不规整的方、圆形,边长或直径、深度多在 60 厘米上下,最大的特征是它们的底部常有一块以上的厚薄不一的多层垫板。其中有一个"柱坑"内竟错向摞叠着 6 层木板,总厚度达 50 厘米,堪称河姆渡文化木构建筑遗迹中的一绝(图 21 左下)。根据其他遗址中发现的类似完整遗迹,可明确判断为木构建筑基址的组成部分——柱坑。而从这些柱坑的形态和木板的加工、处置技术来看,它们代表了以"挖坑、垫板、立柱"作为木构建筑基础营造技术的成熟形式。似乎主要是受发掘面积所限,这些柱坑的建筑单元区分(部分柱坑构成了一段弧形的建筑基础,见图 6)和平面形状把握仍是难题。

上述两种"坑"的地层层位也基本一致,分布位置挨近甚至错落,还有少量的打破关系。这类现象至少说明,当时的地面适合挖坑和进行简单的活动,但不能作为稳定的日常居住地面,而从个别柱坑旁仍矗立着早期木柱、两种"坑"同一层位和同一分布空间等情形来看,这个阶段的建筑形式应该还是干栏式的,并且年代会早到河姆渡文化第二期。

此外,在发掘区西部探方内,第③B 层、④层下开口 20 多个小土坑,坑内大多保留着数量不一的橡子,土坑形状、大小相似,很可能原本都是村落居住区西侧的橡子储藏、处理坑(图 22)。

B. 遗物

此期遗物总数也在 1000 件以上。

1. 生产工具

各类器物尚未准确计数,种类和功用同第一期相似或略少。

骨(角、牙)器,以镞为最多,耜较少。

石器,仍主要是斧、锛、凿和砺石、石球、石锤等。

图 19　部分自然遗存

a. H1DK3 鱼骨坑　b. H1DK3 出土鱼骨初步分类　c. H1DK3 部分鱼咽齿　d. H1DK3 淡水鱼脊椎骨
e. 大片鱼鳞　f. 金枪鱼、鲨鱼脊椎骨　g. 龟甲出土情形　h. 部分龟甲

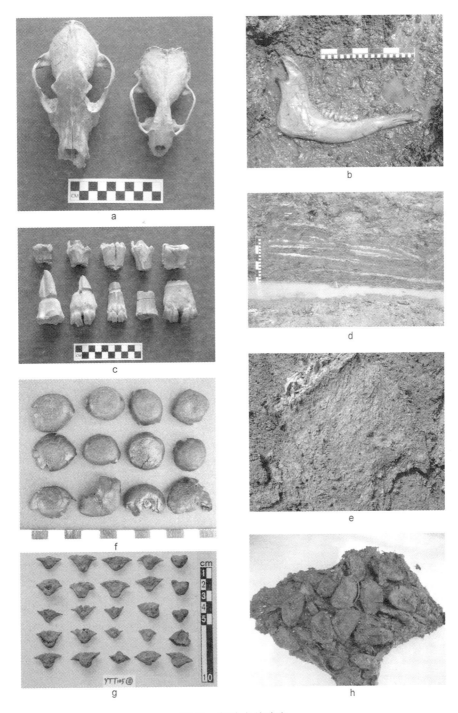

图 20　部分自然遗存

a. 狗和水獭类动物头骨　b. 牛下颚骨出土情况　c. 经加工的废骨料　d. DK3⑦东壁稻壳堆积剖面

e. DK3⑦出土成层稻壳堆积　f. 麻栎果　g. 菱角　h. 柿属(?)植物种子

图 21　中期遗存·带垫板的"柱坑"

图 22a　H58 平剖面

图 22b　H29 橡子出土局部

1.T203⑤直口陶釜

2.T205⑤夹炭陶罐

图 23　中期陶器

木器,很少。

2. 生活用具

陶器依然是这一阶段先民最主要的日常生活用具,炊器、盛器和水器等基本种类与早期相似,唯具体器形和器表装饰有一些明显变化,如敛口釜有所减少,出现不少近直口釜,敞口釜变得宽浅,圜底趋平;陶胎变薄,装饰趋简(图 23)。

石器,主要有磨盘、纺轮等,堆积泥土全部经过淘洗后也发现不少小型的打制品,可辨认的器形有刮削器、端刃器、锥状器和切割器等(图 24)。

玉器,用美石制作的各种小件装饰品比早期常见,原料、制作工艺和器形还与早期相近。特别的是 T205H9 出土一堆由原料、半成品和燧石钻等 41 个个体组成的萤石和燧石制品,其中有多个磨制光洁、形态规整的萤石珠半成品。它们凝结了先民的原始审美观和当时玉器制作所能达到的技术手段,是研究长江下游地区新石器时代玉器起源和早期工艺发展过程的重要材料(图25)。

骨(角、牙)器,除骨镞外,还有凿、锥、钻、针、发笄、珠、坠和象牙小饰件、蝶形器残件等(图26)。

木器,有蝶形器、把手等。

植物编织制品仅发现一些芦苇编织成的席子。

图24　淘洗挑出的碎石片(左),部分加工废弃或崩缺残石片(右)

图25　H9出土萤石制品和燧石钻头(穿孔器上方)

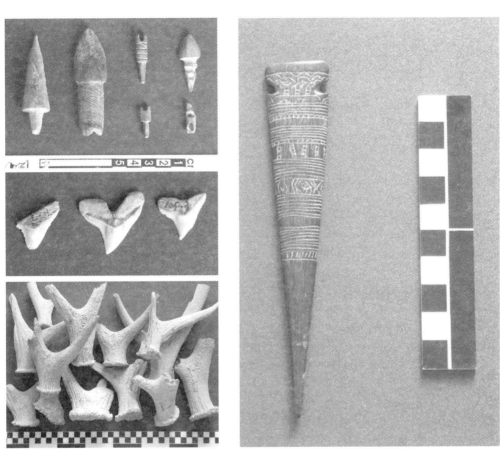

图 26　中期部分骨角器

(左上:部分骨角牙器　左中:鲨鱼牙钻(工具)　左下:加工利用后的残废的鹿角　右:刻纹骨笄)

3. 与古人生产、生活相关的自然遗存

从第④层下,打破第⑤、⑥层的一系列柱坑中出土了较多保存良好的大块木质垫板。另外,从堆积泥土中还是淘洗出了不少骨、角、牙类等动物性遗存和一般不易保存的木屑、果核、种籽、米粒等植物性遗存(图 27)。

(三)晚期遗存(第②层以下)

A. 遗迹

发掘区东部 10 个探方的大部分范围内,文化层暴露很浅,距现代水稻田面仅 40 厘米左右;西部 T103～T106、T003～T006 内的水田下直接出现的是约 2 米厚的淤泥层,其下覆盖着第④、⑤层以下的文化层。因此,形成了东、西两部分发掘范围内文化层的明显落差。这个现象直接地反映了遗址形成过程中周围自然环境剧烈变化的历史背景,根据

图 27a　水中浸泡保存的部分柱坑垫板

图 27b　中期地层中筛选出来的炭化稻米

出土遗物推断,出现这一事件的年代应在河姆渡文化中期之后,即距今6000年前以后。结合钻探的结果,发现田螺山遗址的晚期范围要大大小于早期范围。

　　东部的第②、③层下零散分布一些小堆红色烧土和几座瓮罐葬、二次葬(图28),还有几个灰坑和残存少量垫木条的似柱坑遗迹。它们之间的平面关系很不清楚。

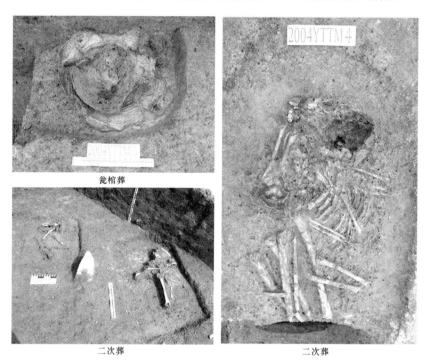

瓮棺葬

二次葬　　　　　　　　　　二次葬

图28　晚期墓葬

　　西部的第②层下普遍有一薄层沙土层,低处略厚,因遗物中包含与原生第③层中相似的陶片,暂编为第③B层,包含物中大量的碎小陶片,边缘棱角呈现一定的磨损,推测此层为冲刷原生堆积后的二次堆积(图29)。此外,在最西部探方T003中有几根可能是位于村子周围用于挡水的粗大排桩。

　　B. 遗物

　　1. 生产工具

　　石器,仍主要是斧、锛、凿和砺石等,但器形制作大多比较规整,磨光程度普遍较高,还出现一些钻孔石斧。石料与早中期相比,也有较大改变,常见硬度较低的页岩、砂岩类石材。骨镞等传统狩猎工具因为保存条件差,出土很少(图30)。

　　2. 生活用具

　　晚期陶器的陶胎、器形种类和装饰风格较早、中期出现较大的变化。陶系构成以夹砂灰褐陶为主,新出现不少泥质陶器,夹炭陶仍有一部分。炊器中除传统的陶釜以外,新出现一些以不规整柱状足为特征的陶鼎、陶灶和少量的袋足器,食器中新出现外红里黑高把陶豆,但制作精细、装饰美观、体量很大的侈口浅腹绳纹陶釜仍是炊器的主流,很大程度上显示河姆渡文化传统依旧强劲延续(图32)。石器中出现一些磨制规整的石纺轮。玉器的种类、造型,与早中期差别不大,制作工艺更加熟练,原料多见硬度大,色泽美丽的玉髓(图31)。用动植物材料制作的器具因保存条件所限,基本不见。

图 29 T106 海相沉积层(第②D层)下的冲刷堆积(第③B层)

图 30 晚期石锛

图 31 晚期玉器

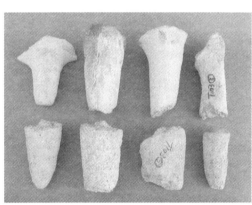

图 32　晚期陶器

(左上:H2 敞口小陶釜　左中:陶盉　左下:T103③出土鼎足　右上:T204④敞口浅腹陶釜　右下:人面纹陶釜支脚)

3. 与生产、生活相关的自然遗存

距地表较浅的第③、④层,地下水难以影响,一般未能保存有机质遗物,但地层中多见大小不一的红色烧土块,其中不少带有植物茎杆印痕。此外,晚期地层石块分布更多,有的集中成堆或呈条带状,应与村落中的日常活动有直接关系。

七　第一阶段发掘和研究的初步成果

（一）发掘表明，田螺山遗址是迄今为止发现的河姆渡文化中地面环境条件最好、地下遗存比较完整的一处依山傍水式的古村落遗址，在空间位置上与河姆渡遗址遥相呼应，并具有与河姆渡遗址相近的聚落规模和年代跨度，是继河姆渡、鲻山遗址之后，河姆渡文化早期遗址的又一重要发现。因此，该遗址的发掘，进一步探明了河姆渡文化早期遗址在姚江流域分布的基本规律——山麓环丘湿地（沼泽）型遗址（村落），是推进河姆渡文化聚落考古研究的重要历史机遇。

（二）初步探明田螺山古村落局部结构和活动区域环境模式，实现河姆渡文化遗址微观聚落形态研究的一个重要突破，并可能在中国南方地区史前遗址聚落形态考古研究方面具有一定的典型意义。发掘发现，田螺山古村落有以下布局特征：以孤立的小山丘为依托；有房屋集中的干栏式建筑居住区和屋前活动露天场地；居住区和活动区周围有栅栏式木构寨墙围护，并有通向外界的水、陆道路，或以水路为主；村落外围不远地势稍高处开辟着大小不一的水稻田，或者分布着一些河、湖类水体；更远处是成片的丘陵和低洼沼泽。

（三）出土多层次的以一系列柱坑为主要形式的干栏式式建筑遗迹，清楚反映出以挖坑、垫板、立柱为特征的建筑基础营建技术的阶段性特征和发展水平；第⑥层下以较普遍的方体木柱为特征的早期建筑遗迹规模较大、保存整齐、加工技术熟练，比河姆渡遗址的同期建筑相比显得更加进步，干栏式的属性更加明确，在已有的小片发掘范围内已可辨认出一个接近完整单元的干栏式木构长屋；在村落中心位置，还显示有规模不同于一般房屋的公共活动房屋。它们成为研究干栏式建筑发展过程的珍贵材料。据此可确认：中国南方史前木构建筑中围护与承重功能分离并以挖坑、垫板、立柱为主要方式的建筑技术的起始年代至少在河姆渡文化第二期，即距今 6500 年前后。

（四）遗址独特和完整的地层关系清楚表明河姆渡文化在沿海地区发展过程的特殊性，为解释河姆渡文化早晚期遗存面貌的较大差异找到重要依据，进而平息关于河姆渡遗址早晚期遗存的文化属性之争；并在更大的时空环境下很好地反映出全新世早中期（距今 15000～5000 年之间），中国东南沿海地区自然环境演变、海平面波动与古人类文化发展之间的互动关系。

（五）遗址连续、完整的地层堆积和丰富的文化内涵表明，河姆渡文化从早到晚具有相对平稳和持续的发展过程，未见明显的缺环，同属一个考古学文化的整体，其中，一以贯之的陶釜是代表该文化的稳定核心。

（六）田螺山聚落遗址外围河姆渡文化早、晚期古农耕遗迹的发现和确认，是中国史前稻作研究领域的重大进展,也为世界稻作农业起源和发展过程研究提供了十分丰富和扎实的材料。

(七)通过发掘并结合钻探的手段,在通常认为是生土的早期青灰色淤泥层下,距地表5～10米深的田螺山西南坡基岩表面,发现少量与沙粒混杂在一起的木炭颗粒和一些可能性较大的碎小陶片。这一细微发现,为在姚江流域寻找距今7000年以前的古人生活遗存、揭开河姆渡文化的起源之谜提供了宝贵线索。

(八)发掘中现代多学科技术的系统介入和田野操作方法、手段的相关更新设计与应用、落实保证了发掘成果信息的准确性和完整性,为今后类似环境下的史前遗址发掘积累了重要经验。

总之,田螺山遗址的发掘和研究为全面提升河姆渡文化学术水平和社会影响,探索全球全新世时期动态的人地关系以及西太平洋地区史前海洋文化起源、传播和扩散等重大学术问题提供了难得的历史机遇。

(执笔:孙国平)

田螺山遗址的^{14}C年代数据

吴小红[1]　秦岭[1]　孙国平[2]
(1. 北京大学中国考古学研究中心　2. 浙江省文物考古研究所)

一　样品的采集

目前共采集样品 200 余个,可分成 6 组。

A组,遗址区内前期采样。分两部分,一部分是 2004 年发掘后由发掘者提供样品,包括四个常规^{14}C样品和一个 AMS^{14}C样品(表 1);第二部分是整理 2004 年发掘所获植物遗存时从中挑选的一年生植物种子或果实样品,共 5 个 AMS^{14}C样品。这部分样品目前为止全部测完。

B组,为配合浙江省文物考古研究所"史前农耕遗迹调查"课题,共同合作对第一次调查试掘的 T1041 进行了系列采样和测定(见表 1)。

C组,为配合浙江省文物考古研究所"史前农耕遗迹调查"课题,对 2007 年发掘的 T803、T705 进行系列采样和测定,为配合课题进度,目前仅测定了其中 5 个样品(详见表 1)。

D组,为配合本课题,对遗址区进行了地层剖面的系列采样(采样位置见图 1),方法是从下往上对每个文化层进行上中下不同位置的土样采集,从这些土样中拣选出一年生的植物遗存进行制样测定。目前样品仍在测定中。

E组,为配合本课题,对 2004 年遗址区出土的动物骨骼也进行了系统采样。方法是从经过鉴定统计的动物骨骼标本中按照地层单位挑选出各层的猪、牛、鹿等骨骼,每个层位保证不同类别的动物各有 2~3 个标本以上。这部分样品同时也作为稳定同位素分析的样品来源。目前样品仍在测定中。

F组,为配合本课题,并对夹炭陶片测年结果进行检验,我们也对遗址出土的陶片进行了采样。方法是按照地层挑选可以看出器形和主要文化特征的夹炭陶片,每个层位挑选 6 件不同个体。目前这部分样品仍保存于北京大学年代学实验室。

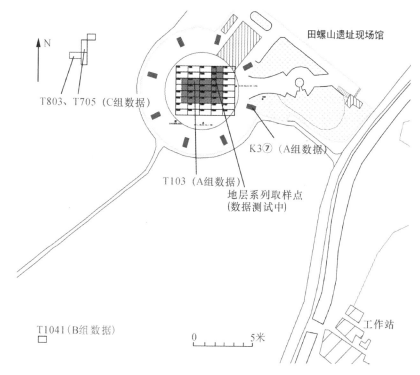

图1　田螺山遗址年代样品采集位置

二　样品的前处理和制备

植物种子和木炭标本在实验室的处理过程是相同的。首先是显微观察确保样品中没有嵌入现代植物的毛细根等纤维物。超声波清洗除去样品表面或孔隙中附着的外来污染物,比如黏土矿物等。采用酸—碱—酸的实验流程对样品进行清洗以除去样品在埋藏过程中引入的碳酸盐和腐殖酸等物质,最后用纯净水反复清洗将样品洗到中性。处理好的样品置烘箱中低温烘干。

根据样品的含碳量对样品进行称重,装入石英管中,加入线状 CuO,在真空系统上封管,将封好的石英管置马弗炉中 900℃/小时。冷却后将石英管连接到真空系统上进行 CO_2 气体的纯化。将纯化好的 CO_2 气体转移到另一个真空系统上进行石墨制备。

石墨的制备采用 Fe 粉催化氢气还原的方法。

表1　¹⁴C年代数据测定结果与日历年代

采样位置	实验室编号	样品	原编号或深度	分层	¹⁴C年代*(1δ.B.P)	日历年代(Cal.BC) 1δ(68.2%置信度)	2δ(95.4%置信度)
遗址发掘区内	BK2004028	木炭	T103③	遗址晚期	5081±66	3960~3790	3990~3700
	BA06596	橡子	T103③		5300±40	4230(14.0%)4190 4170(54.2%)4040	4260~3990
	BK2004029	木炭	T103⑤	遗址中期	6362±117	5470~5220	5550~5000
	BA06595	稻	T103⑥E		5790±40	4710~4590	4730~4530
	BA06592	菱角	T103⑧	遗址早期	5840±40	4780(61.8%)4680 4640(6.4%)4610	4800~4580
	BK2004027	木炭	T103⑧		6711±90	5710~5550	5760~5470
	BK2004030	木炭	T103⑧		6949±73	5900~5740	5990~5710
	BA04536	木条	T103⑨	自然层	5890±30	4790~4720	4840~4700
	BA06593	菱角	K3⑦I	遗址早期	5985±40	4940~4800	4990~4780
	BA06594	芡实	K3⑦G		5990±40	4940(66.4%)4830 4820(1.8%)4800	5000~4780
农耕遗迹试掘T1041	BA07762	植物残渣	T1041-20	泥炭层	3760±40	2280(10.6%)2250 2230(2.1%)2220 2210(47.6%)2130 2090(8.0%)2050	2300~2030
	BA08202	酸模	T1041-0.81m		4385±40	3090(6.9%)3060 3030(61.3%)2920	3270(2.4%)3240 3110(93.0%)2900
	BA07761	酸模	T1041-17	古耕作层	4015±45	2575~2475	2840(2.6%)2810 2680(92.8%)2450
	BA07760	蘸草	T1041-15		4195±70	2900(18.6%)2830 2820(49.6%)2670	2920~2570

（续表1）

采样位置	实验室编号	样品	原编号或深度	分层	^{14}C年代* (1δ, B.P)	日历年代(Cal. BC) 1δ(68.2%置信度)	2δ(95.4%置信度)
农耕遗迹试掘 T1041	BA07759	藘草	T1041-12	古耕作层（续上）	4460±35	3330(38.9%)3210 3180(4.4%)3160 3120(12.8%)3080 3070(12.1%)3020	3340~3010
	BA08203	藘草	T1041-1.2m		4470±45	3330(41.0%)3210 3190(9.2%)3150 3130(12.3%)3080 3060(5.7%)3030	3360~3010
	BA07758	酸模	T1041-10	泥炭层	4765±35	3640(8.7%)3620 3610(59.5%)3520	3640(86.0%)3500 3430(9.4%)3380
	BA08204	酸模	T1041-1.23~1.36m		5430±40	4335~4255	4360(93.0%)4220 4200(2.4%)4170
	BA08895	酸模	T1041-9		4830±35	3660(34.0%)3630 3580(34.2%)3530	3700(45.5%)3620 3600(49.9%)3520
	BA08894	酸模	T1041-8	泥炭层下	4965±35	3785~3700	3910(3.3%)3870 3800(92.1%)3650
	BA08893	酸模	T1041-7		5040±40	3950(49.1%)3830 3820(19.1%)3780	3960~3710
	BA08205	芦苇	T1041-2.3m	草泥层（古耕作层）	5580±40	4450~4365	4490~4340
	BA08206	芦苇	T1041-2.3m		5580±40	4450~4365	4490~4340
	BA08207	莎草种子	T1041-2.3m		5520±40	4450(18.7%)4420 4400(49.5%)4330	4460(93.1%)4320 4290(2.3%)4270
	BA07764	扁杆藘草	T1041-2-6	古耕作层	5785±60	4710~4550	4780~4490
	BA07763	扁杆藘草	T1041-2-5		6045±45	5010(60.8%)4890 4870(7.4%)4850	5060~4800

（续表 1）

采样位置	实验室编号	样品	原编号或深度	分层	^{14}C 年代*（1δ,B.P）	日历年代（Cal.BC）	
						1δ(68.2%置信度)	2δ(95.4%置信度)
农耕遗迹区	BA08355	麋草	T803—18	晚期耕作面	4475±35	3330(45.6%)3210 3190(10.2%)3150 3130(12.4%)3090	3350(86.7%)3080 3070(8.7%)3020
	BA08359	麋草	T803—东南水田面	晚期耕作面	4205±40	2890(20.8%)2850 2810(36.7%)2750 2730(10.7%)2700	2910(29.4%)2830 2820(66.0%)2660
	BA08360	麋草	T803—西北田埂	晚期田埂	4705±40	3630(12.4%)3590 3530(14.7%)3490 3460(41.1%)3370	3640(24.8%)3550 3540(70.6%)3370
	BA08526	麋草	T705⑦	晚期耕作面	4490±40	3340(41.5%)3210 3190(13.6%)3150 3140(13.1%)3090	3350(90.4%)3080 3070(5.0%)3020
	BA08527	水毛花	T705(11)—2.8m	早期耕作面	5725±40	4650(1.0%)4640 4620(67.2%)4490	4690～4460

注：所用 ^{14}C 半衰期为 5568 年,BP 为距 1950 年的年代。
树轮校正所用曲线为 IntCal04(1),所用程序为 OxCal v3.10(2)。

1. Reimer PJ, MGL Baillie, E Bard, A Bayliss, JW Beck, C Bertrand, PG Blackwell, CE Buck, G Burr, KB Cutler, PE Damon, RL Edwards, RG Fairbanks, M Friedrich, TP Guilderson, KA Hughen, B Kromer, FG McCormac, S Manning, C Bronk Ramsey, RW Reimer, S Remmele, JR Southon, M Stuiver, S Talamo, FW Taylor, J van der Plicht, and CE Weyhenmeyer. 2004 Radiocarbon 46;1029—1058.

2. Christopher Bronk Ramsey 2005. www.rlaha.ox.ac.uk/orau/oxcal.html

三　样品的测定

测量过程在北京大学 1.5SDH－1 型加速器质谱(美国 NEC 公司制造)上完成。

四　¹⁴C 年代数据

目前已测定完成的¹⁴C 年代测定结果见表 1,其中计算年代所用的¹⁴C 半衰期为 5568 年。

表 1 和以下图 2 中日历年代计算使用的程序为 Oxcal 3.10 (Bronk Ramsey C. 2005,2001,1995),其中所采用的树轮校正曲线为 INTCAL104 (Reimer PJ,2004)。

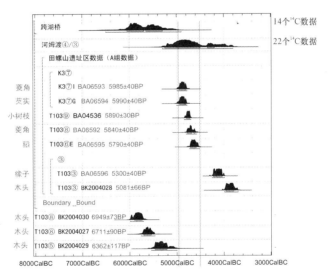

图 2　遗址区数据分布

表 1 中日历年代给出了两列数据,一列为¹⁴C 数据取误差范围为 1δ 时所得到的日历年代,另一列为¹⁴C 数据取误差范围为 2δ 时所得到的日历年代。置信度表示样本的真值落在数据所给定区间范围内的概率。对于同一个测量值而言,所选的误差范围越大,即数据的区间越宽,样本的真值落在给定区间内的概率就越大。图 1 不仅给出了每个数据的区间范围,也显示出了数值的概率分布,峰值越高,概率越大。所以¹⁴C 年代数据和经过日历校正后得到的日历年代都是具有一定置信度的年代范围,这个年代范围的大小由测量过程产生的误差所决定,不能直接代表考古分期的年代范围。考古分期的年代范围由一组能代表考古分期年代分布的样本的年代所决定。

由于大部分系列数据尚在测定中,目前可以进行的仅仅是初步讨论。另外,由于已测定结果中部分数据来自遗址区外,这里仅讨论与本课题直接相关的 A 组数据,即来自遗址区内的现有数据。

主要认识包括:(1)2004 年度送的木炭样品,存在明显偏老的现象,校正数据早到跨湖桥阶段,与后来用短生长期种子果实测定的同层位年代数据不相吻合,与过去河姆渡遗址发表数据也无法匹配,因此只能作为参考,不能说明所处堆积的年代;(2)K3⑦层和遗址发掘区没有直接层位对应关系,从数据分布看,K3⑦比遗址区内的现有数据要早一点,应该是目前发掘中所见最早阶段的堆积;(3)基本上,田螺山年代数据和河姆渡遗址相对应,遗址区⑥～⑧层及 K3⑦与河姆渡遗址第四层即河姆渡文化一期年代相当,这点和考古学文化比较的认识相一致;(4)通过系列样品测定,有望将河姆渡文化四层所代表的河姆渡文化一期进行进一步细分,K3⑦一组、遗址区⑦～⑧层一组、遗址区⑤～⑥层一组,从遗址目前发掘区看,聚落布局的变化也符合上述分组的现象,这一假设尚需更多数据检验;(5)由于所测定年代数据有限,目前不清楚遗址区最晚堆积③～④层是否和之前的堆积之前存在较长的年代间隔,现有数据显示出这种可能性的存在,而考古学文化上看,田螺山③、④层也与之前的文化面貌有较大不同,这一问题尚需更多数据才能进行讨论。

参考文献

1. Bronk Ramsey C. 1995 Radiocarbon Calibration and Analysis of Stratigraphy: *The OxCal Program Radiocarbon* 37(2) 425～430.

2. Bronk Ramsey C. ,2001,Development of the Radiocarbon Program OxCal,*Radiocarbon*,43 (2A) 355～363.

3. Bronk Ramsey C. ,2005,OxCal 3. 10.

4. Reimer PJ,MGL Baillie,E Bard,A Bayliss,JW Beck,C Bertrand,PG Blackwell,CE Buck,G Burr, KB Cutler,PE Damon,RL Edwards,RG Fairbanks, M Friedrich, TP Guilderson,KA Hughen,B Kromer,FG McCormac,S Manning,C Bronk Ramsey,RW Reimer,S Remmele,JR Southon, M Stuiver,S Talamo,FW Taylor,J van der Plicht,and CE Weyhenmeyer. 2004 IntCal04. 14c Atmospheric data for the N Hemisphere Radiocarbon 46:1029～1058.

5. Stuiver M. ,P. J. Reimer,E. Bard,J. W. Beck,G. S. Burr, K. A. Hughen,B. Kromer,G. McCormac, J. van der Plicht and M. Spurk 1998 INTCAL98 Radiocarbon Age Calibration,24000～0 cal BP *Radiocarbon* 40(3) 1041～1083.

6. Stuiver M. ,P. J. Reimer and T. F. Braziunas High～precision radiocarbon age calibration for terrestrial and marine samples 1998 *Radiocarbon* 40(3) 1127～1151.

田螺山遗址的植物考古分析

——野生植物资源采集与水稻栽培、驯化的形态学观察

傅稻镰(Dorian Q Fuller)[1] 秦岭[2] 赵志军[3] 郑云飞[4]
细谷葵[5] 陈旭高[4] 孙国平[5]

（1. 伦敦大学学院考古学院 2. 北京大学中国考古学研究中心 3. 中国社会科学院考古研究所
4. 浙江省文物考古研究所 5. 日本地球环境综合研究所）

田螺山遗址系统的植物考古研究有助于我们重新评估和认识河姆渡文化时期的生业经济及其在稻属作物驯化进程中历史坐标。中西方学者过去一般将河姆渡文化视为"发达"的稻作农业社会的代表[1]，然而近年来陆续有了重新评估河姆渡文化中坚果类取食经济重要性的呼声[2]。田螺山遗址为我们提供了新的实物证据，我们可以对这一问题进行充分的分析和阐释。

样品来源与遗址年代

本文讨论的植物资料来源于三次发掘，分别为 2004、2006 和 2006～2007 年度。发掘均由浙江省文物考古研究所主持。田螺山遗址不仅在文化性质上与河姆渡遗址一样，埋藏状况也极其相似。饱水环境下大量的有机质遗存得以保存，尤其是比较靠下的层位，出土植物遗存丰富，保存状况很好[3]。

2004 年度第一次发掘，现场发现大量有机质遗存后，进行了手工拣选和小规模的土样收集工作。本文讨论的数据中有 9 个土样来自这一次发掘，后进行了系统筛选。

---

① A. Bellwood, P. 1997. *Prehistory of the Indo－Malaysian archipelago*, Second edition edition. Honolulu: University of Hawaii Press.
B. Higham, C. F. W. 2005：East Asian Agriculture and its Impact. In *The Human Past. World Prehistory and the Development of Human Societies* (ed. Scarre, C.). London: Thames and Hudson, pp. 234－263.
② A. 秦岭、傅稻镰、Emma Harvey：河姆渡遗址的生计模式——兼谈稻作农业研究中的若干问题，《东方考古》第 3 期，科学出版社，2006 年。
B. Fuller, D. Q. , Harvey, E. and Qin, L. 2007. Presumed domestication Evidence for wild rice cultivation and domestication in the fifth millennium BC of the Lower Yangtze region. *Antiquity*, 81：316－331.
③ 孙国平、黄渭金、郑云飞等：《浙江余姚田螺山新石器时代遗址 2004 年发掘简报》，《文物》2007 年 11 期。

表 1　样品来源综述(按不同层位分类,斜粗体为 2007 年系统采集样品)

地层	简述	植物考古样品编号	年代数据
①	现代耕土		
②	海相及扰乱层,见相关硅藻数据		
③	河姆渡文化层,相当于河姆渡遗址第三层上部到第二层阶段	T103③ NW	4300－3800 BC AMS 数据: T103③ 橡子 BA06956 5300 ±40 bp 常规数据: T103③ 木头 BK2004028 5081 ±66 bp
④		*T305④中 S3* *H28* *H38*	
⑤	河姆渡文化层,相当于河姆渡遗址第四层晚期到第三层下部阶段	T302⑤ *T302⑤中 S1* *T305⑤上 S1* *T305⑤下 S5*	4700－4500 BC (－4300 BC?) AMS 数据: T103 ⑥E 稻米 BA06595 5790 ±40 bp 常规数据(偏早?): T103⑤ 木头 BK2004029 6362 ±117 bp
⑥		T103 ⑥E T103 ⑥ T302 ⑥底部 T203⑥ *T106⑥S4* *T305⑥上 S4* *T305⑥下* *H40*	
⑦	河姆渡文化层,相当于河姆渡遗址第四层晚期到第三层下部阶段	T103 ⑦ E T301 ⑦ NE T304 ⑦ SE *T105⑦S1* *T105⑦S2*	4800－4700 BC AMS 数据: T103 ⑧ 菱角 BA06592 5840 ±40 bp 常规数据(偏早): T103⑧ 木头 BK2004030 6949 ±73 bp T103⑧ 木头 BK2004027 6711 ±90 bp
⑧		T103 ⑧ *T105⑧S1*	
DK3⑦	河姆渡文化层,相当于河姆渡遗址第四层	K3⑦－A,K3⑦－B K3⑦－C,K3⑦－D K3⑦－E,K3⑦－F K3⑦－G,K3⑦－H K3⑦－I,K3⑦－J	*ca. 4900 BC*, AMS 数据: K3⑦－I 菱角 BA06593 5985 ±40 bp K3⑦－G 芡实 BA06594 5990 ±40 bp

随后,当地政府出资兴建遗址保护棚,以便于更好地保护文化遗产和利于进行长期的田野作业。保护棚建造过程中,在发掘区周围开挖 8 个大约 10×10 米的桩基坑,其中编号为 DK3 的坑内出土了异常丰富的有机质遗存,且有分类堆放的现象,现场发掘中将此生活面编号为 DK3⑦(后来的测年显示此层的年代比发掘区内⑦⑧层年代更早一阶段),按遗存分布的集中程度取样 10 份,编号 A~J。这批样品也进行了系统筛选。

2006~2007 年的两次发掘,均配合本课题组的采样方案进行了系统的采样和筛选(浮选后湿筛),除此之外也对遗存丰富的单位进行人工拣选。由于工作时间限制,本文共分析这类系统样品 35 份(17 份第二次发掘样品,18 份第三次发掘样品);此外,也包括来自 24 个单位的手工拣选资料。

根据现有^{14}C 测年数据,在后文的具体分析中,除特别说明之外,均将遗址出土植物资料分为三个大时期进行比较分析。从早到晚依次为 DK3⑦阶段、⑦⑧层阶段和⑤⑥层阶段,年代跨度约为 6900~6600BP(校正后)。③④层出土遗存数量较少,个别情况再举例说明。

材料与方法

土样均经过浮选－湿筛两个处理步骤。收集浮选物的筛网尺寸为 0.28mm;湿筛所用的分样筛分四档,从细到粗依次为 0.28/0.45/0.9/2.5mm。2006 年的实验室工作中,发现 0.28~0.45 这一范围内能获得的遗存(特别是稻属小穗轴)与＞0.45 相比非常稀少,因此后期工作统一仅拣选鉴定＞0.45 以上的遗存。此外,还有部分坚果类样品是田野作业中经过粗筛或手工拣选获得的。

所有鉴定种子均进行统计,一些常见门类还细分成完整和残块,大部分小型杂草类则放到一起统计。种子的密度是全部按照原始土样量进行折算,不考虑所拣选的种子经筛选后是来自哪一档尺寸及那一尺寸获得筛选物的体量。

植物种属的分类与鉴定

总计鉴定统计了 23615 个植物残体,总计超过 50 个种属,其中大约 12000 多个来自手工拣选,其余来自系统筛选的土样。占绝对数量最多的种属是橡子(包括石栎属和青冈属)、菱角、稻和芡实(图表 1),其他遗存在绝对数量上完全无法同这四类相提并论。

原始数据表格均附于本文后,包括附表一"植物遗存密度"、附表二"2006 研究季原

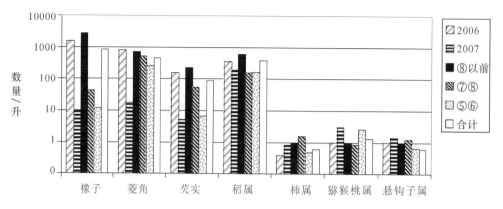

图表1　不同研究季度和不同阶段各类主要植物的密度分布

（⑧以前即 K3⑦，年代早于遗址发掘区⑧层数据，故下文简称⑧前；⑦⑧即相当于来自⑦⑧层、包括开口于
⑥下的样品数据；⑤⑥相当于来自⑤⑥层、包括开口于④层下的样品数据；总计中还包括部分晚于⑤层的
数据，由于数据不多，保存状况不佳，暂时不另做比较。此分类下文皆同）

始数量统计表"和附表三"人工拣选（非系统筛选）植物数量统计表"①。

下文讨论首先按照坚果果实类、禾草类、莎草及其他水生杂草类、双子叶草本类和稻
类等进行分述。每部分列出基本种属表，说明不同阶段的出土概率及相关种属的生态环
境信息。之后运用定量方法就数据反映的特征和模式进行分析。

一　坚果与果实类

表2是遗址所见果实类遗存综述，其中数字表示有多少份样品出土了此类种属的遗
存，总的出土概率的数据还包括了没有列入此三大阶段的个别晚期单位。

田螺山遗址最丰富的遗存就是橡子，大约94％的样品中出土橡子壳等残片。目前对
这些橡子的种属鉴定尚无法精确到种。尽管尺寸各异，但整体上大部分橡子是形态类似
的椭圆形，具有鉴定意义的"壳斗"部分发现的很少，大多数具有同心圆纹形态的青冈属
的特征，这种类型在《河姆渡》图版中可见②。根据《跨湖桥》报告的图例③，田螺山也有极
少量"壳斗"可能为石栎属。

橡子是田螺山遗址的主食资源之一。从民族学比较的角度看，橡子被加州土著民
族、绳文时期的日本列岛先民广泛利用，在近东农业起源之前，橡子的重要性也常常被提
及④。田螺山遗址出土的大量橡子坑表明其储存量还是相当可观的。在地下水位较高的

---

①　2007年系统筛选数据还有部分仍在研究统计中，最终数据以发掘报告为准。

②　浙江省文物考古研究所：《河姆渡——新石器时代遗址发掘报告》，文物出版社，2003年。

③　浙江省文物考古研究所：《跨湖桥》，文物出版社，2004年。

④　秦岭、傅稻镰、张海：《早期农业聚落的野生食物资源域研究》，《第四纪研究》第30卷第2期，2010年，249页
相关引文。

地区挖深坑连壳储存橡子,这样的行为模式在史前日本地区也非常普遍。一般认为,这种储存在水坑里面的方法有助于逐渐去涩;也有认为这种做法是为了能够长期保存避免发酵,因此是作为一个备用食物的功能。常绿种的栎果一般比落叶种涩性要弱(丹宁酸的含量较低),处理方式也相对简单。跟日本东北地区绳文中晚期大规模复杂的去涩过滤装置和工具相比[1],田螺山遗址的去涩方法似乎就是简单的浸泡,这也从另一角度说明本地利用的多是常绿种的栎果。

表 2 遗址所见果实类遗存综述

果实类	⑧前	⑦⑧	⑤⑥	出土概率	图号
橡子 (*Quercus sensu lato* & *Lithocarpus*)	10	11	20	78.6%	图版一,1、2;图版三,1~5
松果 *Pinus* sp. [Pinaceae]	1	1	—	3.57%	图版三,8
桃 *Amygdalus*(*Prunus sensu lato*) sp. [Rosaceae]	2	—	1	5.36%	图版三,7
梅 *Armeniaca*(*Prunus*) *mume* type[Rosaceae]	—	1	—	4.16%	
樱桃 *Cerasus*(*Prunus*) small type[Rosaceae]	—	—	—	4.16%	图版三,6
南酸枣 *Choerospondias axillares*[Anacardiaceae]	1	2	1	7.14%	
柿子 *Diospyros* cf. *kaki*[Ebenaceae]	1	3	4	14.3%	图版四,1
猕猴桃属 *Actinidia*[Actinidiaceae]	—	2	5	12.5%	图版四,4
荚蒾属 *Viburnum*[Caprifoliaceae]	1	—	—	1.79%	图版四,5
构属 *Broussonetia* sp. [Moraceae]	—	1	—	5.36%	图版四,7
榕属 *Ficus* sp. [Moraceae]	1	—	—	1.79%	
楝 *Melia azedarach*[Meliaceae]	—	1	—	1.79%	
杨梅? cf. *Myrica rubra* [Myricaeae]	—	1	—	1.79%	

* 出土概率包括③④层数据

---

① Takahashi R, Hosoya L－A 2002. Nut exploitation in Jomon society. In：Mason S L R, Hather J G eds. *Hunter－gatherer Archaeobotany：Perspectives from the Northern Temperate Zone*. London：Institute of Archaeology, University College London. pp. 146－155.

　　与大多数坚果类似,这是一种季节性的食物资源。尽管目前尚无法鉴定到种,我们还是可以估计橡子的采集是集中在八到十月,即夏末秋初,这段时间是南中国和东南沿海的大部分青冈和石栎属结果的季节(图表2)。需要注意的是,在特定的小区域内,橡子采集的高峰期一般很短,因为橡子从成熟到落下大约仅有1～3周左右的时间,因此在被其他动物采食之前,橡子类的坚果采集是一项较为集中、规模不小的劳力组织活动。

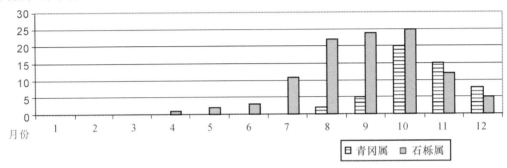

图表2　常绿栎树的季节性

　　从遗址上橡子坑的完整性可以推断橡子可能是作为一种储备性资源被储存,因此都带壳并且这些坑没有被扰乱过。但同时,DK3出土的大量橡子壳及各筛选土样中普遍可见的细碎橡子壳也显示,橡子不仅仅是作为食物贮备,而是日常食用的资源。因此,我们认为橡子是田螺山遗址的主食资源之一,同时也有意识采集储存一部分作为后备食物资源以应对不时之需。

　　值得注意的另一现象是,本遗址建筑和器具所使用的大量木材中并不常见壳斗科栎属/青冈属/石栎属等类别,这些类别在所有木制品中所占的比例仅为5％左右(见本书铃木三男文)。这一现象与日本绳文时代广泛食用橡子的同时也大量利用栎树作为建筑木材的情况有所不同,说明这些树木作为坚果食物的资源是有意识保护起来而未作他用的。

　　除橡子外,其他果实类植物的数量和出土概率都很低,其中相对比较常见的有猕猴桃属、柿属和南酸枣。

　　猕猴桃属植物的果实均可食。我国为优势产区,有50多种,集中产地是秦岭以南和横断山脉以东的大部分地带。猕猴桃属据报道分布在海拔200～3000米,但今天浙江山区可见品种均分布于海拔600～1000米①。

　　柿属的果实也均可食,果期一般是从夏末到秋季,生长的最高海拔不超过1400米。田螺山遗址出土的大部分柿属种子尺寸很小,跟现代野生柿属相仿。只有DK3⑦－G样

　　① Cui Zhixue,Huang Hongwen,Xiao Xingguo. *Actinidia* in China《中华猕猴桃(英文版)》,中国农业科学技术出版社,2002年。

品中集中出土的柿属种子,尺寸与现代栽培品种接近,暗示了或许当时已有特定柿属种类的专门化采集或管理。

南酸枣是漆树科南酸枣属的单一种,落叶乔木。核果椭圆形,成熟后黄色,顶端有五个小孔,特征非常明显。除了田螺山遗址外,在跨湖桥(8000BP)[1]、河姆渡(7000～6000BP)[2]甚至良渚晚期的卞家山遗址(2300BP)[3]等均有发现,可以说在长江下游的新石器时代是一直被延续利用的一种野生资源。它的果实可生食或酿酒,富含维生素 C。南酸枣的垂直分布大约是在海拔 300～2000 米之间,现代分布相对偏南,包括了中国南方大部分地区、柬埔寨、泰国、印度和尼泊尔等国家。在南亚地区,南酸枣还常常被用来制作果酱或腌菜。

余下的种类目前仅出自 DK3⑦的废弃堆积内,或者来自手工拣选的样品。囿于篇幅,不再一一赘述,除了山桃 Amygadalus (Prunus) davidiana 一般生长在海拔较高的地区(800～3200 米)外,其他种类的分布多在低海拔的山谷丘陵地带,大约 100～2000 米的范围之间。

表 3 是遗址所见蔓生果实类遗存综述,其中数字表示有多少份样品出土了此类种属的遗存,总的出土概率据还包括了没有列入此三大阶段的个别晚期单位。

悬钩子属的植物种类繁多,变异性大,生长环境多样,在中国现生种就有将近 200 种。其中很多类果实多浆,味酸甜,可直接食用。今天西方普遍食用的黑莓、覆盆子等都是悬钩子属的植物,多自然生长于庭院路边,仍可说是一种野生资源。

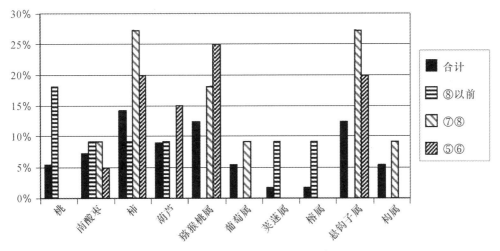

图表 3　其他果实类的出土概率

① 浙江省文物教研研究所:《跨湖桥》,文物出版社,2004 年。
② 浙江省文物考古研究所:《河姆渡——新石器时代遗址发掘报告》,文物出版社,2003 年。
③ 感谢郑云飞博士展示未发表资料。

表 3　蔓生果实类数据综述

	⑧前	⑦⑧	⑤⑥	出土概率	图号
葡萄属 *Vitis* sp. ［Vitaceae］	—	1	—	5.34％	图版四,3
悬钩子属 *Rubus* sp. ［Rosaceae］	—	3	4	12.5％	图版五,1
葎草属 *Humulus scandens* ［Cucurbitaceae］	1	3	3	14.3％	图版一〇,6
葫芦 *Lagenaria siceraria* ［Cucurbitaceae］	1	—	3	8.93％	图版四,2
甜瓜 *Cucumis melo* L. subsp. *agrestis* ［Cucurbitaceae］	—	—	1	4.16％	图版一,4

＊出土概率包括部分手工拣选样品

　　葎草属植物一般为一年生,生长在林地边缘或河岸上。尽管葎草可作药用,这一时期可能仍是一种常见的聚落内杂草,或在采集其他蔓生植物或木料是带入遗址。这类植物在日本绳纹时代的饱水遗址中发现①,也见于长江中游如八十垱和城头山遗址②。

　　表 3 最后两种葫芦科的植物可能在田螺山遗址时期已经被栽培了③。葫芦类遗存包括葫芦子和葫芦皮,葫芦这一种类也见于河姆渡和跨湖桥的发掘报告中。大约这个阶段,葫芦在很多日本绳文早期遗址中也被发现④。最近的分子生物学显示,美洲地区的葫芦从遗传学角度看是东亚葫芦的一个变种,而北美和美索不达米亚地区都发现了全新世早期的葫芦⑤。这一假设暗示葫芦是很早时候通过白令海峡由人类带到美洲新世界的,因此说明早在东亚的狩猎采集社会葫芦可能已经被利用或栽培。真正的野生葫芦及其

①　Minaki,Mutsuhiko,Tsuji,Seiichiro,and Sumita,Masakazu 1998. Sannai Maruyama iseki dai 6 tetto Chiku Via,VIb so kara sanshutsu shita ogata shokubutsu itai (kaseki)［Macro floral remains recovered from Layers Via and VIb of the Sixth Tranmission Tower Area of the Sannai Maruyama site］. In Cultural Affairs Section of the Agenecy of Education of Aomori Prefcture (ed) *Sannai Maruyama Iseki IX dai 2 bunsatsu*［*Sannai Maruyama Site*,vol.9,part 2］. Aomori: Aimori-ken Kyoiku Iinkai. pp.35-51.

②　湖南省文物考古研究所、国际日本文化研究中心:《澧县城头山——中日合作澧阳平原环境考古与有关综合研究》,文物出版社,2007 年。湖南省文物考古研究所:《彭头山与八十垱》,科学出版社,2006 年。

③　Fuller,DQ,Leo Aoi Hosoya,Yunfei Zheng & Ling Qin 2010. A contribution to the prehistory of domesticated bottlegourds in Asia: rind measurements from Jomon Japan and Neolithic Zhejiang,China. *Economic Botany* 64(3):260-265

④　A. Fuller,DQ,Leo Aoi Hosoya,Yunfei Zheng & Ling Qin 2010. A contribution to the prehistory of domesticated bottlegourds in Asia: rind measurements from Jomon Japan and Neolithic Zhejiang,China. *Economic Botany* 64(3):260-265.
　　B. Habu,Junko 2004. *Ancient Jomon of Japan*. Cambridge: Cambridge University Press. pp.59,118.

⑤　Erickson,David L.,Bruce D. Smith,Andrew C. Clarke,Daniel H. Sandweiss & Noreen Tuross 2005. An Asian origin for a 10,000-year-old domesticated plant in the Americas. *Proceedings of the National Academy of Sciences* (USA)102:18315-18320.

他同源亲缘种类均来自非洲①,这一事实更暗示葫芦的传播可能追溯到更新世早期人类走出非洲的时候。

田螺山的葫芦可能部分被归入驯化的类型。有学者通过研究美洲葫芦的果皮来判定其性质(图表4)②,驯化葫芦的果皮厚度是2～7毫米,集中在3～5毫米之间;而非洲地区的野生葫芦果皮一般仅有1～1.5毫米厚。一般认为为了更适合用作盛器,早期先民偏向于选择果皮较厚的葫芦,因此驯化的人工选择的进化方向是果皮越来越厚。田螺山出土的葫芦皮共测量了三份数据,仅一例落在野生区间(小于2毫米)。

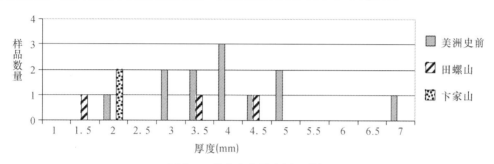

图表4　葫芦皮的厚度测量数据

甜瓜子共发现15颗,均来自手工拣选的T203⑥的样品。应该是栽培品种甜瓜和菜瓜的野生祖本 *Cucmis melo* subsp. *agrestis*。这一特征的瓜子也见于长江下游其他地点,如良渚时期的姚家山、庄桥坟、卞家山和马桥时期的钱山漾等。详细情况参见郑云飞等已发表论文③,此处比较如下(图表5)。如郑文已讨论的,该地区大部分甜瓜种子的尺寸小于5毫米,唯有良渚晚期以后的塔地和钱山漾遗址可见甜瓜种子尺寸上的明显增长,显示出尺寸变化与甜瓜驯化的相关性。

野生甜瓜虽在现代长江下游未见报道,但根据田螺山及其他周边遗址的材料,可见其在新石器时代是本地常见的野生资源。现代野生甜瓜的分布从云南延伸到印度和东南亚的一部分地区,同时也见于非洲的撒哈拉周边地区。过去一般认为驯化甜瓜的起源是多中心的,包括埃及和印度④,长江下游的材料显示出存在另一个单独起源中心的可能性。

① Decker—Walters,D. S. ,Wilkins—Ellert,M. ,Chung,S. —M. &. Staub,J. E. 2004. Discovery and Genetic Assessment of Wild Bottle Gourd［Lagenaria siceraria (Mol.) Standley;Cucurbitaceae］from Zimbabwe. *Economic Botany* 58：501 - 508.

② Erickson,David L. ,Bruce D. Smith,Andrew C. Clarke,Daniel H. Sandweiss &. Noreen Tuross 2005. An Asian origin for a 10,000—year—old domesticated plant in the Americas. *Proceedings of the National Academy of Sciences* (USA)102：18315—18320.

③ 郑云飞、陈旭高:《甜瓜起源的考古学研究——从长江下游出土的甜瓜属(Cucumis)种子谈起》,浙江省文物考古研究所编:《浙江省文物考古研究所学刊》第8辑,科学出版社,2006年,578～586页。

④ Zohary,Daniel and Hopf,Maria 2000. *Domestication of Plants in the Old World* ,Third Edition. Oxford:Oxford University Press;especially p. 194.

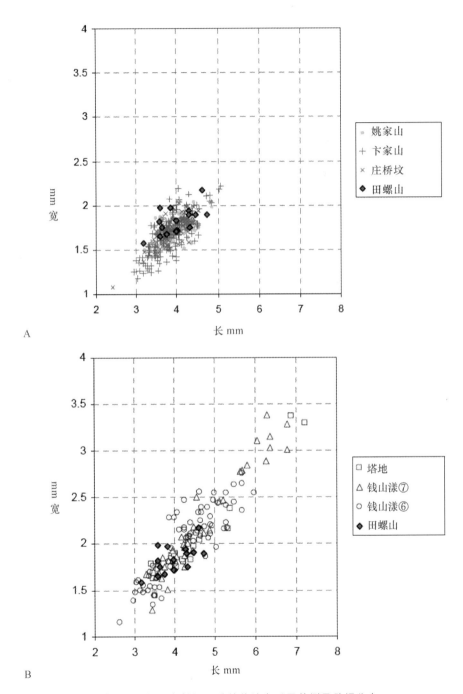

图表 5　田螺山和长江下游其他地点瓜子的测量数据分布

二　水生植物和果实类

表 4 是遗址所见水生坚果和深水植物类遗存综述,其中数字表示有多少份样品出土了此类种属的遗存,总的出土概率的数据还包括了没有列入此三大阶段的个别晚期单位。

表 4　水生坚果和深水植物数据综述

	⑧前	⑦⑧	⑤⑥	出土概率	图号
菱 Trapa natans (including T. bispinosa, T. bicornis, T. quadrispinosa)	9	9	15	60.7%	图版五,4、5
芡实 Euryale ferox	11	6	10	50%	图版一,3;图版五,6、7
荇菜 Nymphoides peltatum [Menyan-thaceae]	0	1	0	1.79%	图版六,1

* 出土概率包括部分手工拣选样品

菱角 Trapa natans L. sensu lato (syn. T. bispinosa Roxb.)的定种是基于其尺寸和角的形状[①]。细果野菱 Trapa incisa Siebold & Zuccarini (syn, T. maximowiczii Koch.)首先被排除是因为其尺寸小于 2 厘米,而长江中游的城头山遗址报道有出土此种类型[②];另一种四角的 T. quadrispinosa Roxb. 类型也因为形态不同而被排除,尽管最近的分类学又建议说四角和两角都是 Trapa natans,只是变种而已。

菱角是一种一年生水生草本植物,一般生长在湖泊、河湾、积水沼泽和池塘等静水淡水水域。田螺山遗址超过 60% 的样品中发现有菱角遗存。菱角需要 6～8 个月的生长期,通过水底淤泥中自然传播的种子得以繁殖,或是育苗移栽,移栽后等待数周至果实成熟。一般驯化种的形态特征是趋向于尺寸增大,菱角部分更弯曲更大,以便有更多空间。这与野生种的果实更趋向于沉入水里以利于自然繁殖的特性有所区别。如以此为标准判定,田螺山出土的菱角似乎还都是野生品种,何时驯化菱角目前尚不清楚。一般而言,菱角生长在较深水域内,生长期内水域不会干涸,水深至少要超过 30～60 厘米[③]。这说明菱角的生态环境和稻属植物并不相同。值得一提的是,菱角不仅仅是一般人类取食的资源,也是很好的猪饲料,猪甚至可以带壳食用。

芡实也是一年生水生草本,是富含淀粉质的可食用资源,田螺山遗址大约 50% 的样

---

① Chen Jiarui 陈家瑞 , Ding Bingyang 丁炳扬 and A. Michele Funston 2000. In *Flora of China* Volume 13. edited by Wu, Z. Y. & P. H. Raven. Science Press. Beijing & Missouri Botanical Garden Press,St. Louis pp. 290－291.

② 湖南省文物考古研究所、国际日本文化研究中心:《澧县城头山——中日合作澧阳平原环境考古与有关综合研究》,文物出版社,2007 年;湖南省文物考古研究所:《彭头山与八十垱》,科学出版社,2006 年。

③ Yuan Longyi,Liu guiha,Li Wei et al. 2007. Seedbank variation a long water depth gradient in a sub tropical lakeshore marsh,Longgan Lake,China. *Plant Ecology*. 189:127－137.

品中有所发现。芡实广泛分布于南中国地区,扩展到印度东北和东南亚北部地区,也部分见于中国北部和日本。在长江下游地区,一般称作鸡头米,是传统饮食中营养价值很高的食品,又称"水中人参"。和菱角相比,芡实生长的水域略浅一些①。野生和驯化芡实的判定标准目前尚不太清楚。同样,芡实虽然是淡水水生植物,但和野生稻或栽培稻的生境还是不相重叠的。

荇菜是一种浮游的多年生宿根型的深水植物②。其种子特征明显,为扁平椭圆形,并有带茸毛的边缘。一般报道与菱角共生。其叶可食用,作菜蔬。

三 草本植物:杂草类

田螺山还发现大量可以认为是田间杂草类型的植物种属,这是基于这些种属一般的生长习性和生长环境来判断的。目前共有 37 中可甄别鉴定的类别(有些仅到属一级)。我们在下面的表中将它们分成三类:水生杂草(表 5)、禾草(表 6)和其他草本杂草(主要为双子叶植物)(表 7)。

表 5　莎草香蒲类植物数据综述

种属名称	⑧前	⑦⑧	⑤⑥	出土概率*	图号
莎草属 *Cyperus* sp.	1	3	3	14.3%	图版六,5、6
荸荠属 *Eleocharis* sp.	1	—	2	5.4%	图版六,8
花穗水莎草 *Juncellus pannonicus*	4	1	—	8.93%	
水莎草 *Juncellus serotinus*	—	1	—	1.79%	图版六,7
萤蔺 *Scirpus* cf. *juncoides*[= *Schoeno-plectus juncoides*]	1	—	—	1.79%	
水毛花 *Scirpus triangulatus*	2	1	1	7/14%	图版七,1~3
扁秆藨草 *Scirpus planiculmis*	7	1	1	16.1%	图版一,5;图版七,5
其他藨草属 Other *Scirpus* sp.		1	1	3.57%	图版七,4
苔草属? cf. *Carex* sp.	—	—	1	1.79%	图版七,6
灯心草属 *Juncus* sp.	—	2	1	5.36%	图版六,2
香蒲属 *Typha* sp.	—	—	1	1.79%	图版六,3、4

*出土概率包括部分手工拣选样品

---

① Yuan Longyi,Liu guiha,Li Wei et al. 2007. Seedbank variation a long water depth gradient in a sub tropical lakeshore marsh,Longgan Lake,China. *Plant Ecology*. 189:127—137.

② Ho,Ting-nung and Robert Ornduff 1995. Menyanthaceae. In *Flora of China* Volume 16. edited by Wu,Z. Y. & P. H. Raven. Science Press. Beijing & Missouri Botanical Garden Press,St. Louis pp. 140—142.

表6　禾本科杂草数据综述

Grasses	⑧前	⑦⑧	⑤⑥	出土概率 *	图号
稻 *Oryza rufipogon/ sativa*	10	8	17	67.9%	图版二
稗属 *Echinochloa* sp.	—	1	2	5.34%	图版九,1~4
画眉草属 *Eragrostis* sp.	—	1	—	1.79%	图版八,3~5
羊茅属? cf. *Festuca* sp.	1	1	4	10.7%	图版八,7,8
黍属 *Panicum* sp.	—	—	2	3.57%	图版八,6
大狗尾草/狗尾草属 *Setaria faberii/ Setaria* spp.	—	—	1	1.79%	图版一,6
其他 未知禾草 Other indeterminate Poaceae	—	2	3	10.7%	图版八,1,2; 图版九,5~7

　* 出土概率包括部分手工拣选样品

表7　其他主要草本植物种属

Other dicots	⑧前	⑦⑧	⑤⑥	出土概率	图号
当归属 Apiaceae：cf. *Angelica*	—	1	—	1.79%	
伞形科 Apiaceae type	—	1	—	1.79%	图版一一,6、7
小型菊科 Asteraceae small type	—	1	1	3.58%	图版一一,5
中型菊科 Asteraceae med. Type	—	1	—	1.79%	
大型菊科 Asteraceae large type	—	—	1	1.79%	
藜属 *Chenopodium* sp.	1	2	1	7.14%	
石竹科带刺 Caryophyllaceae type,spiny	—	2	—	3.57%	
石竹科 小型 Caryophyllaceae type small	—	1	—	1.79%	图版一〇,3
豆科 Fabaceae（Leguminosae）	—	2	—	3.57%	
唇形科 紫苏 Lamiaceae：*Perilla*	1	—	—	1.79%	图版一一,4
唇形科 Lamiaceae	—	1	—	1.79%	
锦葵科 Malvaceae type fruit	—	1	—	1.79%	图版一〇,8
锦葵科小型 cf. Malvaceae small	—	—	2	3.57%	
蓼科 酸模属 Polygonaceae：*Rumex*	—	—	3	5.36%	图版一〇,5
蓼科 蓼属 Polygonacae：*Polygonum*	—	—	1	1.79%	图版一〇,4
毛茛属 *Ranunculus*	—	2	1	5.38%	图版一〇,1
茜草科 猪殃殃属 Rubiaceae：*Galium*	2	2	3	12.5%	图版一一,1~3

　* 出土概率包括部分手工拣选样品

表 5 是遗址所见莎草香蒲类水生杂草综述,其中数字表示有多少份样品出土了此类种属的遗存,总的出土概率的数据还包括了没有列入此三大阶段的个别的晚期单位。

小型杂草种子中占有显著比例的是莎草科植物,目前暂鉴定分出 9 个不同种属。这些种子今天都是稻田或灌溉渠中的常见杂草,因此田螺山遗址中这些种属的出现可能与早期的水稻栽培有关系。其中最常见的是扁杆藨草。除了各类种子外,莎草的根茎部分在遗址中也有所发现(图版七,7)。这或许暗示了与之相伴的是连根拔起的收割方法。莎草类植物的根茎大部分可食,尽管没有发现荸荠类的莎草种子,但不排除部分莎草植物是食物资源而不是杂草的可能性。

其他水生种属包括香蒲属和灯心草属,这两类沿水边和稻田边缘区域生长。香蒲一般易侵入开阔的浅水地带,如废弃的水田、沟渠和池塘边缘。因此这类植物的出现与人类早期聚落周边景观的变化有直接联系。

表 6 是遗址所见禾本科植物和杂草综述,其中数字表示有多少份样品出土了此类种属的遗存,总的出土概率的数据还包括了没有列入此三大阶段的个别的晚期单位。

除了水生莎草类之外,也有一些小型禾草类种子的出现可与早期水稻栽培行为相联系。可鉴定的类别包括画眉草属、黍属、狗尾草属以及现代水田常见杂草稗属。

表 7 是遗址所见其他种类草本植物综述,其中数字表示有多少份样品出土了此类种属的遗存,总的出土概率数据还包括了没有列入此三大阶段的个别的晚期单位。

其他双子叶类杂草大部分仅鉴定到科,部分典型常见类别鉴定到属。其中大部分为一年生植物,说明聚落周围有大面积已进行人工干预的土壤环境,而非自然的湿地和沼泽。

四　水稻

作为遗址出土的主要和重要类别,稻类遗存包括了完整和残断的稻米、稻谷以及大量的稻穗轴。小穗轴大部分是来自 0.45～0.9 毫米这一范围的筛选物中,目前尚无其他考古遗址象田螺山这样筛选并分类统计如此之多的穗轴数据。同时,大量的稻米也进行了测量。这样就有利于综合分析讨论水稻栽培到驯化过程中各类性状发生的变化以及变化的速率。这样的系统信息才可以对等地与近年来近东地区大麦小麦的植物考古研究成果进行比对和讨论。

未成熟类型的稻属遗存也是这次在田螺山遗址的植物考古中重视并努力甄别出来的内容。从稻米粒形上看,除了未成熟的米粒较瘦窄以外,同时也可以看到有明显边缘,越到边缘越薄等特点,同时未成熟米粒的表面通常会有褶皱(图版二,4、5)。由于未成熟米粒相对易损碎,田螺山遗址中尽管出土了大量可以纳入未成熟类别的稻米,但大多是残块。

　　田螺山稻米粒形的测量数据显示，这里发现的稻属遗存应该是属于同一种群，其中包括了一部分野生的变异（图表 6、7）。

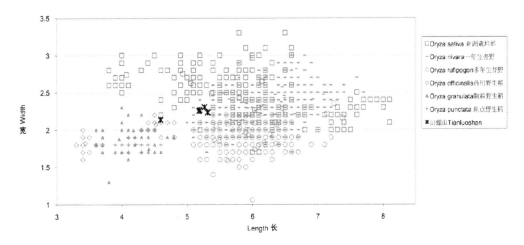

图表 6　田螺山分层测量数据与现代稻属种类的数据比较

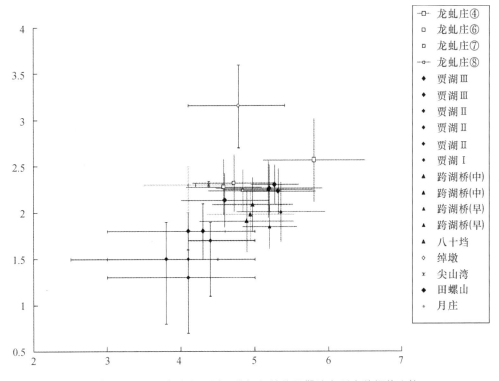

图表 7　田螺山遗址分层测量数据与其他早期地点稻米数据的比较

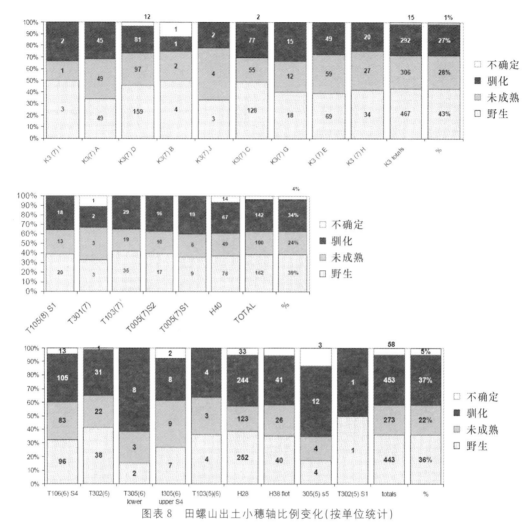

图表 8　田螺山出土小穗轴比例变化(按单位统计)

　　除稻米粒形外,另一个用来讨论驯化—野生的形态特征来自于稻穗轴的基部[①](本文简称小穗轴)。驯化种因为依靠人工收割播种的方式,具有不落粒性。因此使得稻穗轴基部得以表现出与野生自动落粒性状完全不同的特征;同时,如前文对粒形的讨论类似,我们也甄别出第三类不同于野生和明确驯化特征的穗轴,认为其是未成熟的形态。本文总体上将田螺山遗址出土的小穗轴分为 4 类:(1)野生;(2)未成熟/驯化;(3)驯化;(4)不确定或残。我们鉴定的标准是建立在对 140 个现代品种观察的基础上的,其中包括 53 个驯化稻品种,来自东亚、东南亚和印度;还包括 87 个野生稻品种,主要来自于 UCL 的标本库;未成熟类别的比较分别来自于对日本和河南地区的现代收割过程的民族学调查。

---

　　① Fuller D Q, Qin Ling, Zheng Yunfei et al. The domestication process and domestication rate in rice: Spickelet bases from the lower Yangtze. *Science*. 323：1607—1610.

判断野生和驯化形态的标准主要有四个方面(图版一二)。(1)从侧面看,野生形态的穗轴疤面侧边较平直,驯化形态的有一定弧度,内凹弯曲。(2)从正面看,野生形态的穗轴疤面较圆整,驯化形态的疤面不规则,收缩变形(一般呈为三角形或扁圆形)。(3)从疤面深度看,野生形态的较浅,驯化形态的较深。(4)从疤面的表面看,野生形态较光滑,中部小孔折断部分很规整,驯化形态的表面粗糙,中部小孔很不规整,有时孔很大。在实际作业中,我们在判定野生形态时更为谨慎,一般需要同时满足上述四个条件才会判定为野生类型。

在分类过程中,田螺山遗址的穗轴中还出现相当部分是我们称为"突出型"的类别,具体特点是穗轴基部还连接着部分轴,因此显示为"突出"的特点(图版二,6;图版一三,2a~2c)。在我们观察的现代驯化稻品种当中,这种"突出"特征的非常少见,一共有大约18份样品(33%)发现这种现象,但"突出"的个体均仅占种群中的1%~5%。仅有两个现代样品中"突出型"穗轴达到大约30%的比例,其中一份来自浙江地区现代的稻田。基于上述比较和民族学调查,我们认为"突出型"穗轴多见于未全部成熟即收割的种群;同时会多见于利用现代机械工具进行收割的种群(如现在的日本和中国江浙地区)。由于未成熟的类别中可能包括了未成熟的驯化和未成熟的野生这两种情况,目前缺少比对标本的情况下无法进一步细分,我们在本项研究中将之单独列为一类"未成熟形态"加以统计分析。

基于上述标准,我们一共观察统计了2604个小穗轴(图版二,6~8;图版一三)。野生、驯化和未成熟形态的比例总体上是类似的,各占三分之一左右。如果按出土单位的时代合并统计,可以看到在大约300年的时段里,驯化形态的比例从27.4%逐步增长到38.8%,而野生和未成熟形态的比例均有所下降。如果我们假设不成熟形态中野生和驯化的各占一半(保守估计),那么驯化形态的比例从38%增长到51%。(图表8、9)

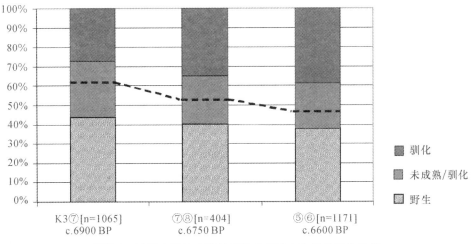

图表9 田螺山遗址小穗轴三种类型所占比例的时代变化

讨　论

一　不同时代和不同出土单位的组合模式

要量化分析和统计上述遗存的数量时,需要首先考虑的问题是,哪些是可以归纳出来的组合模式,哪些数量变化是有代表性的、是时代早晚的差别,还有哪些是由于遗迹单位性质、发掘和采样季度等造成的偏差。尽管遗址中最普遍的是橡子和菱角(完整和残的都很普遍),但需要考虑很多单位中发掘者人工拣选了海量的坚果类遗存(见表5),比如 T205H5 这个橡子坑,一共统计有几乎一万颗的橡子。如果除去手工拣选的样品,则从 0.45～0.9 毫米筛选物中挑出来的稻穗轴是一大门类的遗存。如比较下述四类的出土概率,手工拣选样品中橡子的偏差是较明显的(图表10)。其他三类在加入手工拣选数据后出土概率均有所下降,只有橡子反而略有增长,说明手工拣选的样品中橡子的出土概率远远高于其他三类,这和筛选的结果并不一致。如果按照出土单位的性质比较(图表11),显然 DK3⑦ 出土的植物密度要远远高于其他单位,而从植物类别来看,橡子在灰坑中和菱角在地层中都存在一定的数量偏高的偏差。

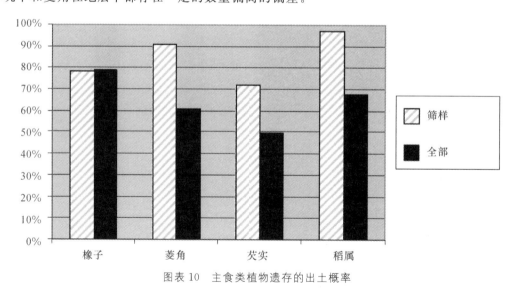

图表 10　主食类植物遗存的出土概率

不管怎样,橡子、菱角、芡实、水稻,这四类可以说是田螺山遗址植物性主食资源的基本组合。如图表11显示,这些类别的遗存大多密度达到 100/L,从未低于 10/L,相比之下,其他植物种属都很少有超过 1/L 的密度的情况。这四类都是易于储存的碳水化合物资源。值得注意的是,只有稻类是不管任何发掘季度和出土单位里都保持一定密度的一

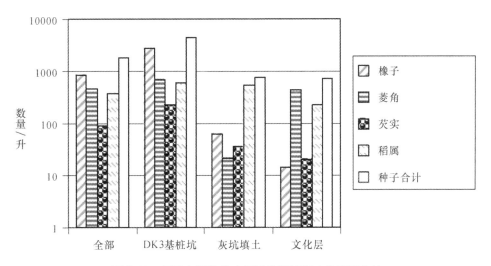

图表 11　四种主要植物在不同类型堆积中的密度比较

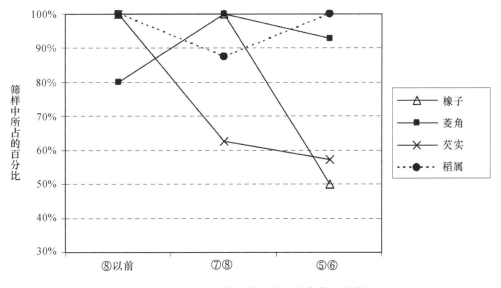

图表 12　四种主要植物资源出土概率的时代变化

类遗存；而坚果类明显在 2006 年整理季中比 2007 年要丰富，2006 年整理的是 2004 年发掘资料，该年一直发掘到最靠下部饱水保存很好的堆积层位，同时包括较多人工拣选的样品；而 2007 年整理的主要是系统采样的筛选样品，相对的保存状况也不如 2004 年第一次发掘，因此坚果类遗存的数量会有较大变化。

　　从时代上看，量化结果显示水稻作为食物资源其重要性是持续增长的。首先，不同于橡子和芡实，水稻的出土概率一直保持在 90％～100％的水平上（图表 12）。其次，水稻在筛选样品中所占的比例也是从 8％～18％～24％稳步增长（图表 13）（与之相符的是

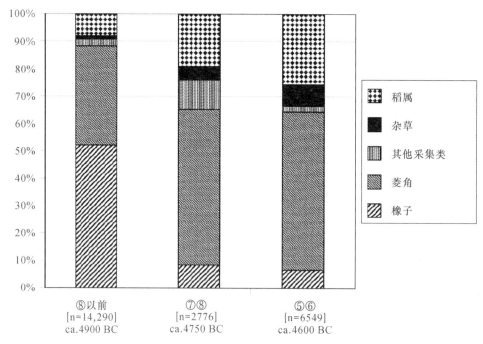

图表 13   稻属、杂草、其他采集食物、菱角和橡子比例的时代变化

杂草类比例的同步增长)。水稻比例的增长和水稻栽培后日益成为可依赖主食资源的假说是相符的,同时坚果类如橡子也没有突然被放弃食用,而是逐步递减的,此外,菱角类水生野生资源的比例从早到晚相当稳定。上述变化趋势也可以通过表 8 中主要类别之间比值的变化来体现。

表 8   部分主要植物资源的密度分析

相关比值	2006 整理	2007 整理	⑧以前	⑦⑧	⑤⑥	合计
稻:橡子	0.24	20.65	0.22	3.62	13.91	0.44
杂草:稻	0.10	0.10	0.10	0.09	0.10	0.08
菱角:橡子	0.53	1.88	0.26	12.27	22.36	0.54
菱角:稻	5.30	3.46	3.02	9.96	39.39	5.25
芡实及其他采集类:橡子	0.11	1.05	0.09	1.33	0.93	0.11
芡实及其他采集类:稻	0.45	0.05	0.44	0.37	0.07	0.24

从植物种属多样性和总体组合来看,田螺山遗址也是很典型的。与长江流域其他新石器中晚期遗址相比(包括淮河流域),田螺山遗址的四大类主食资源也是普遍存于各地点。其他采集类食物和杂草种类也是有地域上的普遍性(表 9)

表 9　长江流域新石器时代遗址所出各类野生和栽培植物资源及杂草组合的比较

	田螺山	八十垱	城头山	跨湖桥	河姆渡	绰墩	澄湖	龙虬庄	贾湖	%普遍性
橡子 Acorns	X	X	X	X	X			X	X	78%
菱角 Trapa	X	X	X	X	X	X		X	X	89%
芡实 Euryale	X	X	X	X	X			X		67%
稻 Oryza	X	X	X	X	X	X		X	X	89%
粟 Setaria italica			X							11%
其他狗尾草属 wild Setaria sp.	X	X	X							33%
大豆 Glycine		X				X			X	33%
甜瓜 Cucumis melo	X		X							22%
冬瓜 B. hispida			X							11%
葫芦 Lagenaria	X		X	X	X		X			56%
松果 Pinus	X									11%
桃 Amygdalus	X	X	X	X	X					56%
南酸枣 Choerospondias	X			X	X					33%
柿子 Diospyros	X	X			X					33%
朱砂根 Actinidia	X	X	X							33%
葡萄属 Vitis	X	X	X						X	44%
荚蒾属 Viburnum	X									11%
接骨木 Sambucus			X							11%
榕属 Ficus	X									11%
悬钩子属 Rubus	X	X	X							33%
葎草属 Humulus	X	X	X							33%
构属 Broussentia	X		X						X	33%
楝 Melia	X	X	X			X	X			56%
樟科 木姜子属/ 山胡椒属 Lauraceae type cf. Litsea//Lindera	X	X	X							33%
莎草 Sedges	X	X	X			X			X	56%

（续表 9）

	田螺山	八十垱	城头山	跨湖桥	河姆渡	绰墩	澄湖	龙虬庄	贾湖	%普遍性
杂草 Weedy grasses	X	X	X						X	44%
薏苡 Coix			X		X					22%
灯心草 Juncus	X		X							22%
香蒲 Typha	X									11%
紫苏 Perilla	X	X	X			X				44%
藜科 Chenopodium	X	X	X							33%

二　水稻驯化特征和栽培的植物考古证据

上文关于水稻的专门篇章中,我们通过稻米粒形和稻穗轴比例的变化讨论了水稻栽培和驯化进程的问题。除此之外,杂草组合也能作为植物考古证据对这一问题加以分析。田螺山遗址出土的水生莎草类、禾草类和双子叶草本植物种类,大多是地下茎(如莎草科)或是一年生的,这些都暗示可能已经有了人为对土地的耕耘管理方式。同时从组合上应该注意到驯化形态稻穗轴比例的上升和稻类比例的上升以及上述杂草类数量的增长都是同步的。

伴随这一过程,另一可观察到的变化是禾草类对莎草类的比例也有所增长(图表14)。可以从两方面解释这一现象,一方面因为禾草类多是一年生,这可能是栽培水稻过程中对水的管理水平日益提高的一个反映;另一方面禾草类和双子叶草本一般植株高度有限,和大部分长的又高又直的莎草不同,也暗示对稻类遗存的收割方式或许发生了变化,从采集型更多的发展成整株收割、连根拔取的方式,因此才能在收割过程中获得更多生长低矮的杂草,而非高耸挺立的莎草。值得一提的是,莎草科中莎草属一般植株较低矮,非常明显这一属的种子数量不降反增,不管是出土概率还是密度,都和其他莎草科种子有着不一样的变化趋势,或许可为上述第二种解释的一个旁证。

三　采集的专门化、季节性和储存

田螺山遗址出土的大量橡子、菱角、芡实和其他采集果实说明中国早期的水稻栽培是伴生于野生果实采集的经济模式中,两者不是取而代之的模式。而作为主食来源的三大类或四大类(含芡实)来自于不同的生态环境,说明当时的采集活动既有针对性,又是在较广域的范围内同时进行。统计了超过两万多个植物个体后,一共才有 50 多个植物种属,其中还有 33 个一般被认为是田间杂草(因此可视为稻类植物生境内伴出的植物);而除了 4 类主要食物资源外,其他十余种采集果实种子类植物都是偶尔发现,数量不多,

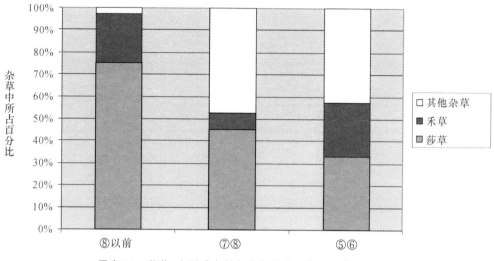

图表 14　莎草、小型禾本科杂草和其他杂草比例的时代变化

因此可以认为田螺山先民是专门化的采集者,而不是进行所谓的广谱采集。遗址中出土了大量用于储存的遗迹单位(橡子坑等),说明是一种延迟回报的采集模式;而如 DK3 中发现的分类堆积各种植物动物废弃物的现象也显示出食物加工过程的专门化和精准化。

　　从植物资源季节性的角度考虑,所有的采集收割活动都是集中在夏末到秋季这段时间(图表 15)。不仅各类食物资源,伴出的杂草种子也是基本集中在这一时间段的种类。这样明显的季节性显示出,田螺山先民可能需要应对在同一时段如何进行劳力组织分配,用不同采集收割方式获得不同生态环境中的食物资源的时效性问题;同时集中性的食物采集收割,也说明食物储存是本地生业经济中非常重要的一个环节,不然无法应对冬季和春节的食物缺失问题。

　　上述采集的专门化、季节性和储存性,从长程的社会演进角度考虑,都是促进早期社会复杂化的机制和动因[1]。

① A. 秦岭、傅稻镰、张海:早期农业聚落的野生食物资源域研究,《第四纪研究》第 30 卷第 2 期,2010 年,245～261 页。
　B. Fuller, D. Q. and Qin Ling (2010) Declining oaks, increasing artistry, and cultivating rice: the environmental and social context of the emergence of farming in the Lower Yangtze Region. *Environmental Archaeology* 15 (2): 139—159.

植物资源（可储存）	1	2	3	4	5	6	7	8	9	10	11	12
青冈属 *Cyclobalanopsis* spp.										▨	▨	
石栎属 *Lithocarpus* spp.									▨	▨	▨	
菱角 *Trapa natans*									▨	▨		
芡实 *Euryale ferox*								▨	▨			
葫芦 *Lagenaria siceraria*								▨	▨			
稻 *Oryza rufipogon/sativa*									▨	▨		
植物资源（不易储存）												
甜瓜 *Cucumis melo*						▨	▨	▨				
南酸枣 *Choerospondias axillaris*								▨	▨			
桃 *Amygadalus (Prunus) davidiana*							▨	▨				
构属 *Broussonetia* sp.						▨	▨	▨	▨			
楝 *Melia azedarach*										▨	▨	
杨梅 *Myrica rubra*						▨	▨					
荚蒾属 *Viburnum* sp.								▨	▨	▨	▨	
葡萄属 *Vitis* sp.							▨	▨	▨			
悬钩子属 *Rubus* sp.						▨	▨	▨				
朱砂根属 *Actinidia* sp.								▨	▨	▨		
柿 *Diospyros kaki*								▨	▨	▨	▨	

图表 15　田螺山出土果实类的季节性

结　语

田螺山遗址的先民既是采集者，又是栽培者。作为专业化的采集者，田螺山的采集经济具有广域性、专门性、季节性和储存性的特点。遗址所见的野生植物资源采集模式已属于"延迟回报"型，储存稻米的同时，也储存坚果，可能还有菱角和芡实。至少已有一部分水稻来自于栽培，当然仍有证据显示野生稻资源在持续的利用中。目前要找到合理方法来评估田螺山先民食谱中栽培水稻和野生采集资源的相对比例是很有难度的，但毫无疑问的是，和这一地区稍晚阶段的文化迥异（马家浜晚期到良渚时代），以田螺山遗址为代表的河姆渡文化，仍旧在很大程度上依赖于野生坚果类的采集和储存，这和其后时代的生业特征是完全可以区分开来的。

值得一提的是,田螺山先民日常触及的生态环境是多元化的,包括靠近遗址的湿地、林地灌木和远距离的山林地区。栎果(橡子)一般认为在较近的林地和山上就可以采集到,但是遗址中所见的部分果实,例如猕猴桃属、荚蒾属及南酸枣则可能来自较远的山区。猕猴桃属类据植物志报道见于海拔高于 200 米,更多是大约 600 米左右的山林。田螺山北部慈南山丘陵最高峰仅为 408 米,南部四明山丘陵一般高度在 600 米左右,几个最高峰均过千米,而从田螺山到南部山林则有大约 10 公里以上距离。这样的生态环境说明,田螺山先民的部分采集活动(更可能是伴随狩猎活动进行)需达 20～25 公里之外的南部山脊地带。这大概是一到两天左右的步行距离,也或者利用舟船缩短一点旅程时间,或在采集狩猎地区进行短期露营。这样的疆域范围可以同北美加州地区的一些橡子采集民族(比如 Wappo 或 Miwok)的资料相对应。这一特点在过去强调河姆渡文化利用水生资源的时候未得到足够重视。

不过清楚的是,淡水湿地环境仍旧是整个田螺山生业环境的重点,包括菱角(深水性)、芡实(较浅水域)和大量的鱼类都来自这样的生态环境中。从目前资料看,这类资源在田螺山遗址植物遗存中的比例随着时代逐步上升。如果考虑到人口密度增长和疆域竞争等普遍性因素的话,能够理解田螺山先民不得不逐步依赖就近的地方资源,而水稻栽培是否也可以因此理解为是在这样的背景或动力下逐步发展和强化起来的,用以代替较远距离和较大疆域的采集活动。

浅水湿地环境本来就为当地先民提供了野生稻资源,不过从目前证据看,田螺山遗址在湿地边缘人工进行水稻栽培是已经存在了。尽管目前还没有看到非常清晰的水田系统,但清理湿地、改造地形,以获得更一致的水位,便于种植和排水收割等活动——这样的人工干预行为从田螺山遗址出土的植物考古学数据中是可以找到证据的,比如出现更多一年生的植物种类,这和从多年生普野转变到人工干预下的一年生栽培稻的小环境是相匹配的,而其他一些宿根性多年生的莎草类植物在人工干预的湿地中也是易于生长的类型。

田螺山遗址的数据显示,水稻驯化正在进行中,而这一驯化过程的起点目前仍不清楚。水稻小穗轴的直接证据显示出田螺山遗址上随时代变化驯化型水稻比例的增长,而这一增长在与郑云飞报道的跨湖桥遗址的数据对比中也更为明显[①]。这样的数据和变化进程使稻属驯化与西亚的大麦、小麦驯化过程具有了可比性,而后者的驯化据目前研究至少历时两三千年。如果再考虑到野生稻具有的异花授粉特点,似乎对于加速驯化进程是更为不利的因素。因此也更可以理解从田螺山遗址表现出来的生业模式特点,稻属资源只是被利用的植物资源之一,其他还有大量可供选择的野生资源,这些野生资源的采

---

①　郑云飞、孙国平、陈旭高:《7000 年前考古遗址出土稻谷的小穗轴特征》,《科学通报》第 52 卷第 9 期,2007 年。

集活动和遗址中的渔猎活动可以结合起来考虑。此外,收割方式也是一个主要的因素,目前在田螺山遗址尚未见类似镰刀的收割工具,而数据显示收获的水稻种群中又有相当比例的未成熟类型,因此可能在没有完全成熟之前连根拔起的收割方法被采用,那么在收割过程中,不落粒特性的植株仍旧会逐步被人工选择,进而强化和促进这一不落粒性的驯化进程,而随着驯化比例的缓步增加,进一步发展精耕细作的农业技术以获得更高的投入产出比才会在下一阶段成为可能。

从长程考虑,杭州湾地区关于植物资源利用的一个重要问题是,人们何时有意识的决定停止采集和储存大量栎果,取而代之利用这大量的时间和精力来发展水稻栽培活动。目前看来,放弃栎果采集至少应该是发生在田螺山遗址③、④层之后的事情。遗址的⑤、⑥层仍然出土大量的橡子储存坑,被发现时,橡子是完好未被利用的,有些橡子坑甚至是开口于③下打破④层的单位。而从上文数据中可以看出,橡子壳的比例到了⑤、⑥层阶段却是越来越低,从橡子本身密度(见图表 1)和与水稻、菱角的相对比例中(见表 12)都能看到这一趋势。是否这种现象显示出橡子作为一种备用的食物资源仍旧被采集储存,但是在现实的食谱结构中却不再重要了呢?今村启尔在谈及日本西部绳文文化时也提到过这样类似的观点。我们可以大胆假设说,在田螺山遗址,随着稻属资源在取食经济中比例的逐步增强,橡子从主要食物资源逐步退化为了一种备用资源,毕竟栽培水稻和采集橡子在劳力和时间分配上会产生冲突。而水生野果,如菱角和芡实,则容易在非栽培水稻的周边其他湿地中获得,因此仍旧继续是田螺山植物资源中的重要组成部分,也将和渔猎一样,是长江流域新石器生业经济发展中一直占有一定比例的基本内容。从田螺山遗址,我们似乎可以看到人们是如何进入姚江谷地,在采集山间栎果和利用水产资源之间找寻到一个平衡,进而开始利用和发展这一环境,并随着时代的变化不断调整自己的生业经济模式并逐步改造周围的生态环境。然而证据也显示出,水稻栽培行为应该开始于田螺山这一幕之前,完全的驯化则要完成于田螺山这一幕之后,因此田螺山遗址的研究实际上为我们引出了更多的后续工作。

1.橡子（青冈属 *Cyclobalanopsis* sp.）H57

2.橡子壳斗（石栎属 *Lithocarpus* sp.）H57

3.芡实 *Euryale ferox* Dk3⑦C

4.甜瓜属瓜子 *Cucumis* sp. DK3⑦

5.扁杆藨草 *Scirpus planiculmis* DK3⑦

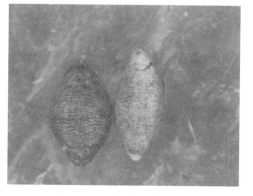

6.狗尾草属 *Setaria* sp. DK3⑦

图版一

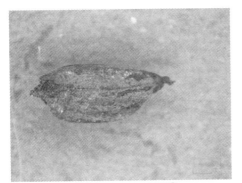

1.稻谷*Oryza sativa* DK3⑦

2.稻米*Oryza sativa* T103⑥

3. 空瘪稻谷（未成熟）DK3⑦

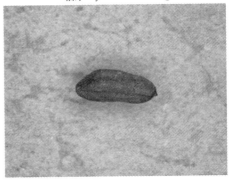

4.未成熟形态稻米T103⑥

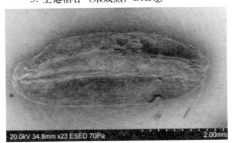

5.未成熟形态稻米 T003④

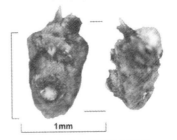

6.未成熟形态稻穗轴 DK3⑦

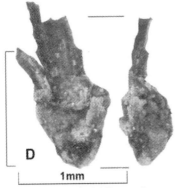

7.驯化形态稻穗轴 DK3⑦

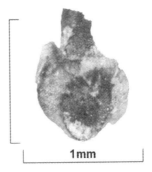

8.野生形态稻穗轴 DK3⑦

图版二

1. 饱水保存的橡子 DK3⑦

2. 石栎属 *Lithocarpus* sp. T103 ⑥E

3. 橡子果肉 T005⑦

4. 橡子果肉 DK3⑦D

5. 壳斗 DK3⑦
（左：石栎属　右：青冈属）

6. 樱桃属 *Cerasus* sp.H34

7. 桃核 *Prunus persica* H34

8. 松果 *Pinus* sp. T103 ⑥

图版三　果实类

1.柿属 *Diospyrus* sp.（左：现代野生种；中：DK3⑦；右：现代驯化种）

2.葫芦 *Lagenaria siceraria* T103⑥

3.葡萄属 *Vitis* sp. T003④

4.猕猴桃属 *Actinidia* sp. H28

5.荚蒾属 *Viburnum* sp. DK3⑦

6. 紫金牛属（朱砂根?）*Ardisia* cf. *crenata* DK3⑦I

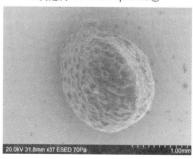

7.构属 *Brousenetia* sp. H28

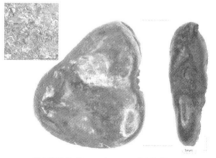

8.豆科木本 tree legume Dk3 ⑦

图版四　果实类(续)

ndo

1.悬钩子属 *Rubus* sp. T005 ⑦

3.未知果实 T005 ⑦

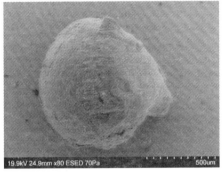

2.木槿属? cf. *Hibiscus* H28

4.菱角 *Trapa natans* (syn. *T. bispinosa*) Dk3 ⑦ A

5.菱角 *Trapa natans* (syn. *T. bispinosa*) T302 ⑤

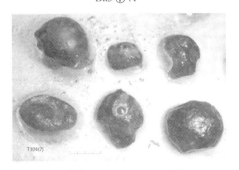

6.芡实 *Euryale ferox* T304 ⑦

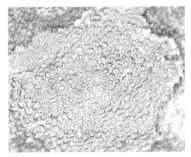

7.芡实种皮表面 DK3 ⑦ C
（图版一，3表面）

图版四　果实类(续二)

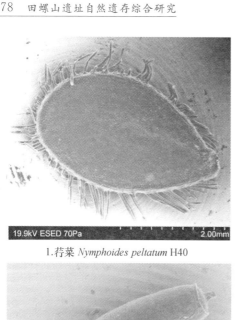

1. 荇菜 *Nymphoides peltatum* H40

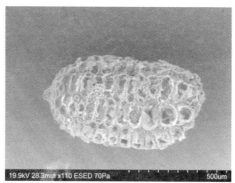

2. 灯心草属 *Juncus* sp. T005 ⑦

3. 香蒲（种子）*Typha* sp. T303 ⑤

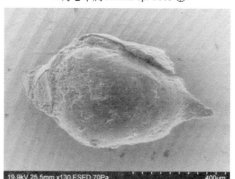

4. 香蒲（果实）*Typha* sp. H28

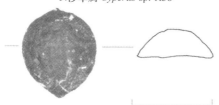

6. 莎草属 *Cyperus* sp. DK3 ⑦

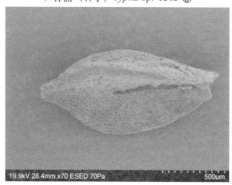

5. 莎草属 *Cyperus* sp. H38

7. 水莎草属 *Juncellus* sp. DK3 ⑦

8. 荸荠属 *Eleocharis* sp. DK3 ⑦

图版六　莎草科及其他水生杂草

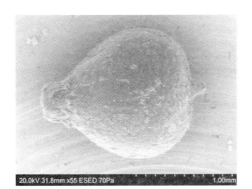

1.水毛花 *Scirpus triangulates* H38

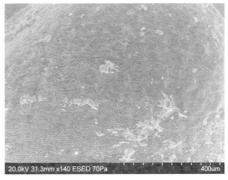

2.水毛花种子表面 H38

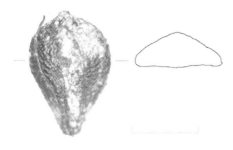

3.水毛花 *Scirpus triangulates* DK3 ⑦

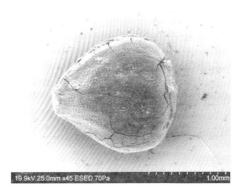

4.藨草属 *Scirpus* sp. H28

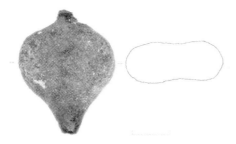

5.扁秆藨草 *Scirpus planiculmis* DK3 ⑦

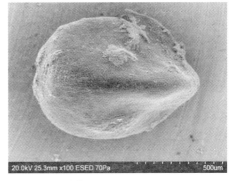

6.苔草属? cf. *Carex* sp. H38

7.莎草块茎 *sedge tuber*

图版七　莎草科及其他水生杂草(续)

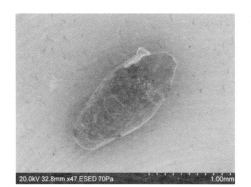

1. 马唐 *Digtaria* sp. H28

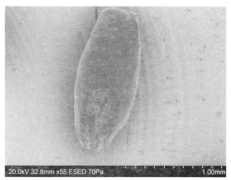

2. 马唐? cf. *Digtaria* sp. H28

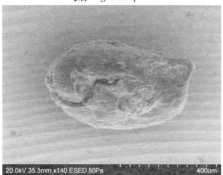

3. 画眉草属 *Eragrostis* sp. 侧面 H38

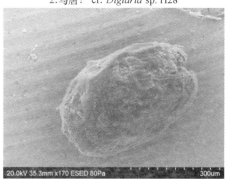

4. 画眉草属 *Eragrostis* sp. 背面 H38

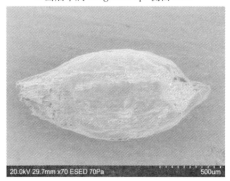

5. 画眉草属 *Eragrostis* sp. T005 ⑦

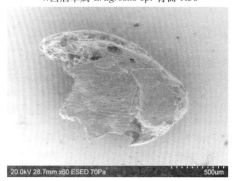

6. 黍属 *Panicum* sp. H38

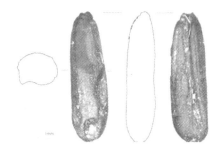

7. 羊茅属 *Festuca* sp. 背面/腹面

8. 羊茅属 *Festuca* sp. 腹面 H38

图版八　禾本科杂草

1.稗属（带壳）*Echinochloa* sp. H40

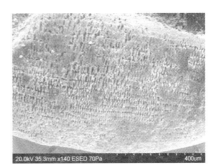

2.稗属（颖壳表面细部）H40

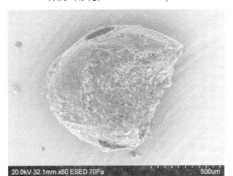

3.稗属 *Echinochloa* sp. 背面 H38

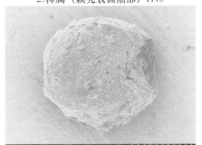

4.稗属 *Echinochloa* sp. 腹面 H38

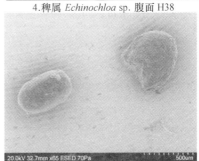

6.左：未知 右：黍属残 T303 ⑤

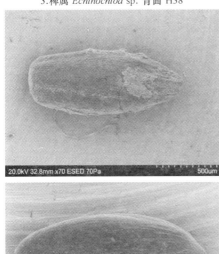

5.未知小型禾本科杂草 H28

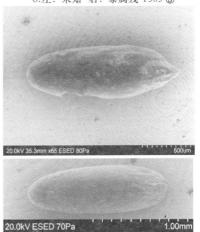

7.未知禾本科杂草 H38

图版九　禾本科杂草(续)

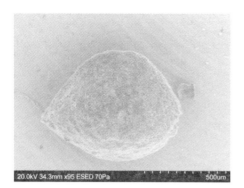

1.毛茛属 *Ranunculus* sp. T005 ⑦

2.繁缕属 *Stellaria* sp. H40

3.石竹科 *Caryophyllaceae* H54

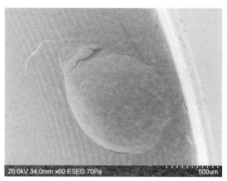

4.蓼属 *Polygonum* sp. H28

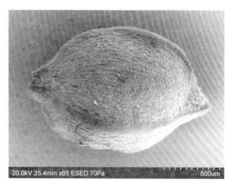

5.酸模属 *Rumex* sp. H28

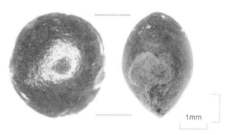

6.葎草 *Humulus scandens* T103⑥E

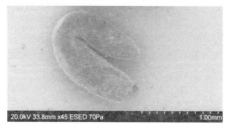

7.十字花科 *Brassicaceae* H38

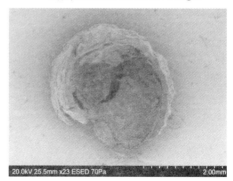

8.锦葵属 *Malva* sp. T005 ⑦

图版一〇　双子叶类

1.猪殃殃 *Galium* sp. T105⑧S1

2.猪殃殃 *Galium* sp. T105⑧S1

3.猪殃殃 *Galium* sp. H28

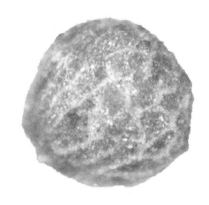

4.紫苏 *Perilla frutescens* DK3 ⑦

5.菊科鳢肠?*Eclipta* cf. *prostrata* H40

7.伞形科 Apiaceae H28

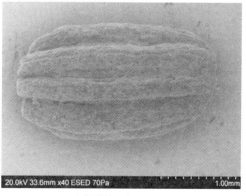

6.伞形科 Apiaceae H40

图版一一 双子叶类(续)

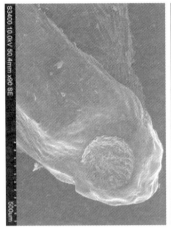

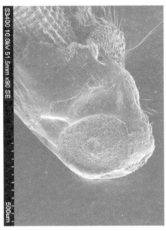

3.药用野生稻 *O. officinalis*
IRGC104707

1.多年生普野 *O. rufipogon*
IRRI104709

2.一年生普野 *O.nivara*
IRRI80697

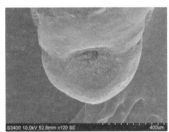

6.亚洲栽培稻 *O. sativa*
IRRI584609

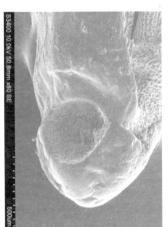

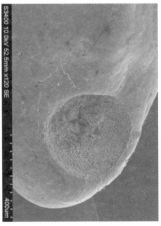

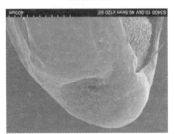

4.现代粳稻
Oryza sativa subsp. *japonica*
UCL Econ collection

5.现代籼稻
Oryza sativa subsp. *indica*
BHU2

7.现代粳稻
Oryza sativa subsp. *japonica*
田螺山遗址附近采集样品

图版一二 稻穗轴现代样品

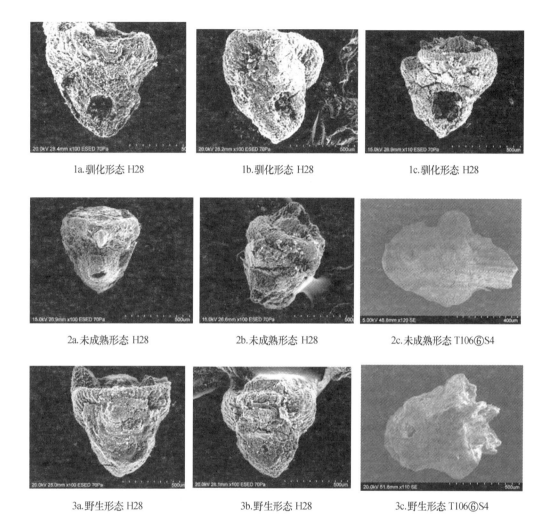

1a.驯化形态 H28　　　　　1b.驯化形态 H28　　　　　1c.驯化形态 H28

2a.未成熟形态 H28　　　　2b.未成熟形态 H28　　　　2c.未成熟形态 T106⑥S4

3a.野生形态 H28　　　　　3b.野生形态 H28　　　　　3c.野生形态 T106⑥S4

图版一三　田螺山出土稻穗轴

附表一　田螺山遗址系统筛样所得植物遗存密度（数量/升）

	2006	2006	2006	2006	2006	2006	2006	2006	2006	2006	2006	2006	2006	2006	2007	2006	2006	2007	2007	2007	2006	2006	2007	2007	2007	2007	2006	2007	2007	2007	2007	2007	averages 2006	averages 2007
	pre–8	pre–8	pre–8	pre–8	pre–8	pre–8	pre–8	pre–8	pre–8	pre–8	8	8	8	8	8	7	7	7	7	7	6	6	6	6	6	6	6	5	5	5	5/4	5/4		
context	K3②—A	K3②—B	K3②—C	K3②—D	K3②—E	K3②—F	K3②—G	K3②—H	K3②—I	K3②—J	T103①	T105(6)	T103①	T103①	T105(6)	T103①E	T301① NE	T304② SE	T065(7)S SI	T065(7)S SE	H40	T302② bottom	T103① S	T106(6) S4 lower	T305(6) lower	T305(6) lower	T305(6) upper S4	T302② S	T302② @E	T065(6)w r SS	T305(7)S upr SI	T302(5) SI	T303(5) below Mi4	H38	H28
acorns	32.00	311.02	972.36	19060.21	124.55	111.00	6300.00	109.00	117.45	—	166.06	0.37	—	89.80	—	13.88	11.69	39.29	20.00	20.14	11.75	—	0.75	2.00	57.14	—	45.20	1.22	5.42	45.20	24.40	9.28	1528.71	9.28
Trapa	9.00	0.63	393.88	972.36	296.14	92.01	24.00	450.00	70.00	20.95	1.86	6138.75	—	3967.35	—	65.25	41.50	46.57	3106.67	327.85	11.25	0.75	74.44	2.00	77.92	—	14.00	11.83	5.83	14.00	1.20	17.45	809.58	17.45
Euryale	192.00	1.18	93.95	9.22	389.10	26.12	20.95	1054.50	20.95	6.08	92.63	5.93	—	253.06	—	6.56	—	32.86	20.00	0.58	5.42	1.50	41.56	5.42	41.56	3.75	18.40	0.24	5.83	18.40	1.20	5.04	152.77	5.04
Oryza	385.00	1445.71	1220.35	4.04	123.08	123.33	144.00	832.50	175.00	—	654.24	—	92.63	—	422.88	6.56	152.36	150.29	6.67	24.18	91.84	212.42	93.51	252.36	9.77	—	102.40	89.76	6.67	102.40	1237.80	191.53	372.54	191.53
Pinus	0.25	—	—	26.19	—	—	—	1.67	—	—	—	—	—	—	—	—	—	—	—	—	—	—	—	—	—	—	—	—	—	—	—	—	1.55	0.01
Amygdalus	5.00	—	—	—	—	—	—	—	—	—	—	—	—	—	—	—	—	—	—	—	—	—	—	—	—	—	—	—	—	—	—	—	0.76	—
Choerospondias	—	—	—	—	—	—	—	8.33	—	—	—	—	—	—	0.25	—	—	—	0.28	—	—	—	—	—	—	—	0.40	—	—	0.40	—	—	11.64	0.10
Diospyros	—	—	—	—	—	200.00	—	—	—	—	—	—	—	4.08	—	—	—	—	0.88	—	—	—	4.51	—	—	—	1.60	1.22	—	1.60	24.70	—	0.05	—
Lagenaria	—	—	—	—	—	—	—	—	—	—	—	—	—	—	—	—	—	—	0.88	—	—	—	—	—	—	—	—	—	—	—	—	—	—	—
Actinidia	—	—	—	—	—	—	—	—	—	—	—	—	—	—	—	—	2.19	4.57	—	—	4.44	3.75	—	—	—	—	—	—	—	—	—	—	—	0.06
Vitis	—	—	—	—	—	18.50	—	—	—	—	—	—	—	—	—	—	—	0.86	—	—	—	—	—	—	—	—	1.20	0.24	0.80	1.20	—	—	1.03	—
Viburnum	—	—	—	—	—	—	—	—	—	—	—	—	—	—	—	—	—	—	—	—	—	—	—	—	—	—	—	—	—	—	—	—	1.03	—
Ficus	—	5.24	—	—	—	—	—	—	—	—	2.86	—	—	—	7.00	—	—	0.29	—	—	4.44	3.33	—	—	—	—	2.40	—	—	2.40	4.00	—	0.29	—
Rubus	—	—	—	—	—	—	—	—	—	—	—	—	—	—	—	—	—	1.71	—	—	—	—	—	—	—	—	—	0.24	0.24	—	1.60	—	—	1.38
Broussentia	—	—	—	—	—	—	—	—	—	—	—	—	—	—	0.25	—	—	0.29	—	—	—	—	—	—	—	—	—	0.73	—	0.40	—	—	—	0.12
Malvaceae	—	—	—	—	123.96	—	—	—	—	—	—	—	—	—	2.33	—	—	—	—	—	—	—	—	—	—	—	—	0.49	—	—	—	—	—	0.02
Echinochloa	—	—	—	2.64	—	—	—	—	—	—	—	—	—	—	4.38	—	—	—	0.44	—	—	—	—	—	—	—	0.24	0.24	—	0.40	—	—	—	0.13
Eragrostis	—	—	—	—	—	—	—	—	—	—	—	—	—	—	—	—	—	—	—	—	—	—	—	—	—	—	—	—	—	—	—	—	—	0.20
cf. Festuca	—	—	—	123.96	—	—	—	—	—	—	—	—	—	—	—	—	—	—	—	—	—	—	—	—	—	—	—	—	—	—	—	—	6.91	0.79
cf. Isachne globosa	—	—	—	—	—	—	—	—	—	—	—	—	—	—	—	—	—	—	—	—	—	—	—	—	—	—	0.40	0.24	—	0.40	—	—	—	0.11
Panicum	—	—	—	—	—	—	16.00	37.00	16.00	—	—	—	—	—	—	—	—	—	—	—	—	—	—	—	—	—	—	—	—	—	—	—	—	0.05
Setaria	—	—	—	—	—	—	—	—	—	—	—	—	—	—	—	—	—	—	6.67	—	—	—	—	—	—	—	1.46	—	—	2.80	2.80	—	0.37	—
Poaceae	—	—	—	—	—	—	—	—	—	—	—	—	—	—	—	—	2.33	1.43	—	—	—	—	5.19	—	—	—	29.20	29.20	—	0.80	0.80	—	0.52	2.31
Cyperus	2.50	—	—	—	—	—	—	1.67	—	—	—	—	—	—	—	—	—	—	—	—	—	—	—	—	—	—	5.19	—	—	0.61	2.31	—	0.61	2.31
Eleocharis	5.00	—	—	—	—	—	—	—	—	—	—	—	—	—	—	—	—	—	—	—	—	—	—	—	—	—	—	—	—	—	—	—	5.91	—
Juncellus cf. pannonicus	—	10.48	—	15.38	37.00	16.00	—	—	—	—	27.55	—	—	—	—	—	—	3.43	—	0.58	—	—	0.75	—	15.58	—	0.80	0.73	—	0.80	—	—	0.38	—
Juncellus cf. serotinus	—	—	2.64	—	—	—	—	—	—	—	6.89	—	—	—	—	—	—	0.29	—	—	—	—	—	—	—	—	0.02	0.24	—	—	—	—	0.15	—
Scirpus cf. juncoides	2.50	—	—	2.64	—	—	—	—	—	—	—	—	—	—	5.31	—	—	—	—	—	4.86	—	—	—	—	—	0.80	—	—	0.80	—	—	1.03	0.43
Scirpus cf. triangulatus	33.50	105.58	0.61	—	—	37.00	—	37.00	—	—	—	—	—	—	—	—	—	5.14	—	—	5.14	—	—	—	—	—	20.80	—	—	20.80	—	—	17.91	0.37
Scirpus cf. planiculmis	—	—	—	15.38	116.67	116.67	16.00	—	—	—	—	—	—	—	—	—	—	—	—	—	—	—	—	—	—	—	—	—	—	—	26.80	1.60	—	1.91
other Scirpus	8.43	—	—	—	—	—	—	—	—	—	—	—	—	—	—	—	2.33	0.57	—	—	0.57	—	—	—	—	—	—	—	—	—	—	—	0.20	0.32
Carex	—	—	—	—	—	—	—	—	—	—	—	—	—	3.64	—	—	—	—	—	—	—	—	—	—	—	—	—	0.49	—	0.40	0.40	—	—	—
Juncus sp.	—	—	—	—	—	—	—	—	—	—	6.89	—	—	—	—	—	—	4.57	6.89	—	—	—	—	—	—	—	—	—	—	—	—	—	0.20	0.06
Typha sp.	—	—	—	—	—	—	—	—	—	—	—	—	—	—	—	—	—	0.57	—	—	—	—	—	—	—	—	—	—	—	—	—	—	—	0.24
Apiaceae type	—	—	—	—	—	—	—	—	—	—	—	—	—	—	—	—	—	3.14	—	0.58	—	—	—	—	—	—	0.80	0.73	—	0.80	—	3.60	—	0.08
Asteraceae small type	0.43	—	—	—	—	—	—	—	—	—	3.64	—	—	0.37	—	—	—	1.14	—	—	—	—	—	—	—	—	21.20	0.24	—	21.20	31.70	2.00	—	0.02
Asteraceae med. Type	—	5.24	—	2.64	—	—	—	—	—	—	—	—	—	—	—	—	—	0.29	—	—	—	—	—	—	—	—	—	—	—	0.40	0.40	1.60	—	0.06
Asteraceae large type	—	—	—	—	—	—	—	—	—	—	6.89	—	—	6.89	—	—	—	—	—	—	—	—	—	—	—	—	—	—	—	—	—	—	0.29	0.64
Chenopodium sp.	—	—	—	—	—	—	—	—	—	—	—	—	—	—	—	—	—	—	—	—	—	—	—	—	—	—	—	—	—	—	—	—	0.38	0.22
Caryophyllaceae type- spiny	—	—	—	—	—	—	—	—	—	—	—	—	—	—	—	—	—	—	—	—	—	—	—	—	—	—	—	—	—	—	—	—	—	0.02
Caryophyllaceae type-small	—	—	—	—	—	—	—	—	—	—	—	—	—	—	—	—	—	—	—	—	—	—	—	—	—	—	—	—	—	—	—	—	0.04	0.11
RubiaceaeGalium	—	—	—	—	—	—	—	—	—	—	—	—	—	—	—	—	—	—	—	—	—	—	—	—	—	—	—	—	—	—	9.20	—	0.36	1.23
Humulus	—	—	—	—	—	—	—	—	—	—	—	—	—	—	—	—	—	—	—	—	—	—	—	—	—	—	—	—	—	—	—	—	0.20	3.86
Lamiaceae	—	—	—	—	—	—	—	—	—	—	—	—	—	—	—	—	—	—	—	—	—	—	—	—	—	—	—	—	—	—	—	—	—	0.08
Malvaceae	—	—	—	—	—	—	—	—	—	—	—	—	—	—	—	—	—	—	—	—	—	—	—	—	—	—	1.20	0.73	15.58	21.20	0.40	—	0.38	—
Ranunculus	—	—	—	—	—	—	—	—	—	—	—	—	—	—	—	—	—	—	—	—	—	—	—	—	—	—	—	0.24	—	—	0.80	—	—	0.64
Rumex	—	—	—	—	—	—	—	—	—	—	—	—	—	—	—	—	—	—	—	—	—	—	—	—	—	—	—	—	—	—	—	—	—	0.22
Polygonum	—	—	—	—	—	—	—	—	—	—	—	—	—	—	—	—	—	—	—	—	—	—	—	—	—	—	0.14	—	—	—	—	—	0.14	0.11
Perilla	2.50	—	—	—	—	—	—	—	—	—	—	—	—	—	5.31	—	—	—	—	—	—	—	—	—	—	—	—	1.46	—	—	—	—	—	0.54
Leguminosae	—	—	—	—	—	—	—	—	—	—	—	—	—	—	—	—	—	—	—	—	—	—	—	—	—	—	—	—	—	—	—	—	—	—
sedges total	43.50	116.05	0.61	30.77	—	74.00	16.00	116.67	—	—	34.43	—	32.00	—	2.86	—	2.33	10.00	—	—	2.33	—	0.75	—	15.58	—	57.20	4.15	—	40.00	9.20	2.40	26.51	5.34
grasses total	2.50	—	—	—	—	—	—	—	—	—	13.77	—	—	—	6.71	—	6.50	1.71	—	—	—	—	0.75	—	40.00	—	46.00	4.04	—	—	4.00	4.00	7.28	4.04
other weeds	2.50	10.48	2.64	15.38	—	32.00	—	—	—	—	48.21	—	32.00	—	4.52	—	13.56	14.00	—	0.58	—	—	1.50	—	143.20	—	48.90	0.98	15.58	46.00	31.70	48.90	1.95	9.39
weeds total	46.00	126.53	3.25	129.24	—	74.00	16.00	116.67	—	—	6.89	—	—	—	10.63	—	25.71	25.71	—	1.02	—	—	4.51	—	55.30	—	3.20	5.12	—	—	3.60	25.10	35.74	18.78
other gathered	5.25	31.43	—	30.77	—	218.50	—	—	—	—	2.86	—	—	—	0.50	—	9.19	7.71	—	2.04	8.89	—	—	—	7.08	—	1.46	3.20	—	0.80	2.00	1.60	15.32	4.71
totals	669.25	19.39	2402.52	1282.37	20890.90	310.60	2290.50	8400.00	378.00	135.00	963.00	39.40	4314.29	—	519.69	—	228.30	302.43	3160.00	375.80	101.40	260.19	219.83	90.23	285.71	—	326.40	112.93	52.25	112.93	1343.80	—	2914.66	246.79

附表 二　2006 研究季原始数据表

context	T103⑤⑥E	T103⑤⑥E	T103⑥	T103④E	T103⑥	T103⑦ E, morden water pit	T103⑦ E, morden water pit	T103⑧	T104⑥	T104③下F⑥	T204 below ④	T204 below ④	T205H5	T301⑦NE
subsamples	>2.5	<2.5	<2.5	>2.5	<2.5	>2.5	<2.5							>2.5
sample vol (L)	3.85		2.5	7.15		12.27	2.5			0.5	0.2		25.05	
wet seiving >2.5mm	2160	600	2450			6000	3150	600	0.62纯橡子		200			8110
mL sorted	30	20	2450			6000	35							
wet seiving >0.9mm		200	2470		50		230	w/ above						2700
mL sorted		20	150		50		5							
wet seiving >0.45mm														1100
mL sorted														78
NUTS														
Lithocarpus cf. silvacolarum/pachyphyllus				24										
acorns whole				132		1		3	259	200	69		9347	
acorn shell frags		9		12		2	24	4			17			1
acorn shell charred		2												
acorn pedicel/ apex stalk														
acorn (cf. Cyclobalanopsis) caps						2								
acorn (cf. Cyclobalanopsis/Quercus) caps														
acorn (cf. Lithocarpus) caps														
acorn nut cotyledons					3									
Trapa natans whole (WL)			350	2		1								
Trapa natans whole (Charred)														
Trapa horns						3		8				18		6
Trapa horns (Charred)					1			14						9
Trapa frags		4		2		7		7				2		
Trapa frags (Charred)		10		1										
waterlogged nutmeat cf. Trapa		1				1								
charred nutmeat cf. Trapa						16	13	21						
Euryale ferox whole					1									1
Euryale ferox frags		4			1	4		1				7		
Euryale ferox frags (charred)		4										19		
Pinecone cf. Pinus sp.								1						
indet nutmeat frag.,														
OTHER FRUITS														
Amygdalus cf. davidiana			1	2			5	5						
Choerospondias axillaris			2	1										
Humulus scandens														
Diospyros sp. (small, wild)														
Diospyros cf. kaki			2											1
Lagenaria siceraria seeds												6		
cf. Lagenaria peduncle												1		
Vitis sp.														

(续附表二)

context	T103⑤⑥E	T103⑤E	T103⑥	T103⑥E	T103⑥	T103⑦ E,morden water pit	T103⑦ E,morden water pit	T103⑧	T104⑥	T104⑦下⑥	T204 below ④	T204 below ④	T205H5	T301⑦NE
cf. Viburnum sp.														
cf. Ficus sp.														
Rubus sp.														
large Legume (cf. Dalbergia sp.)														
indet fruit/ large seed														
indet fruit pieces											④	④		
other fruit pedicel												2		
RICE														
Oryza spikelet, intact (charred)					1									
Oryza grains (charred)		1			42		1							
Oryza grain frags (charred)		4			7									
Oryza spikelet base (WL)		5			2		92							
Oryza spikelet base (Charred)		8			to count		2							
WILD GRASSES AND OTHER WEEDS														
Festuca rubra type (charred)			1											
Setaria cf. frobesiana					1									
Cyperaceae: Cyperus sp.		1												
Cyperacese: Fimbristylis cf. subbispicata		1												
Cyperaceae: Juncellus cf. pannonicus		1					4							
Cyperaceae ; cf. Juncellus serotinus							1							
Cyperaceae: Scirpus juncoides														
Cyperaceae: Scirpus triangulatus														
Cyperaceae: Scirpus cf. planiculmis		1												
Cyperaceae: large Scirpus frags				1			1							
Cyperaceae frags														1
Cyperaceae/Poaceae rhizome tuber														
Juncus sp.														
Chenopodium sp.														
Caryophyllaceae type, spiny							1							
Galium sp (charred)														
large Galium sp. (charred)														
Solanum sp														
Ranunculus cf. japonicus														
Perilla frutescens (Lamiaceae) (WL)							1							
small seeds/sclerotia														
indet weed seeds		5		1			x							
further indet seeds/frags		30		1										
OTHER														
Betulaceae catkin, cf. Alnus trabeculosa														
grass culm node				1										
grass blade				1										
cf. Myriophyllum		x					x							

(续附表二)

context	T301⑦NE	T302⑤	T302⑥ bottom	T302⑥ bottom	T301④SE / T304⑦ modern water pit	K3⑦-A	K3⑦-A	K3⑦-B	K3⑦-B	K3⑦-C	K3⑦-C	K3⑦-C	K3⑦-D	K3⑦-D	K3⑦-E	K3⑦-E	K3⑦-F
subsamples	<2.5		>2.5	<2.5	0.245	>2.5	<2.5	>2.5	<2.5	>2.5	<2.5	flot	>2.5	<2.5	>2.5	<2.5	>2.5
sample vol (L)		1.73			0.245	4	4		3.15	2.45	2.45		3.9		3.6		7.15
wet seiving >2.5mm mL. sorted			300		220	2020		1100		950			1550		1900		4350
mL. sorted			300		220	2020		1100		950			1000		200		1000
wet seiving >0.9mm mL. sorted				3	25		650		500		320			630	525	100	
mL. sorted				3	25		75		500		45			30		20	
wet seiving >0.45mm mL. sorted							350		250		450			260			
mL. sorted	40						25		50		5			10			
NUTS																	
Lithocarpus cf. silvacolarum/pachyphylla																	
acorns whole			4		1	58	7	7	3	11			1		3		
acorn shell frags					21					211	42		275	151	5518	580	53
acorn shell charred															3	33	
acorn pedicel/ apex stalk			1								2		2		1		
acorn (cf. Cyclobalanopsis) caps															3		
acorn (cf. Cyclobalanopsis/Quercus) caps							1								1		
acorn (cf. Lithocarpus) caps										1							
acorn nut cotyledons			1									1					
Trapa natans whole (WL)		6	1		1	1	1	1		1			2		4		1
Trapa natans whole (Charred)												1	3				
Trapa horns		33	87	1	133	10		1		236		1	223		4	5	4
Trapa horns (Charred)		13			5												
Trapa frags		13	842	2	820	15				471	2	3	519		4	4	5
Trapa frags (Charred)		13			14												
waterlogged nutmeat cf. Trapa										5	11						
charred nutmeat cf. Trapa		21								3	17						
Euryale ferox whole									2					4	2		
Euryale ferox frags			5		62		75			9			22	41	1	53	5
Euryale ferox frags (charred)																	
Pinecone cf. Pinus sp.						1							1				
indet nutmeat frag.										2		5					
OTHER FRUITS																	
Amygdalus cf. davidiana							2			xx							
Choerospondias axillaris																	
Humulus scandens																	
Diospyros sp. (small, wild)					1										1		
Diospyros cf. kaki																	5
Lagenaria siceraria seeds																	
cf. Lagenaria peduncle																	
Vitis sp.		6															

(续附表二)

context	T301⑦NE	T302⑤	T302⑥ bottom	T302⑥ bottom	T304⑦SE modern water pit	K3⑦-A	K3⑦-A	K3⑦-B	K3⑦-B	K3⑦-C	K3⑦-C	K3⑦-C	K3⑦-D	K3⑦-D	K3⑦-D	K3⑦-E	K3⑦-E	K3⑦-E	K3⑦-F
cf. Viburnum sp.										1			2					1	
cf. Ficus sp.		1																	
Rubus sp.																			
large Legume (cf. Dalbergia sp.)							1											1	
indet fruit / large seed																			
indet fruit pieces									1										
other fruit pedicel																			
CEREALS																			
Oryza spikelet, intact (charred)													1						
Oryza grains (charred)		3									1		1			1			
Oryza grain frags (charred)						147		4		239	35		349					165	
Oryza spikelet base (WL)	2	10	2			7		8		2								17	
Oryza spikelet base (Charred)	6																		
WILD GRASSES AND OTHER WEEDS																			
Festuca rubra type (charred)						1													
Setaria cf. frobesiana			2																
Cyperaceae: Cyperus sp.						2													
Cyperaceae: Fimbristylis cf. subbispicata										1									
Cyperaceae: Juncellus cf. pannonicus																			
Cyperaceae: cf. Juncellus serotinus																			
Cyperaceae: Scirpus juncoides						1							1						
Cyperaceae: Scirpus triangulatus										2						4			
Cyperaceae: Scirpus cf. planiculmis						13	4	18	2	20			53						
Cyperaceae: large Scirpus frags													6						
Cyperaceae frags																			
Cyperaceae/Poaceae rhizome tuber									1	1			1			1			
Juncus sp.	1																		
Chenopodium sp.																			
Caryophyllaceae type, spiny																			
Galium sp. (charred)								1											
large Galium sp. (charred)																			
Solanum sp		1				1													
Ranunculus cf. japonicus										1									
Perilla frutescens (Lamiaceae) (WL)						1													
small seeds/sclerotia																		4	
indet weed seeds	1	1				3		1		2									
further indet seeds/frags	7	x	2			2		10		3			21						
OTHER																			
Betulaceae catkin. cf. Alnus trabeculosa																			
grass culm node			x			1													
grass blade					x														
cf. Myriophyllum																		1	

（续附表二）

context	K3⑦-F	K3⑦-G	K3⑦-G	K3⑦-H	K3⑦-H	K3⑦-I	K3⑦-I	K3⑦-J	K3⑦-J	K3⑦-K	TOTAL ITEMS COUNT
subsamples	<2.5	>2.5	<2.5	>2.5	<2.5	>1	<1	>2.5	<2.5	?	
sample vol (L)	7.15										
wet seiving >2.5mm mL sorted	550	600	185	1200	200	760	350	250	160		
wet seiving >0.9mm mL sorted	180	600	50	500	50	760	60	500	15		
wet seiving >0.45mm mL sorted	10		10		10		10		10		
NUTS											
Lithocarpus cf. silvacolarum/pachyphyllus											25
acorns whole	12	10	6		358	3	3	12	6		10026
acorn shell frags					19	1		1			7409
acorn shell charred					1						2
acorn pedicel/ apex stalk											54
acorn (cf. Cyclobalanopsis) caps											9
acorn (cf. Cyclobalanopsis/Quercus) caps											1
acorn (cf. Lithocarpus) caps											1
acorn nut cotyledons											10
Trapa natans whole (WL)						1					389
Trapa natans whole (Charred)											8
Trapa 'horns'		6				6		459	12		1248
Trapa horns (Charred)		12									44
Trapa frags						17		3573			6314
Trapa frags (Charred)											44
waterlogged nutmeat cf. Trapa						1			3		3
charred nutmeat cf. Trapa											50
Euryale ferox whole		6									54
Euryale ferox frags	3	56	57		27		2	3	1		502
Euryale ferox frags (charred)											6
indet nutmeat frag.											6
Pinecone cf. Pinus sp.							1				8
VOTHER FRUITS											
Amygdalus cf. davidiana											1
Choerospondias axillaris											9
Humulus scandens											4
Diospyros sp. (small, wild)											9
Diospyros cf. kaki		100s	6								106+
Lagenaria siceraria seeds											8
cf. Lagenaria peduncle											1
Vitis sp.		1									1

（续附表二）

context	K3⑦-F	K3⑦-G	K3⑦-G	K3⑦-H	K3⑦-H	K3⑦-I	K3⑦-I	K3⑦-J	K3⑦-J	K3⑦-K	TOTAL ITEMS COUNT
cf. Viburnum sp.			1								3
cf. Ficus sp.											1
Rubus sp.											1
large Legume (cf. Dalbergia sp.)										100s	100+
indet fruit/ large seed						1					1
indet fruit pieces			1								4
other fruit pedicel											2
CEREALS											
Oryza spikelet, intact (charred)					2						2
Oryza grains (charred)	1	3			1						53
Oryza grain frags (charred)	3										20
Oryza spikelet base (WL)	12	3	45		89		5		9		1209
Oryza spikelet base (Charred)											52
WILD GRASSES AND OTHER WEEDS											
Festuca rubra type (charred)											1
Setaria cf. frobesiana											2
Cyperaceae: Cyperus sp.			2								3
Cyperaceae: Fimbristylis cf. subbispicata											3
Cyperacese: Juncellus cf. pannonicus	2	2				1			1		12
Cyperacese : cf. Juncellus serotinus											6
Cyperaceae: Scirpus juncoides											3
Cyperaceae: Scirpus triangulatus	2	2	2		7				1		127
Cyperaceae: Scirpus cf. planiculmis											6
Cyperaceae: large Scirpus frags											4
Cyperaceae frags											
Cyperaceae/Poaceae rhizome tuber											1
Juncus sp.											1
Chenopodium sp.											1
Caryophyllaceae type, spiny											1
Galium sp (charred)											1
large Galium sp. (charred)											2
Solanum sp											1
Ranunculus cf. japonicus											1
Perilla frutescens (Lamiaceae) (WL)					1		6		1		1
small seeds/sclerotia											1
indet weed seeds					5						17
further indet seeds/frags	5		13								105
OTHER											
Betulaceae catkin, cf. Alnus trabeculosa			x		x				x		1
grass culm node											3
grass blade											
cf. Myriophyllum											1
											SUM：27898

附表三　手工拣选的植物遗存数量统计表

Level	Pre-8	8	8	7	6	6	6	6	6	6/5	6/5	6/5
context	K3⑦	T109(8)	2006YT T104⑧	2005YT DK3⑦	2006YT T004⑥	2006YT T004⑥	T305⑥	T104⑥	T203⑥	T205H5	2006 H3	4 07T003H44
sample vol (L) if known								0.62		25.05		750ml
NUTS												
acorns whole			8	2	15			259		9347	4	280
acorn shell frags				24	2							
acorn shell charred				80								
acorn (cf. Cyclobalanopsis) caps		1	1									
acorn (cf. Cyclobalanopsis/Quercus) caps				1								
acorn nutmeat			2									
Trapa cf. bispinosa whole (WL)	26											
Trapa 'horns'	5		12									
Trapa frags												
charred nutmeat, cf. Trapa	3					3						
Euryale ferox whole	3		39				9				1	
Euryale ferox frags												
indet nutshell frag.			12								3	
FRUITS												
Amygdalus sp.	2										3	
Choerospondias axillaris											1	
Cucumis melo subsp. agrestis			2						15		3	
Diospyros sp.					12		1					
Diospyros frag.							3					
Lagenaria siceraria seeds							1				8	
cf. Lagenaria peduncle												
Lagenaria siceraria rind frags											2	
Vitis sp	6											

（续附表三）

Level	Pre-8	8	8	7	6	6	6	6	6	6/5	6/5	6/5
context	K3⑦	T109(8)	2006YT T104⑧	2005YT DK3⑦	2006YT T004⑥	2006YT T004⑥	T305⑥	T104⑥	T203⑥	T205H5	2006 H3	4 07T003H44
Armeniaca (Prunus) mume type			1									
cf. Cerasus (Prunus) small											1	
Melia sp			3									
cf. Myrica			1									
Humulus scandens					28	5					42	
cf. Humulus			3									
Moraceae: Broussonetia sp												
indet fruit pieces												
Rice												
Oryza grains (charred)			205		3	92	26				78	
Oryza grain frags (charred)					12	1	2				10	
Oryza husk											9	
Oryza spikelet base (Charred) Wild					1							
Weeds												
Cyperaceae: Cyperus sp.			2									
Cyperaceae: cf. Carex			2								1	
Rubiaceae: Galium sp (charred)			2								1	
Apiaceae: cf. Angelica sp			1									
indet grass grains/frags			9			2						
indet weed seeds					3	2					2	
further indet seeds/frags											4	
Totals												
total seeds	42	1	305	107	50	131	42	259	15	9347	173	280
total acorn	0	1	11	107	0	17	0	259	0	9347	4	280
total trapa	31	0	12	0	3	0	0	0	0	0	0	0
total Euryale	3	0	39	0	0	0	9	0	0	0	1	0
total rice	0	0	205	0	16	93	28	0	0	0	97	0

（续附表三）

Level		6/5	6/5	6/5	6/5	6/5	6/5	5	5	4	4	4[?]	3	
context		07T006H57	H55	H51	003H58H49 混合	T006H52 上	07H30	H45	T204 below ④ *	2006YT T003④	2006YT T003④	T104④下⑥	T103③NW	Sum
sample vol(L)if known		100ml	150ml	950ml	1800ml	4650ml	500ml	600ml	0.15			0.5	0.48	
NUTS														
acorns whole		37	56	355	672	1736	187	224	69		7	200	183	13642
acorn shell frags									17					43
acorn shell charred														80
acorn (cf. Cyclobalanopsis)caps														2
acorn (cf. Cyclobalanopsis/Quercus)caps														1
acorn nutmeat														2
Trapa cf. bispinosa whole (WL)														26
Trapa horns									18	3				35
Trapa frags									2					2
charred nutmeat, cf. Trapa														6
Euryale ferox whole									7					59
Euryale ferox frags									19					19
indet nutshell frag.														15
FRUITS														
Amygdalus sp.														5
Choerospondias axillaris														1
Cucumis melo subsp. agrestis										12				15
Diospyros sp.										1				30
Diospyros frag.														4
Lagenaria siceraria seeds									6	1				16
cf. Lagenaria peduncle									1					1
Lagenaria siceraria rind frags										3				8
Vitis sp										3	3			6

（续附表三）

Level	6/5	6/5	6/5	6/5	6/5	6/5	5	5	4	4	4[?]	3	Sum
context	07T006H57	H55	H51	003H58H49 混合	T006H52 上	07H30	H45	T204 below ①*	2006YT T003④	2006YT T003④	T104④下⑥	T103③NW	Sum
sample vol(L)if known	100ml	150ml	950ml	1800ml	4650ml	500ml	600ml	0.15			0.5	0.48	
Armeniaca (Prunus) mume type													1
cf. Cerasus (Prunus) small													1
Melia sp										2			3
cf. Myrica										1			1
Humulus scandens									1				78
cf. Humulus									1				4
Moraceae: Broussonetia sp								2					3
indet fruit pieces										2			2
Rice													
Oryza grains (charred)									4	1474			1882
Oryza grain frags (charred)										193			218
Oryza husk													9
Oryza spikelet base (Charred) Wild									1				1
Weeds													
Cyperaceae: Cyperus sp.									1				3
Cyperaceae: cf. Carex										4			7
Rubiaceae: Galium sp (charred)													3
Apiaceae: cf. Angelica sp													1
indet grass grains/frags									2				13
indet weed seeds										5			10
further indet seeds/frags									7	2			15
Totals													
total seeds	37	56	355	672	1736	187	224	141	19	1710	200	183	16273
total acorn	37	56	355	672	1736	187	224	86	0	7	200	183	13770
total trapa	0	0	0	0	0	0	0	20	0	3	0	0	69
total Euryale	0	0	0	0	0	0	0	26	0	0	0	0	78
total rice	0	0	0	0	0	0	0	0	4	1667	0	0	2110

田螺山遗址出土植物种子反映的食物生产活动

郑云飞　　陈旭高　　孙国平

（浙江省文物考古研究所）

经国家文物局批准,2004～2008 年浙江省文物考古研究所对位于余姚市三七市镇相岙的田螺山遗址进行四期考古发掘。遗址中发现了大量的木柱、垫板等建筑构件,出土了具有河姆渡文化特征的陶、石、木、骨等材质的器物,表明该遗址是一处规模较大的河姆渡文化聚落遗址。对遗址的植物遗存初步调查结果显示,在食物种类方面也与河姆渡遗址具有共同性,如稻米、菱角、芡实、橡子等。田螺山遗址的发掘为我们进一步研究河姆渡文化,特别是人类经济活动、食物结构、稻作起源等问题提供了极好的机会。

在发掘、整理过程中,我们对田螺山遗址进行随机取样,通过水洗的方法进行了植物遗存的调查,在对植物种子进行鉴定、分类和统计基础上,就田螺山遗址的人类植物生产活动等有关问题进行讨论。

一　遗址出土的植物种类

田螺山遗址的文化层为第③～⑧层,根据出土陶、石、木、骨等器物的特征和[14]C 年代的测定数据,第③～④层距今约 5500～6000 年;第⑤～⑥层距今约 6000～6500 年,第⑦～⑧层为河姆渡文化早期,距今约 6500～7000 年[①]。为了了解河姆渡文化时期各个阶段人类的植物生产活动特点,2007 年,我们从 T103、T104、T105、T003、T004、T005、T203、T204、T303、T304 等 10 个探方的不同地层,以及 H34、H26、H35、H29 等 4 个灰坑中采取土样计 410 升进行水洗和植物种子分拣,分拣采用孔径 1 毫米的尼龙纱袋,每次 10 升在河流水洗干净,然后进室内观察分拣。本次调查共发现植物种子和果实遗存 7456 个,它们分属于壳斗科（Fagaceae）,蔷薇科（Rosaceae）,楝科（Meliaceae）,漆树科（Anacardiaceae）,葡萄科（Vitaceae）,柿树科（Ebenaceae）,桑科（Moraceae）,省沽油科（Staphyleaceae）,禾本科（Gramineae）,莎草科（Cyperaceae）,蓼科（Polygonaceae）,睡莲科（Nymphaeaceae）,菱科（Trapaceae）,毛茛科（Ranunculaceae）,眼子菜科（Potamogetonaceae）,桔梗

---

① 浙江省文物考古研究所:《余姚田螺山遗址 2004 年发掘简报》,《文物》2007 年 11 期。

科(Campanulaceae)、葫芦科(Cucurbitaceae)、唇形花科(Labiatae)等 18 个科子 27 个属，另外还有少数种子和果实遗存没有能够鉴定出来(图 1;表 1)。现分述如下。

1. 栎属(*Quercus*)，数量极少，仅见壳斗，直径约 7.3 毫米，苞片为卵形。

2. 青冈(*Cyclobalanopsis*)，为遗址中出土较多的壳斗科种实遗存，见有坚果及碎片、壳斗和未成熟的果实。坚果卵形或近球形，直径约 11.1、长约 14.2 毫米，果脐隆起，壳斗苞片合生成 5~8 条同心环带，拟为青冈栎(*C. glauca*)。

3. 梅(*Prunus mume*)，果核，卵圆形，有蜂巢状空穴，长约 13.8、宽约 10.1 毫米。

4. 桃(*Prunus*)，果核，球形，有沟，长 14.5、宽 14.1 毫米，拟为山桃(*P. davidiana*)。

5. 悬钩子(*Rubus*)，种子，半长椭圆形，背面长椭圆状，腹面向内稍弯曲，种子表面分布着许多凹陷而呈网格状，长约 1.1、宽约 1.9 毫米，拟为树莓(*R. palmatus*)。

6. 楝树(*Melia azedarach*)，果核，椭圆形，5~6 条纵浅沟和纵隆起交替排列，核面粗糙，没有光泽，直径约 8.7、长约 12.9 毫米。

7. 南酸枣(*Choerospondias axillaris*)，果核，椭圆形，前端有 5 个椭圆形的发芽孔放射排列，基部放射排列 5 个长椭圆形凹空，表面有许多小孔，直径约 12、长约 1.9 毫米。

8. 葡萄(*Vitis*)，种子，宽倒卵形，长约 4.8、宽约 3.7 毫米。

9. 乌蔹梅(*Cayratia japonica*)，种子倒卵形，基部尖嘴状，背腹面有凹陷，两侧有棱，腹面中央有棱，长约 4.6、宽约 3.5 毫米。

10. 柿(*Diospyros*)，种子，非对称宽倒卵形，背面为狭长倒披针形，腹面呈棱状，长约 9.0、宽约 6.2 毫米。拟为浙江柿(*D. glaucifolia*)。

11. 小构树(*Broussonetia kazinoki*)，种子，半卵圆形，一侧有棱，中间有细小的隆起，长 1.9、宽 1.6 毫米。

12. 野鸭椿(*Euscaphis japonica*)，种子，圆形，黑色，长约 4.1、宽约 3.4 毫米。

13. 稻(*Oryza*)，有稻谷和稻米，数量较多，仅次于菱角。有关稻谷(稻米)的形态，后面将做详细讨论，这里就不做描述。

14. 莎草科(Cyperaceae)，有四个属，其中藨草属(*Scirpus*)中可见水毛花(*S. triangulatus*)、藨草(*S. triqueter*)、扁杆藨草(*S. planiculmis*)等数种，莎草属(*Cyperus*)扁穗莎草(*C. compressus*)等;苔草(*Carex*)和野荸荠(*Eleocharis*)数量不多。

15. 葎草(*Humulus*)，种子，种皮光滑，黑色，扁圆型，表面有光泽，长约 3.9、宽约 3.8 毫米。

16. 莲(*Nelumbo nucifetra*)，种子，种皮已经脱落，椭圆形，前端突起，长约 11、宽约 8.3 毫米。

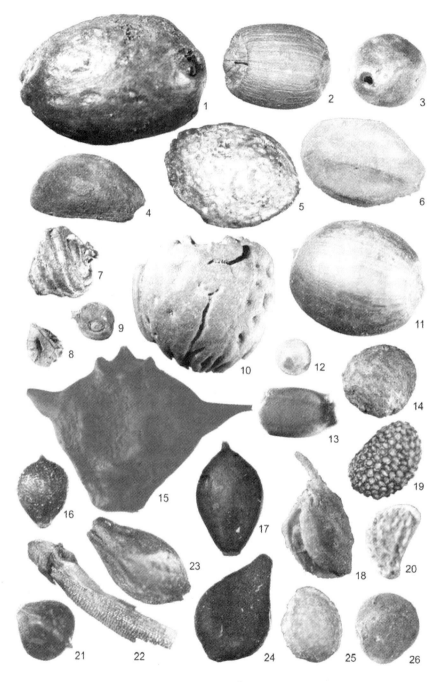

5mm ____ **1-15号比例尺**　1mm ____ 16-26号比例尺

图1　土壤中水洗出的植物种子和果实照片

1. 南酸枣　2. 莲　3. 芡实　4. 柿　5. 梅　6. 楝　7、11. 青冈　8、9. 野葡萄　10. 桃　12. 藨草
13. 葫芦　14. 栎属壳斗　15. 菱角　16、21. 水毛花　17. 蘑草　18. 眼子菜　19. 白曲菜
20. 悬钩子　22. 稻颖壳　23. 酸模　24. 扁杆莎草　25. 小构树　26. 百里香

表 1　遗址土壤中水选出的植物种子种类和数量

序号	中文	学名	部位	T103 ③B 20L	T103 ⑥ 20L	T103 ⑦ 20L	T103 ⑧ 20L	T104 ⑥B 60	T104 ⑦ 20L	T104 ⑧ 20L	T105 ③B 20L	T105 ③ 20L	T105 ⑥ 20L	T003 ③B 20L	T004 ③B 20L	T005 ③B 20L	T203-4/T303-4 ⑦ 20L	T104 H34 60L	T105 H26 20L	T305 H36 20L	T104 H29 10L	合计 410L
1	栎属	Quercus	坚果	0	0	1	0	0	0	0	0	0	0	0	0	0	1	0	0	0	0	2
2	青冈属	Cyclobalanopsis	坚果	0	0	2	1	27	0	0	0	5	0	0	60	0	1	26	30	0	1	157
3	梅	Prunus mume	果核	0	0	0	0	0	0	0	1	0	0	0	0	0	0	1	1	0	0	3
4	桃	Prunus	果核	0	1	0	0	0	0	0	0	0	0	0	0	0	0	0	0	0	0	1
5	悬钩子	Rubus	种子	0	0	1	0	0	0	0	1	0	0	0	0	1	0	0	0	0	0	3
6	柿树	Melia azedarach	果核	0	1	0	0	0	0	0	0	0	0	0	0	0	0	0	0	0	0	1
7	南酸枣	Choerospondias axillaris	果核	0	2	0	0	2	0	0	0	0	0	0	1	1	0	0	11	0	0	17
8	葡萄属	Vitis	种子	0	0	0	0	0	0	0	0	0	0	0	0	1	0	0	0	0	0	1
9	乌蔹莓	Cayratia japonica	种子	0	0	0	0	3	0	1	1	1	0	2	1	1	1	2	5	0	0	18
10	柿树属	Diospyros	种子	0	0	0	1	0	0	0	1	0	0	0	0	1	0	0	2	0	0	5
11	小构树	Broussonetia kazinoki	种子	0	0	1	1	0	0	1	0	0	0	0	0	0	0	0	0	0	0	3
12	野鸭椿	Euscaphis japonica	种子	0	0	0	1	1	0	1	0	0	0	0	0	0	0	0	0	0	0	3
13	稻	Oryza sativa	种子	9	80	12	29	13	0	69	13	0	19	28	12	18	5	240	560	87	1	1195
14	水毛花	Scirpus triangulatus	种子	0	2	0	0	1	0	0	1	1	2	1	0	1	0	0	11	0	0	20
15	镳草	Scirpus	种子	0	0	0	0	0	0	0	0	0	2	1	0	0	0	0	163	0	0	166
16	莎草	Cyperus	种子	0	0	0	0	0	0	0	0	1	0	0	0	0	0	0	3	0	0	4
17	苔草	Carex	种子	0	0	0	0	0	0	0	0	0	0	0	0	0	0	1	4	0	0	5
18	野荸荠	Eleocharis	种子	0	0	0	0	0	0	0	0	0	3	0	0	0	0	0	2	0	0	5
19	酸模	Rumex	种子	0	0	1	0	0	0	0	1	0	1	0	0	0	1	3	12	0	0	19
20	葎草	Humulus	种子	0	2	8	0	1	0	0	1	0	0	0	2	4	0	45	16	0	0	79
21	莲	Nehumbo nucifera	种子	0	0	0	7	1	0	0	0	0	0	0	0	0	0	0	0	1	0	9
22	芡实	Euryale ferox	种子	0	0	0	7	0	0	15	0	0	5	0	0	0	0	0	0	0	0	27
23	菱	Trapa	果实	0	92	529	1531	116	926	1715	13	5	16	3	6	7	271	5	19	8	8	5270
24	白屈菜	Chelidonium majus	种子	0	7	0	0	5	0	0	0	1	0	3	0	0	1	2	8	0	0	27
25	眼子菜	Potamogeton	种子	0	0	0	0	0	0	0	0	0	0	0	0	0	0	0	2	0	0	2
26	沙参	Adenophora	种子	0	0	0	0	2	0	1	0	1	0	0	0	0	0	0	0	0	0	4
27	葫芦	Lagenaria	果实	0	5	7	0	1	0	1	0	0	0	0	0	0	2	4	4	0	0	24
28	葫芦(碎片)	Lagenaria	种子	0	0	0	0	0	0	0	0	0	0	1	1	1	0	0	0	0	0	3
29	百里香	Thymus	种子	0	7	0	0	3	0	0	77	2	2	0	0	1	0	2	236	0	0	330
	其他		种子	0	5	6	5	2	0	0	1	1	1	1	4	1	2	3	12	0	0	44
合计				9	206	578	1577	175	926	1807	109	16	45	35	89	39	283	354	1104	96	11	7459

17. 芡实（*Euryale ferox*），种子，宽椭圆形，种脐到前端有线条相连，表面粗糙，长7.91、宽7.1毫米。

18. 菱角（*Trapa*）果实，倒三角形，侧面扁平，两侧各有一个尖锐状突起，前端中央有小圆柱状突起，长约25.5、宽约15.9毫米。

19. 葫芦（*Lagenaria*）果实碎片和种子，种子椭圆形，扁平，种脐部两侧稍膨大隆起，长约8.6、宽约3.4毫米。

20. 百里香（*Thymus*），种子圆球形，长约1.7、宽约1.7毫米。

21. 白屈菜（*Chelidonium majus*），种子，卵圆形，表面具有粗网纹，背面弓曲，腹面平直，长约2.2、宽约1.5毫米。

另外，土样中还发现了眼子菜（*Potamogeton*）、沙参（*Adenophora*）、酸模（*Rumex*）等植物种子。

根据已有植物学知识和人类食物发展史的一般认识，我们可以获得田螺山遗址先民生活和生产活动环境的概貌，以及当时人类食物生产活动的一些特点。田螺山遗址出土草本植物种子有大量莎草科植物和浅水性的植物，如菱角、莲藕、芡实、眼子菜等，反映了遗址周围可能有大面积的湿地和浅塘、湖泊等水域。田螺山人适应这种低湿地环境下建立起植物性食物的生产模式：先民采集浅塘湖泊中的菱角、芡实、莲藕，以及周围山地森林中的青冈等壳斗科植物、桃、梅、南酸枣、野葡萄等自然野生的果实、利用湿地种植水稻、葫芦等作物来获得日常生活所需的食物。

二　植物性食物结构的变化

作为先民的食物，食用或利用越多，在居住遗址中散落的可能性就越大，我们在出土植物遗存中发现它们的机率就越大，因此单位土壤中的植物遗存数量在一定程度上能够反映出人类对某种植物的利用程度。在这个前提下，如果对不同地层的土壤进行植物遗存定量分析，能够获得一定历史时期人类食物结构变化的一些信息。这里需要指出的是，每种植物单位重量所提供的能量是不同的，而且每种植物种实的大小和重量也不同，我们以种子遗存的数量来进行统计分析，存在着一定的局限性，这是需要在今后工作实践中解决的问题。

田螺山遗址出土可食用的植物果实和种子中，以菱角、稻米（图2）和青冈果的数量最多，分别占了70.7%、16.0%、2.1%，其中菱角和青冈果为当时先民从自然界中采集回来的植物性食物，而许多方面研究已经表明，河姆渡文化时期已经有了稻作生产，田螺山遗址的稻米在粒型、小穗轴特征等方面都表现出明显的栽培稻特性，是人工栽培稻（详细见后）。因此，分析地层中采集和栽培植物数量上的消长能够反映出先民在植物性食物生

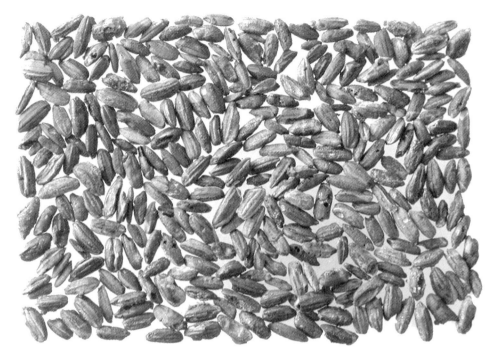

图 2　灰坑 H26 土壤中淘洗出的炭化米

产方面的阶段性特点。

菱角是田螺山遗址早期地层中最多的植物遗存,而且大部分菱角遗存为碎片,食用痕迹十分明显。如图 3 所示,浅水性的植物种实菱角在田螺山遗址最早的文化层第⑧层出土数量最多,是利用的高峰,以菱角的角计数,每升土壤达 80 个左右。此后数量不断急剧下降,第⑥文化层以后,数量已经很少,第③层每升土壤中的菱角的角数量不到一个。这种现象单从地层的保存条件是很难做出合理解释的,田螺山遗

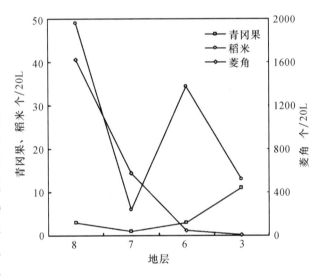

图 3　地层中稻、青冈、菱角等种子和果实数量的变化

址晚期先民对菱角的利用数量急剧减少可能是一个重要原因。菱角利用数量减少的原因可能有两个:其一可能先民有了其他丰富的植物性食物来源,对采集菱角的依赖性减少;其二,环境条件变化或过度采集,自然界的菱角资源减少,先民采集不到大量的菱角。

两个原因孰是孰非,必须结合遗址和其他有关数据进行综合分析。

田螺山遗址出土橡子有麻栎、白栎等种类,但主要是青冈,它们应该采自田螺山遗址周围四明山余脉的山地。田螺山遗址周围的现生森林植被中,壳斗科植物主要有柯(*Lithocarpus*)、白栎(*Q. fabri*)和青冈(*C. glauca*),少见麻栎(*Q. acutissima*)。对田螺山遗址出土的树木遗存分析结果显示,当时的森林植被是常绿阔叶和落叶阔叶的混交林类型,以常绿树木为主,其中青冈是植物群落的重要种群。遗址出土的橡子以青冈果为主的现象反映了先民对当时自然植被、环境的适应,同时也表明先民在利用橡子方面具有选择性。在壳斗科的果实中,一部分可以直接食用,如栗子、甜槠等;一部分单宁含量很高,苦涩味重,不经过处理,难于食用。青冈果也有一定苦涩味,但程度轻,即使不经处理也可以直接食用,是除栗子、甜槠意外,口感较好的壳斗科植物的果实。从遗址出土的遗存数量看,先民对青冈果的采集呈现出早期数量较少,晚期数量有所增加,和上述菱角的变化趋势相反。

稻米是遗址中出土数量较多,而且贯穿田螺山遗址的始终,但从稻米遗存的数量变化看,并没有出现像菱角、青冈果那样出现规律性的下降或上升趋势,而是呈现出波浪式的变化,早期的前阶段数量很多,但到早期的后阶段急剧减少;晚期的前阶段又开始增加,后阶段又急剧减少。一般认为水稻随着人类栽培技术的发展和驯化程度的加深,水稻生产量增加,因此对自然界食物的依赖性降低。田螺山遗址植物性食物的变化特征有悖于对水稻栽培驯化和植物性生产发展规律的一般认识。因此田螺山遗址的稻米生产是不能简单、机械性地套用一般规律,内部有更加复杂和深层次的原因和过程,其中环境变化对稻米生产的影响是一个不得不考虑的问题。

三　稻的形态特征变化

植物被人类栽培后就开始进入了漫长的驯化历程。由于栽培是人类有目的地对特定植物种群进行培育,通过人的保护和管理促进其生长发育,获得比它们在自然界生长更多、更好的产出,以满足人类需要的行为。因此,植物在人类栽培环境中,受到来自两方面选择压力,即人为选择(有意识和无意识)和环境选择。首先是人类为获得较好经济收成,对特定的植物器官,如稻谷、果实等进行选择,引起这些植物经济器官增大,产量增加,这应该是栽培开始初期的主要的有意识选择压力。其次是播种和收获。休眠性强的种子由于不能很好发芽而遭淘汰,休眠性弱的种子发芽、生长、开花结实,被人们收获和再次播种而得以繁衍;收获对种子的落粒性选择具有很强的选择作用,无论摘穗、割穗,还是连同秸秆收获,落粒性强的因脱落不易获得,收获回住地的往往是落粒性弱的种子[1],另外由于大粒种子在土壤中具有较强的发芽竞争力,因此播种对籽粒大小也有选择作用[2];这些对植物的选择往往是人类无意识的行为,但在人类的栽培中确实发生了。

在栽培稻起源初期的很长一段时间,种实尺寸变大,种子休眠性、脱落性减弱应该是人工栽培环境下驯化的主要特点,形成了有别于自然界野生稻的早期栽培稻的生物学特性,其中一些是发生在生理上,如休眠性等,但在考古出土遗存中很难获得它们变化信息;还有一些不仅在生理上而且在外部形态特征上也有明显的变化,如种子大小,离层不发达等,是考古学研究稻作起源、栽培、驯化的主要信息来源。田螺山聚落开始于距今7000年,终于5500多年左右,历时约1500年,而且各个地层多有炭化谷(米)出土,因此对研究栽培稻的驯化来所是一个非常重要的遗址。下面我们对遗址出土稻谷(米)的形态学特征,特别是种子大小、小穗轴特征的历史变迁进行一些考察。

(一)稻谷的小穗轴特征

稻谷外层通常包裹谷着黄棕色的内颖和外颖,内、外颖着生在短小的小穗轴上,分别位于近轴端和远轴端,在颖壳的下方还有一对护颖。在稻谷充分成熟后,在护颖的基部、小支梗之上形成一层离层,稻谷(小穗)从此处脱落。由于粳稻的离层没有完全形成,副护颖牢固着生在小穗轴基部,稻谷脱粒时小支梗被折断,因此在粳稻稻谷上通常可见到小支梗的残基;野生稻的离层相当发达,稻谷成熟时自然脱落,脱落面平整光滑,中央可见一个清晰的小圆孔;籼稻的离层也相当发达,稻谷脱粒时,基本以离层处断离,脱落面通常平整光滑,但中央小孔的呈长方形,边界不十分清晰。

在此前我们曾经对在遗址发掘区的东南面施工坑 DK3⑦层堆积中发现的稻谷壳堆积层中的稻谷小穗轴特征进行了观察,发现它们有两种类型:粳稻型、野生型,其中粳稻类型的小穗轴占51.0%,野生稻类型的占49%[3]。在这次植物遗存的取样调查中,尽管收集到的稻谷数量不多,但我们还是对小穗轴的特征进行观察。在 T104 探方第⑧层中,共获得10粒炭化谷粒,其中小穗轴显示粳稻类型特征有3粒,野生稻类型3粒,还有4粒由于炭化严重,无法明确判定,两种小穗轴比例和前一次观察基本相似。在 H26 灰坑中共获得61粒炭化稻谷,其中小穗轴显示粳稻类型特征有24粒,野生稻类型14粒,因小穗轴脱落无法识别的23粒,粳稻类型小穗轴占可识别小穗轴总数的63.2%,野生稻类型的

---

① 冈彦一著,徐云碧译:《水稻进化遗传学》,中国水稻所,1985年,66～73页。

② Dorian Fuller:Contrasting Patterns in Crop Domestication and Domestication Rates:Recent Archaeobotanical Insights from the Old World,*Annals of Botany* 100:903～924,2007.

③ 郑云飞、孙国平、陈旭高:《7000年前考古遗址出土稻谷的小穗轴特征》,《科学通报》2007年9期,1307～1041页。

占36.8%,同早期地层相比,粳稻类型小穗轴比例有明显上升。H26灰坑开口于第③层下,是一个晚期地层的灰坑,小穗轴两种类型比例的变化反映了晚期地层中栽培稻的驯化程度比早期地层要深,这是人类长期栽培的结果。这次由于观察数量不多,其代表性如何,还需要今后做进一步的工作来验证。

(二)稻(谷)米形态及其变化

田螺山遗址出土的古稻遗存主要是稻米,稻谷数量不多,在早期地层(第⑦、⑧层)发现20粒,在晚期地层只有1粒,另外在灰坑H26发现了61粒。我们对这些出土稻谷的长、宽、厚等三个特征进行了测量,并计算出形状特征参数的长宽比。如图4所示,遗址早期(第⑧、⑦层)和灰坑H26出土稻谷的长、宽以及长宽比与野生稻存在着较大的差异,反映了遗址出土的古稻不是在自然界自生自灭的野生稻,而是已经走上了人工栽培驯化道路的栽培稻。早期地层和灰坑H26的稻谷在形态方面也存在一定的差异。如上所述,灰坑H26开口于③层下,即灰坑的相对年代为田螺山遗址的晚期。从现有稻谷形态数据看,遗址晚期稻谷的长、宽、厚比早期地层都有不同程度的增加,而长宽比下降。形态特征参数反映了稻谷存在籽粒变大,粒型变短圆的演变趋势。

与稻谷相比,田螺山遗址中稻米出土较多,是古稻遗存存在的主要形式。稻米的几个形态特征参数随地层变化如图6所示。稻米的长呈现下降的趋势,即年代早的稻米较长,

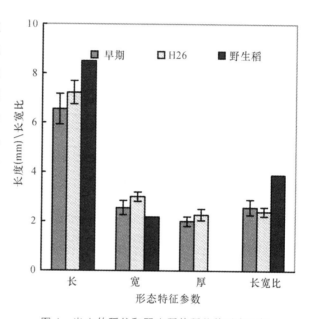

图4　出土的稻谷和野生稻的稻谷的形态比较

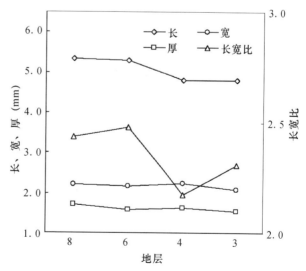

图5　出土的稻米长、宽、厚和长宽比的变化

年代晚的稻米较短,晚期地层(第③、④层)与早期地层比较(第⑧、⑥层),长度约缩短10%。稻米的宽和厚总体上也呈现下降趋势,晚期与早期的宽有1%的差,厚约减少了4%,但期间有波动,即早期的后阶段下降,晚期的前阶段有所上升,晚期的后阶段有下降。这种伴随年代稻米粒型的变化在稻米长宽分布图(图5)上表现十分明显。稻米长宽比的变化总趋势也是下降的,晚期地层(第③、④层)与早期地层比较(第⑧、⑥层),长宽比约减小了9%,但在晚期的后阶段,长宽比还有一个明显的拉升过程。

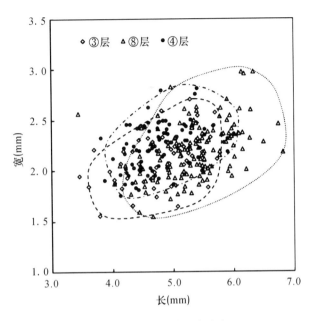

图6   出土的稻米的形态分布

从稻谷和稻米的形态特征分析可以看出,田螺山遗址的稻谷向大颗粒、短圆型方向发展是一个总趋势,但这种趋势在米粒方面比没有明显表现出来,除了长宽比有相同的趋势,其它几个表示米粒大小的参数不升反而出现或多或少的下降。这种谷粒和米粒形态特征变化上的差异可能是栽培环境变化所致。谷粒大小(内外颖)是在孕穗期形成的,受环境影响时间短(约10天),与稻谷相比,米粒大小(约30天)更容易受环境影响[①]。在这个时期,肥料、光照、水分等不足,形成的

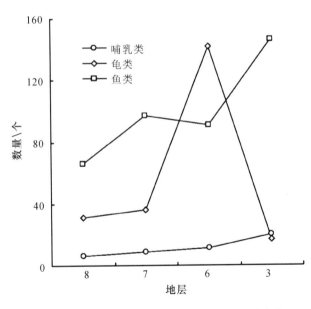

图7   地层中哺乳类、鱼类、果类等骨骸数量的变化

米粒就小。考虑到上述的田螺山古村落存续期稻作生产曾出现较大的波动,我们认为这样认识还是合理的。

---

①   星川清亲:《新编食用作物》,养贤堂,1996年,91～103页。

四　结语

田螺山遗址是位于长江下游地区宁绍平原的一个新石器时代文化遗址。宁绍平原，东面濒海，南接四明、会稽山脉，东西长而南北窄；北部滨海沙堤区，由潮流挟带的泥沙堆积而成；沙堤区内侧属潟湖—湖沼平原，水网稠密，湖泊密布、河道交错，素有"水乡"之称。距今7000年以前，宁绍平原还是一个时常遭受潮汐侵入的盐碱滩涂，不适合人类生活的荒野，大约在7000年左右，由于海平面下降，潮汐线退缩，出现许多内潟湖和已经淡化的陆地，呈现出水生植物茂盛、湿地禽鸟觅食、草食性动物成群结队，一片良好生态景象，吸引先民迁徙到这里生活。先民们在这里开垦湿地种植水稻等农作物，采集浅塘、湖泊和周围山地森林生长的野生果实，捕捉草食性的动物和鱼类来获得人类生存所需要的食物，但这种生存模式还经常受到资源和环境影响。从田螺山遗址的植物种子调查情况看，植物性食物生产中采集食物和栽培食物并不存在着明显负相关（采集食物比例下降，栽培植物比例上升），三种主要植物性食物呈现出不同的从早期到晚期变化趋势，青冈果呈上升趋势，菱角呈下降趋势，而水稻出现了大幅度的波动。这是什么原因引起的呢？在植物遗存调查的过程中，我们对土壤中的动物骨骸也进行了计数统计。图7是水洗出的动物骨骸遗存数量的变化趋势。从统计的结果看，早期地层中哺乳类、龟甲和鱼类骨骸的数量较少，晚期地层较多，呈上升的趋势，与上述的菱角变化趋势相反，而与青冈果的变化趋势相同。这可能同采集动植物资源的消长，以及水稻生产量的变化有关联。如上所述田螺山古村落是在全新世早期海退以后的湿地上发展起来的。在人类开始活动的初期，居住地周围除了大面积湿地外，还有星罗棋布的大小浅塘湖泊，先民在湿地上种植水稻收获稻米，采集那些生长在浅塘和湖泊周缘容易采集的水生植物，诸如菱角、芡实等果实果腹，此时大型动物、深水中的鱼类，由于捕捉所需的技术相对要求较高，还没有作为食物主要来源，随着人口的增加以及环境的变化，周围可采集的食物资源减少，而且还出现水稻产量急剧下降（至少出现过两次较大幅度的水稻产量下降），先民为获取生存所需要的食物，开始大规模向山地要食物，采集青冈果等树木果实；向深水要食物，捕捉鱼类；猎杀大型动物等获取食物的活动。这里需要说明的是动物遗骸调查只局限于水洗土样中的部分，这种捕食动物行为的特点还有待动物考古学的研究来验证或补充。

浙江省田螺山遗址出土木材的树种鉴定

铃木三男[1]   郑云飞[2]   能城修一[3]   大山干成[1]

中村慎一[4]   村上由美子[5]

(1. 日本东北大学　2. 浙江省文物考古研究所　3. 日本森林综合研究所

4. 日本金沢大学　5. 日本综合地球环境研究所)

　　本课题组对浙江省余姚市田螺山遗址出土的木材树种进行了考察。田螺山遗址为新石器时代的低湿地遗址,现位于水田之下,中心文化层年代大约距今7000～5500年。目前,这个遗址正在公开展览。在已有发掘区中发现有古河道遗迹,在这里,与陶器、石器和动物骨骼一起,出土了许多建筑物垫板和柱子、与水路相接的横架材以及起固定作用的木桩,另外还有木桨、木粗、圆筒器等许多木器(图1、2、3)。我们在发掘现场将这些木材作成切片,或者将遗址出土木材的小块标本取回实验室作成切片,用光学显微镜进行了观察和鉴定。

一　鉴定的树种

　　712个树木遗存鉴定结果如表1所示,其中针叶树(裸子植物)3种,阔叶树51种,不明属的有樟科A～D共4种,科、属均不明的为环孔材A～C及散孔材A～E共8种。在这些经过识别的树种中,我们选择了具有代表性的标本进行照相,它们径切面和弦切面图像见照片1—108号(图4—1～7,附文后)。将树种的组成按照器物群大致分类,如表2所示。每个遗存鉴定结果在表5和附表(见文后)中列出,以下将就鉴定结果所显示出的几个特征做一简单介绍。

二　树种组成与大致的用材倾向

　　表2中列出的树种,按照样品的数量从多到少排列。最多的是楷树,共90例,占到全体的12.6%。其中柱材占46例,建筑构材占25例,木桩12例,从中可以看出,楷树常用于建筑物的柱子、方材及板材。楷树在中国分布很广,属落叶高木,树高20、直径1米左右的楷树在浙江省很常见。由于其材质优良,现在也常被用来制作家具和工艺品。可

以看出,从新石器时代以来,人们已经认识到其材质的优越性并广泛使用。

表1 出土木材的树种

	科		拉丁种属名	中文名	标本号	照片号
1	Ginkgoaceae	银杏科	*Ginkgo biloba*	银杏	CHNT2－296	1,2
2	Pinaceae	松科	*Pinus*	松属	CHNT3－200	3,4
3	Cupressaceae	柏科	*Sabina*	圆柏属	CHNT3－121	5,6
4	Juglandaceae	胡桃科	*Platycarya strobilacea*	化香树	CHNT2－167	7,8
5	Salicaceae	杨柳科	*Salix*	柳属	CHNT2－72	9,10
6	Betulaceae	桦木科	*Carpinus* sect. *Eucarpinus*	鹅耳枥属	CHNT3－12	11,12
7	Fagaceae	壳斗科	*Castanea crenata*	哀氏锥栗	CHNT－64	13,14
8	Fagaceae	壳斗科	*Quercus* subgen. *Cyclobalanopsis*	栎属青冈亚属	CHNT2－221	15,16
9	Fagaceae	壳斗科	*Quercus* sect. *Aegilops*	栎属麻栎组	CHNT2－203	17,18
10	Fagaceae	壳斗科	*Quercus* sect. *Prinus*	栎属白栎组	CHNT2－108	19,20
11	Ulmaceae	榆科	*Aphananthe aspera*	糙叶树	CHNT2－121	21,22
12	Ulmaceae	榆科	*Celtis*	朴属	CHNT3－194	23,24
13	Ulmaceae	榆科	*Ulmus*	榆属	CHNT3－166	25,26
14	Ulmaceae	榆科	*Zelkova*	榉树属	CHNT2－133	27,28
15	Moraceae	桑科	*Cudrania*	柘属	CHNT3－243	29,30
16	Moraceae	桑科	*Morus*	桑属	CHNT3－34	31,32
17	Lauraceae	樟科	*Cinnamomum camphora*	樟树	CHNT3－171	33,34
18	Lauraceae	樟科	Lauraceae sp. A	樟科 A	CHNT2－105	35,36
19	Lauraceae	樟科	Lauraceae sp. B	樟科 B	CHNT3－281	37,38
20	Lauraceae	樟科	Lauraceae sp. C	樟科 C	CHNT3－81	39,40
21	Lauraceae	樟科	Lauraceae sp. D	樟科 D	CHNT2－141	41,42
22	Theaceae	山茶科	*Camellia*	山茶属	CHNT3－370	43,44
23	Theaceae	山茶科	*Cleyera*	红淡比(杨桐)属	CHNT3－13	45,46
24	Hamamelidaceae	金缕梅科	*Liquidambar*	枫香树属	CHNT3－318	47,48
25	Rosaceae	蔷薇科	*Prunus*	李属	CHNT3－266	49,50
26	Leguminosae	豆科	*Albizia*	合欢属	CHNT3－303	51,52

（续表1）

	科		拉丁种属名	中文名	标本号	照片号
27	Leguminosae	豆科	*Dalbergia*	黄檀属	CHNT2－230	53,54
28	Euphorbiaceae	大戟科	*Sapium*	乌桕属	CHNT2－188	55,56
29	Rutaceae	芸香科	*Phellodendron*	黄檗属	CHNT3－85	57,58
30	Anacardiaceae	漆树科	*Choerospondias axillaris*	南酸枣	CHNT2－226	59,60
31	Anacardiaceae	漆树科	*Pistacia chinensis*	楷树	CHNT2－104	61,62
32	Aceraceae	槭树科	*Acer*	槭树属	CHNT2－241	63,64
33	Sapindaceae	无患子科	*Sapindus mukorossi*	无患子	CHNT2－106	65,66
34	Meliaceae	楝科	*Toona sinensis*	香椿	CHNT3－358	67,68
35	Celastraceae	卫矛科	*Euonymus*	卫矛属	CHNT3－31	69,70
36	Rhamnaceae	鼠李科	*Hovenia*	枳椇属	CHNT3－293	71,72
37	Flacourtiaceae	大风子科	*Xylosma japonica*	柞木	CHNT2－97	73,74
38	Cornaceae	山茱萸科	*Cornus*	山茱萸属	CHNT3－82	75,76
39	Araliaceae	五加科	*Acanthopanax*	五加属	CHNT2－236	77,78
40	Araliaceae	五加科	*Aralia*	楤木属	CHNT－93	79,80
41	Ebenaceae	柿科	*Diospyros*	柿属	CHNT3－338	81,82
42	Styracaceae	安息香科	*Styrax* sp. A	安息香属 A	CHNT3－55	83,84
43	Styracaceae	安息香科	*Styrax* sp. B	安息香属 B	CHNT3－312	85,86
44	Oleaceae	木犀科	*Chionanthus retusa*	流苏树	CHNT2－280	87,88
45	Oleaceae	木犀科	*Osmanthus*	木犀属	CHNT2－176	89,90
46	Caprifoliaceae	忍冬科	*Viburnum*	荚蒾属	CHNT3－84	91,92
47			所属不明	环孔材 A	CHNT3－133	93,94
48			所属不明	环孔材 B	CHNT2－247	95,96
49			所属不明	环孔材 C	CHNT2－245	97,98
50			所属不明	散孔材 A	CHNT－50	99,100
51			所属不明	散孔材 B	CHNT3－135	101,102
52			所属不明	散孔材 C	CHNT2－229	103,104
53			所属不明	散孔材 D	CHNT2－128	105,106
54			所属不明	散孔材 E	CHNT3－5	107,108

表 2　按用途统计的树种组成

中文名	木器	柱	垫板	横架材	桩	板桩	部件	树根	自生树	总计	比率
楷树	2	46	5		12		25			90	12.6
樟树		19	32	1	4		23			79	11.1
圆柏属	4	18	12		7	1	34			76	10.7
栎属青冈亚属		10	4	2	23		8			47	6.6
樟科 A		22			11		12			45	6.3
柳属		11	1		19	1	6		2	40	5.6
栎属白栎组		11		1	4	8	10			34	4.8
桑属	20	2	4		1	1	4			32	4.5
无患子	2		1			17	10			30	4.2
荚蒾属		6			14	1	2		1	24	3.4
糙叶树		12		1	3		7			23	3.2
化香树		9			3	5	3			20	2.8
红淡比(杨桐)属		6			5		3			14	2.0
樟科 D		4			2	4	2			12	1.7
樟科 B		7	1		1		1			10	1.4
榆属				1	3		5			9	1.3
枫香树属		1		1	2		5			9	1.3
松属							9			9	1.3
栎属麻栎组		6	2							8	1.1
樟科 C				1	3	1	1			6	0.8
山茶属								6		6	0.8
柘属	4				2					6	0.8
朴属		3			1		1			5	0.7
柿属				1	4					5	0.7
榉树属		4								4	0.6
黄檀属		3	1							4	0.6
黄檗属							3			3	0.4
李属				1	1		1			3	0.4
卫矛属					3					3	0.4

（续表 2）

中文名	木器	柱	垫板	横架材	桩	板桩	部件	树根	自生树	总计	比率
哀氏锥栗			1				1			2	0.3
鹅耳枥属					1		1			2	0.3
楤木属			2							2	0.3
香椿					2					2	0.3
合欢属					2					2	0.3
银杏	1									1	0.1
五加属		1								1	0.1
安息香属 A					1					1	0.1
安息香属 B		1								1	0.1
槭树属					1					1	0.1
柞木	1									1	0.1
枳椇属							1			1	0.1
乌桕属		1								1	0.1
南酸枣			1							1	0.1
流苏树		1								1	0.1
山茱萸属							1			1	0.1
木犀属		1								1	0.1
环孔材 A							2			2	0.3
环孔材 B					1		1			2	0.3
环孔材 C					1					1	0.1
散孔材 A		2			1					3	0.4
散孔材 B		1					1			2	0.3
散孔材 C		3			2					5	0.7
散孔材 D		1								1	0.1
散孔材 E		2					1			3	0.4
树皮							1			1	0.1
不可鉴定		5	1		5		3			14	2.0
合计	33	220	67	11	145	39	188	6	3	712	

其次出土数最多的是樟树木材,共 79 例,占总数的 11.1%。樟树木也常被用来做建筑材料,这一点与楷树类似,然而它基本上均被用作建筑物的垫板,这也是它在用途上的显著特征。樟树生长迅速,且树体粗大,木材中含有大量樟脑成分,具有较好的防潮抗腐功能,它在建筑上的用途也充分说明了对于木材特征的恰当运用。樟树属常绿乔木,广泛分布于亚洲东部的暖温带地区,成长迅速,树龄较长,可以形成树高 30 米,直径超过 4 米的巨木。由于中国(浙江省)樟科的树木的属和种的数量众多,其木材结构目前并没有完全辨明,因此遗址出土的木材从特征来看虽然属于樟科,但樟树以外的种类目前却难以进行比较和区分。已经判明属于不同属和种的标本共有 4 种,依次取名为樟科 A—D,其用途见表 3。从用途来看,樟科 A—D 与樟树类似,可以推断其中含有的精油成分使之具有较好的防潮抗腐能力,人们认识到这一特点并将其合理利用。然而这几个树种多见于木桩,很少用来做垫板,大概是树形较小的缘故。

表 3　樟树科木材的用途

树种	柱	垫板	横架材	桩	板桩	部件	总计	(%)
樟树	19	32	1	4		23	79	11.1
樟科 A	22			11		12	45	6.3
樟科 B	7	1		1		1	10	1.4
樟科 C	4			2	4	2	12	1.7
樟科 D		1		3	1	1	6	0.8

表 4　壳斗科木材的用途

树种	柱	垫板	横架材	桩	板桩	部件	总计	(%)
栎属青冈亚属	10	4	2	23		8	47	6.6
栎属白栎组	11		1	4	8	10	34	4.8
栎属麻栎组	6	2					8	1.1
哀氏锥栗		1				1	2	0.3

仅次于樟树的是柏科圆柏属,共有 76 例,占总数的 10.7%。其用途多为柱和垫板,以及建筑部件,木器少见。浙江省的圆柏属树木有三种,其中乔木圆柏(*Sabina chinensis*)只有一种,其他两种均为高山小乔木。出土的圆柏属木材基本上均属乔木圆柏。这种圆柏为常绿针叶树,能够生长成为树高 20、直径 3.5 米左右的大树,在中国分布广泛,常见于各地寺院等处。其木材坚硬富有韧性,纹理优美,具有很强的可塑性,除建筑材料之外也广为使用。

在日本绳文时代,栗、青冈、栎等壳斗科树木多用于半地穴形房屋建材和水畔设施,然而田螺山遗址的这些树种数量并不多,如表4所示。栎类树木生长于温暖的环境,其用途基本无异于楷树、圆柏和樟树。

以上介绍的树种在田螺山遗址中出土较多,基本上用作柱、垫板、建筑部件以及横架材和木桩等土木工程。除此之外,出土并鉴定的木器共有33件(见表2),与建筑用材相比数量较少。木器用材最多的为桑属,共有20例,见于木桨、木耜(及木耜状器物)、把手(柄头)、圆筒器、木刀和蝶形器,用途广泛(表5)。这些木器通常比石器加工细腻,木材的选择应是基于其木料便于加工、防潮抗腐和纹理优美的特性。另外,同为桑科的柘属木材与此用途相同,其材质特性应与桑属类似。

三 具有特色的用材与树种

(一)圆筒器的用材与银杏

如表5所示,田螺山遗址出土的圆筒器共有4件,其中两件为桑属,其他两件分别为银杏属和圆柏属。这些圆筒器利用无树芯的木材,将中间挖空制成,木材直径较大。桑属的圆筒器,其中一件表面涂有黑漆状涂料。同样的圆筒器在河姆渡遗址和鲻山遗址也多有出土,所使用木材的树种尚未调查。

树种鉴定结果中,CHNT2-196所使用的银杏木材颇值得关注。银杏木材的基本结构与松和杉等针叶树木材相同,然而它所具有纵向大结晶细胞群,使得银杏木材较易与其他木质区分。银杏为银杏科银杏属,只有一种,银杏化石的发现说明它早在古生代已经存在,是古老植物群中有代表性的物种,被称为"活化石"而广为人知。现今世界各地的银杏树均为人工种植,欧洲的银杏树是江户时代从日本传去的,之后遍及其他地区。而日本的银杏树是13~14世纪从中国传来的,因此日本实际上也不存在所谓的"千年银杏"。据称文献中有关银杏的最早记录见于欧阳修(1007~1072年)的诗,"鸭脚生江南,名实未相浮。降囊因入贡,银杏贵中州……"在此之前的医药书籍中均无记载。从实物来看,韩国全罗南道新安打捞的14世纪沉船中可见到一粒银杏果,这是目前所能见到的最早的银杏果。中国、韩国和日本均没有14世纪之前的银杏实物。这次出土的银杏木材可称之为最古老的银杏遗物。这种银杏原产于长江以南的安徽、江苏、浙江三省的山地,天目山地区为其中的一部分,其中一株名为"五代同堂"的银杏树据称是自生银杏。田螺山遗址距天目山直线距离为180千米,这里并非山地,而属低湿地区且有低矮的丘陵。田螺山遗址的使用始于约7000年前,这里出土的银杏木器使用的是当时此地的自生银杏,还是从有自生银杏山地搬运过来的,这是个值得思考的问题。

表 5 部分木器观察表

器物照片	标本号码	器类(状态)	完整度	探方	层位	遗物号码	全长(cm)	最大幅(cm)	最大厚(cm)	拉丁科名	拉丁种属名	中文科名	中文属名/种名
图1-1	CHNT-52	桨	完整	T103	⑧	3	109.8	11.0	2.7	Moraceae	Morus	桑科	桑属
图1-2	CHNT-54	桨(半成品)	完整	T303	⑦		108.2	8.9	3.2	Moraceae	Morus	桑科	桑属
图1-3	CHNT2-300	桨	略有残损				107.5	10.4	2.4	Moraceae	Morus	桑科	桑属
图1-4	CHNT2-302	桨(半成品)	略有残损				116.7	9.2	2.1	Moraceae	Morus	桑科	桑属
图1-5	CHNT2-304	桨	完整				77.4	10.3	2.2	Sapindaceae	Sapindus mukorossi	无患子科	无患子
图1-6	CHNT2-303	桨(半成品)	大部残损				97.2	15.8	3.8	Sapindaceae	Sapindus mukorossi	无患子科	无患子
图1-7	CHNT-62	导水筒状器	部分残损	T103	⑥		88.2	5.4	2.2	Cupressaceae	Sabina	柏科	圆柏属
图1-8	CHNT-63	垫板	完整	T205	⑤		31.8	20.9	7.5	Lauraceae	Cinnamomum camphora	樟科	樟树
图1-9	CHNT-51	垫板	部分残损				46.5	31.4	10.8	Lauraceae	Cinnamomum camphora	樟科	樟树
图1-10	CHNT-61	垫板	完整	K3	⑦		49.1	22.2	9.2	Lauraceae	Cinnamomum camphora	樟科	樟树
图1-11	CHNT2-292	加工材(租?)	略有残损				34.6	8.4	2.0	Moraceae	Morus	桑科	桑属
图1-12	CHNT3-4	加工材	部分残损				33.9	16.1	3.5	Pinaceae	Pinus	松科	松属
图1-13	CHNT-64	建筑部件	大部残损				74.1	14.7	9.9	Fagaceae	Castanopsis eyrei	壳斗科	哀氏锥栗
图1-14	CHNT-53	建筑部件	完整				72.1	14.3	7.3	Cupressaceae	Sabina	柏科	圆柏属
图1-15	CHNT3-6	建筑部件	部分残损				39.6	13.2	5.2	Cupressaceae	Sabina	柏科	圆柏属
图2-1	CHNT2-298	租	完整	T103	⑧	20	38.2	15.1	1.5	Moraceae	Morus	桑科	桑属
图2-2	CHNT-55	桨或租	部分残损	T103	⑦		40.8	6.4	2.1	Moraceae	Morus	桑科	桑属
图2-3	CHNT-58	桨或租	部分残损				26.4	4.6	0.9	Moraceae	Morus	桑科	桑属
图2-4	CHNT3-5	板材	部分残损	K3			19.4	8.6	1.5	—	—	散孔材E	
图2-5	CHNT2-288	板材	完整	K3			9.6	2.9	0.4	Moraceae	Morus	桑科	桑属
图2-6	CHNT2-287	板材	部分残损				10.4	1.8	0.6	Moraceae	Morus	桑科	桑属
图2-7	CHNT2-295	棒材	大部残损				25.2	3.4	1.3	Moraceae	Morus	桑科	桑属

（续表 5）

器物照片	标本号码	器类（状态）	完整度	探方	层位	遗物号码	全长(cm)	最大幅(cm)	最大厚(cm)	拉丁科名	拉丁种属名	中文科名	中文属/种名
图2-8	CHNT2-285	圆筒器	大部残损	T103	⑥	6	22.2	3.3	2.7	Cupressaceae	*Sabina*	柏科	圆柏属
图2-9	CHNT2-296	圆筒器	大部有残损				21.9	2.1	1.3	Ginkgoaceae	*Ginkgo biloba*	银杏科	银杏
图2-10	CHNT2-299	圆筒器	略有残损				38.9	10.9	6.9	Moraceae	*Morus*	桑科	桑属
图2-11	CHNT2-301	圆筒器	大部残损				34.4	8.0	1.3	Moraceae	*Morus*	桑科	桑属
图3-1	CHNT2-290	蝶形器	略有残损	K3	⑦		12.3	32.3	3.0	Moraceae	*Morus*	桑科	桑属
图3-2	CHNT2-289	蝶形器	略有残损	K3	⑦	54/55	12.4	26.9	3.2	Anacardiaceae	*Pistacia chinensis*	漆树科	楷树
图3-3	CHNT2-291	蝶形器（半成品）	略有残损	K3			12.8	20.0	3.9	Moraceae	*Morus*	桑科	桑属
图3-4	CHNT2-283	蝶形器	大部残损	K3	⑦	56	5.5	1.8	4.2	Moraceae	*Morus*	桑科	桑属
图3-5	CHNT-60	把手	大部残损	K3	⑦	59	10.8	9.0	2.0	Moraceae	*Morus*	桑科	桑属
图3-6	CHNT3-1	把手	大部残损				15.7	7.5	1.3	Anacardiaceae	*Pistacia chinensis*	漆树科	楷树
图3-7	CHNT2-294	把手	大部残损				23.2	9.3	1.4	Moraceae	*Morus*	桑科	桑属
图3-8	CHNT2-293	容器脚部？	大部残损				4.4	3.1	2.0	Moraceae	*Morus*	桑科	桑属
图3-9	CHNT2-284	把手	略有残损	K3	7	59柄	3.3	12.9	2.4	Moraceae	*Cudrania*	桑科	柘属
图3-10	CHNT-59	把手	大部残损	T103	6		6.9	4.4	1.6	Moraceae	*Morus*	桑科	桑属
图3-11	CHNT-57	加工材	部分残损	T204	5		34.8	18.0	15.3	Anacardiaceae	*Pistacia chinensis*	漆树科	楷树
图3-12	CHNT-56	抹子	完整	T103	8		17.6	4.4	4.1	Cupressaceae	*Sabina*	柏科	圆柏属
图3-13	CHNT3-2	尖端棒	完整				18.7	1.2	0.7	Cupressaceae	*Sabina*	柏科	圆柏属
图3-14	CHNT3-3	尖端棒	部分残损				16.0	1.2	1.0	Moraceae	*Cudrania*	桑科	柘属
图3-15	CHNT2-297	尖端棒	大部残损				20.7	1.8	1.0	Moraceae	*Cudrania*	桑科	柘属

（二）茶

田螺山遗址发现了似为间隔配置的树根遗迹，经过分析的 6 例木材样本（CHNT3－366 — 371）结果显示，均为山茶属 *Camellia* 的同种树木。木材树芯无髓，年轮的方向变化显著，年轮界限不明确，导管和纤维的细胞壁很薄，纤维直径及放射组织细胞较大，这些特征说明标本确为根部木材。种种迹象均表明，这些山茶属的树木是人为种植的。山茶属为亚洲东部典型的山茶科常绿树木，中国有 190 个树种，在浙江省，野生和栽培的品种总计 15 种，除具有较高的观赏价值之外，由于种子油分较多，也是重要的油料作物。其中的茶 *Camellia sinensis*，叶子用来饮用，因此在浙江省广泛栽培，也有野生化现象出现。这些山茶属树木，木材结构非常近似，具体的树种识别有一定困难，然而其木材结构与栽培茶树一致，这也能够证明这些山茶属木材确为茶树。

以上简要叙述的田螺山遗址出土木材的树种鉴定结果，从整体来看有以下几个特点：(1)使用的木材以阔叶树为主，针叶树几乎均为圆柏属(松属 9 例)；(2)树木多属温暖地带，目前在浙江省仍然可见；(3)使用的木材具有多样性。

中国虽有数千个树种，然而木树构造的文献不多，研究机构保存的可供参考木材组织切片标本寥寥无几，因此，遗址出土木材的属、种鉴定经常无法进行。新石器时代的先人们为了什么目的，利用何种木材加工了什么样的产品，当时的森林资源样态究竟如何，要弄清这些问题，加强对现存树木的木材标本收集以及建立木材结构的数据库是非常必要的。

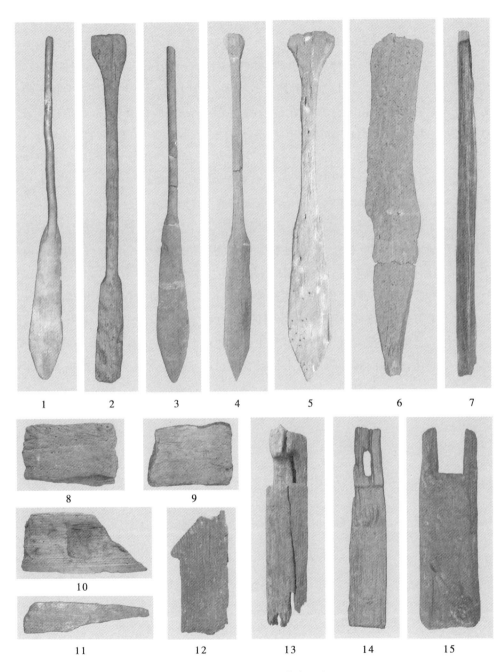

图 1 部分木器照片(细节参见表 5)

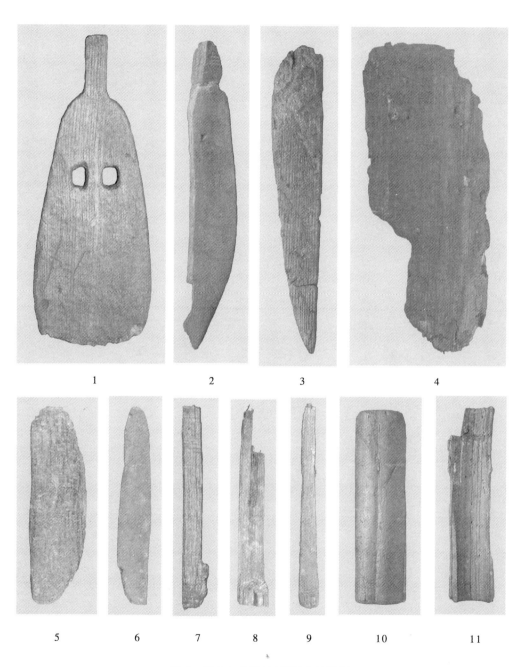

图 2　部分木器照片(细节参见表5)

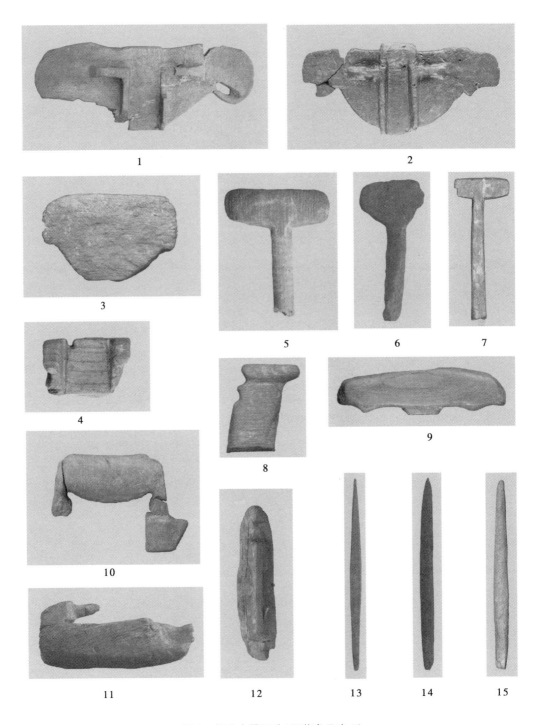

图 3 部分木器照片(细节参见表 5)

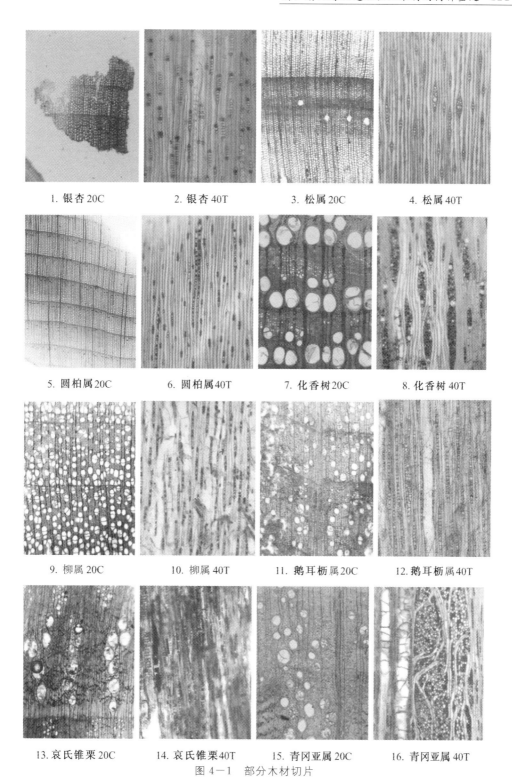

1. 银杏 20C　　　2. 银杏 40T　　　3. 松属 20C　　　4. 松属 40T

5. 圆柏属 20C　　6. 圆柏属 40T　　7. 化香树 20C　　8. 化香树 40T

9. 柳属 20C　　　10. 柳属 40T　　11. 鹅耳枥属 20C　　12. 鹅耳枥属 40T

13. 哀氏锥栗 20C　14. 哀氏锥栗 40T　15. 青冈亚属 20C　　16. 青冈亚属 40T

图 4—1　部分木材切片

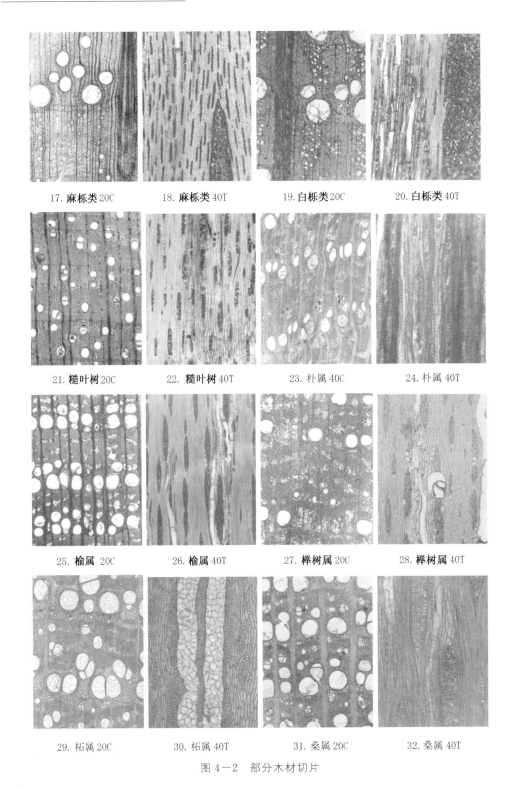

17. 麻栎类 20C　　18. 麻栎类 40T　　19. 白栎类 20C　　20. 白栎类 40T

21. 糙叶树 20C　　22. 糙叶树 40T　　23. 朴属 40C　　24. 朴属 40T

25. 榆属 20C　　26. 榆属 40T　　27. 榉树属 20C　　28. 榉树属 40T

29. 柘属 20C　　30. 柘属 40T　　31. 桑属 20C　　32. 桑属 40T

图 4—2　部分木材切片

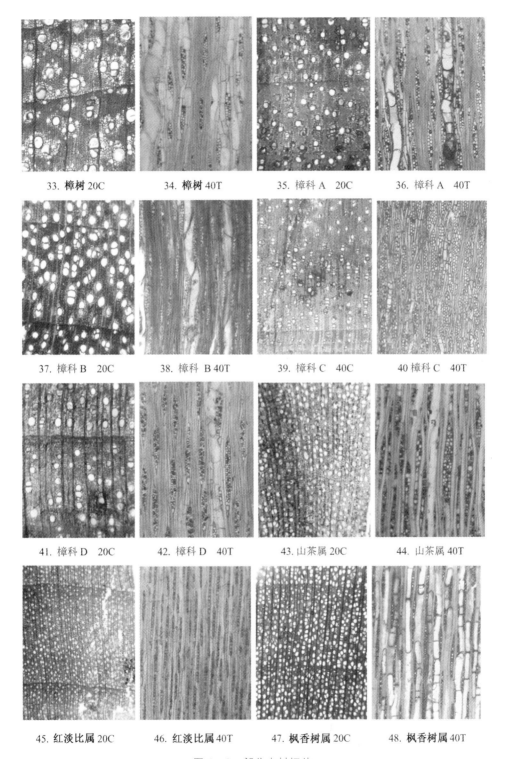

33. 樟树 20C　　34. 樟树 40T　　35. 樟科 A 20C　　36. 樟科 A 40T

37. 樟科 B 20C　　38. 樟科 B 40T　　39. 樟科 C 40C　　40 樟科 C 40T

41. 樟科 D 20C　　42. 樟科 D 40T　　43. 山茶属 20C　　44. 山茶属 40T

45. 红淡比属 20C　　46. 红淡比属 40T　　47. 枫香树属 20C　　48. 枫香树属 40T

图 4-3　部分木材切片

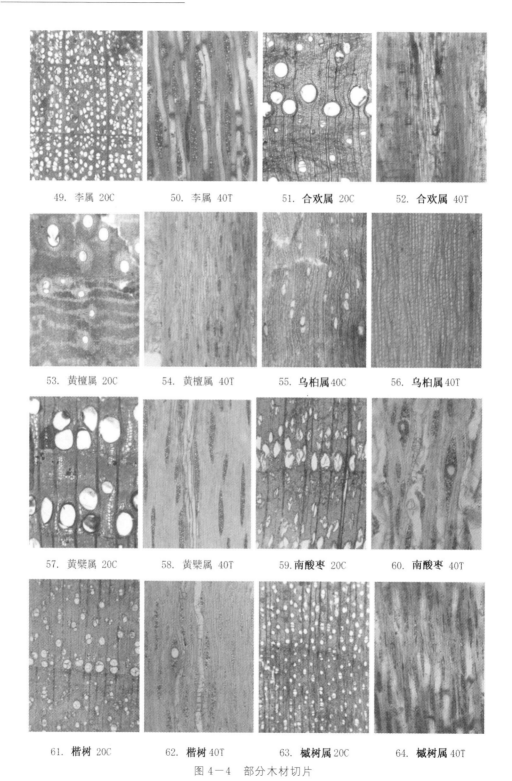

49. 李属 20C   50. 李属 40T   51. 合欢属 20C   52. 合欢属 40T

53. 黄檀属 20C   54. 黄檀属 40T   55. 乌桕属 40C   56. 乌桕属 40T

57. 黄檗属 20C   58. 黄檗属 40T   59. 南酸枣 20C   60. 南酸枣 40T

61. 楷树 20C   62. 楷树 40T   63. 槭树属 20C   64. 槭树属 40T

图 4—4   部分木材切片

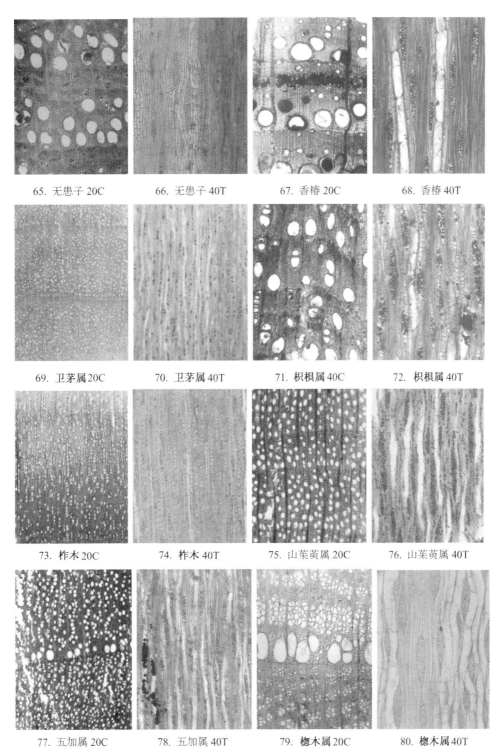

65. 无患子 20C　　　66. 无患子 40T　　　67. 香椿 20C　　　68. 香椿 40T

69. 卫矛属 20C　　　70. 卫矛属 40T　　　71. 枳椇属 40C　　　72. 枳椇属 40T

73. 柞木 20C　　　74. 柞木 40T　　　75. 山茱萸属 20C　　　76. 山茱萸属 40T

77. 五加属 20C　　　78. 五加属 40T　　　79. 楤木属 20C　　　80. 楤木属 40T

图 4—5　部分木材切片

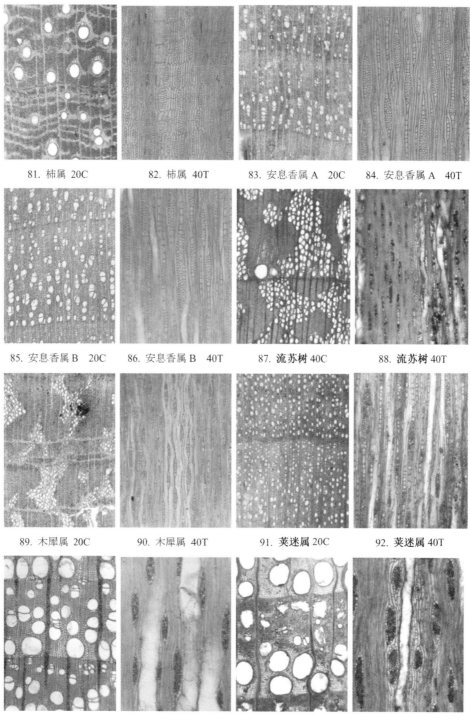

81. 柿属 20C   82. 柿属 40T   83. 安息香属 A　20C   84. 安息香属 A　40T

85. 安息香属 B　20C   86. 安息香属 B　40T   87. 流苏树 40C   88. 流苏树 40T

89. 木犀属 20C   90. 木犀属 40T   91. 荚蒾属 20C   92. 荚蒾属 40T

93. 环孔材 A 20C   94. 环孔材 A 40T   95. 环孔材 B 20C   96. 环孔材 B 40T

图 4—6　部分木材切片

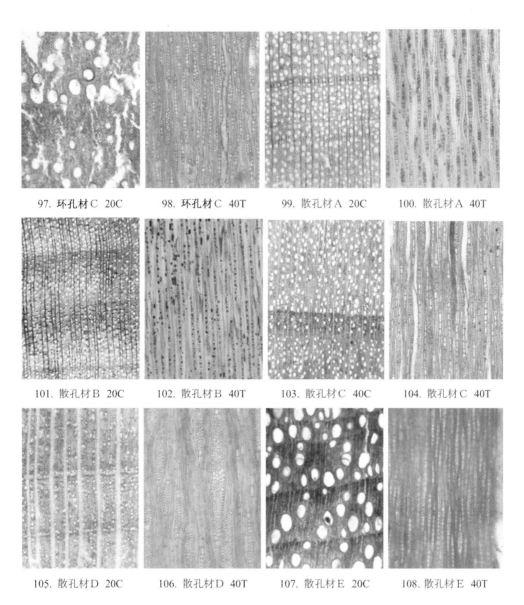

97. 环孔材C 20C   98. 环孔材C 40T   99. 散孔材A 20C   100. 散孔材A 40T

101. 散孔材B 20C   102. 散孔材B 40T   103. 散孔材C 40C   104. 散孔材C 40T

105. 散孔材D 20C   106. 散孔材D 40T   107. 散孔材E 20C   108. 散孔材E 40T

图4—7　部分木材切片

附表 出土木材鉴定结果一览表(除表5所载部分)

标本号码	器类	探方	层位	遗物号	拉丁科名	拉丁种属名	中文科名	中文属/种名
CHNT—1	柱	T301			Cupressaceae	*Sabina*	柏科	圆柏属
CHNT—2	柱	T301			Cupressaceae	*Sabina*	柏科	圆柏属
CHNT—3	柱	T302			Lauraceae	Lauraceae sp. A	樟科	樟科 A
CHNT—4	柱	T302			Cupressaceae	*Sabina*	柏科	圆柏属
CHNT—5	柱	T302			Cupressaceae	*Sabina*	柏科	圆柏属
CHNT—6	柱	T302			Leguminosae	*Dalbergia*	豆科	黄檀属
CHNT—7	柱	T302			Anacardiaceae	*Pistacia chinensis*	漆树科	楷树
CHNT—8	柱	T203			Fagaceae	*Quercus* sect. *Prinus*	壳斗科	栎属白栎组
CHNT—9	柱	T203			Lauraceae	*Cinnamomum camphora*	樟科	樟树
CHNT—10	柱	T203			Lauraceae	*Cinnamomum camphora*	樟科	樟树
CHNT—11	柱	T103			Anacardiaceae	*Pistacia chinensis*	漆树科	楷树
CHNT—12	柱	T304			Lauraceae	*Cinnamomum camphora*	樟科	樟树
CHNT—13	柱	T304			Anacardiaceae	*Pistacia chinensis*	漆树科	楷树
CHNT—14	柱	T304			Theaceae	*Cleyera*	山茶科	红淡比(杨桐)属
CHNT—15	柱	T304			Juglandaceae	*Platycarya strobilacea*	胡桃科	化香树
CHNT—16	柱	T304			Fagaceae	*Quercus* sect. *Prinus*	壳斗科	栎属白栎组
CHNT—17	柱	T204			Cupressaceae	*Sabina*	柏科	圆柏属
CHNT—18	柱	T204			Anacardiaceae	*Pistacia chinensis*	漆树科	楷树
CHNT—19	柱	T204			Anacardiaceae	*Pistacia chinensis*	漆树科	楷树
CHNT—20	柱	T204			Fagaceae	*Quercus* sect. *Prinus*	壳斗科	栎属白栎组

（续附表）

标本号码	器类	探方	层位	遗物号	拉丁科名	拉丁种属名	中文科名	中文属/种名
CHNT—21	柱	T204			Anacardiaceae	*Pistacia chinensis*	漆树科	楷树
CHNT—22	柱	T204			Lauraceae	*Cinnamomum camphora*	樟科	樟树
CHNT—23	柱	T204			Fagaceae	*Quercus* sect. *Prinus*	壳斗科	栎属白栎组
CHNT—24	柱	T204			Ulmaceae	*Aphananthe aspera*	榆科	糙叶树
CHNT—25	柱	T204			Lauraceae	*Cinnamomum camphora*	樟科	樟树
CHNT—26	柱	T204			Cupressaceae	*Sabina*	柏科	圆柏属
CHNT—27	柱	T204			Cupressaceae	*Sabina*	柏科	圆柏属
CHNT—28	柱	T204			Ulmaceae	*Aphananthe aspera*	榆科	糙叶树
CHNT—29	柱	T204			Lauraceae	*Cinnamomum camphora*	樟科	樟树
CHNT—30	柱	T205			Anacardiaceae	*Pistacia chinensis*	漆树科	楷树
CHNT—31	柱	T205			Lauraceae	*Cinnamomum camphora*	樟科	樟树
CHNT—32	柱	T205			Ulmaceae	*Aphananthe aspera*	榆科	糙叶树
CHNT—33	柱	T205			Anacardiaceae	*Pistacia chinensis*	漆树科	楷树
CHNT—34	柱	T205			Lauraceae	Lauraceae sp. A	樟科	樟科 A
CHNT—35	柱	T205			Lauraceae	Lauraceae sp. A	樟科	樟科 A
CHNT—36	柱	T205			Lauraceae	Lauraceae sp. A	樟科	樟科 A
CHNT—37	柱	T205			Lauraceae	*Cinnamomum camphora*	樟科	樟树
CHNT—38	柱	T103			Anacardiaceae	*Pistacia chinensis*	漆树科	楷树
CHNT—39	柱	T103			Anacardiaceae	*Pistacia chinensis*	漆树科	楷树
CHNT—40	柱	T103			Salicaceae	*Salix*	杨柳科	柳属

（续附表）

标本号码		器类	探方	层位	遗物号	拉丁科名	拉丁种属名	中文科名	中文属/种名
CHNT—	41	柱	T103			Lauraceae	*Cinnamomum camphora*	樟科	樟树
CHNT—	42	柱	T103			Ulmaceae	*Zelkova*	榆科	榉树属
CHNT—	43	柱	T103			Leguminosae	*Dalbergia*	豆科	黄檀属
CHNT—	44	柱	T103			Lauraceae	*Cinnamomum camphora*	樟科	樟树
CHNT—	45	柱	T103			Fagaceae	*Quercus* subgen. *Cyclobalanopsis*	壳斗科	栎属青冈亚属
CHNT—	46	柱	T103			Fagaceae	*Quercus* subgen. *Cyclobalanopsis*	壳斗科	栎属青冈亚属
CHNT—	47	柱	T103			Salicaceae	*Salix*	杨柳科	柳属
CHNT—	48	柱	T103			Lauraceae	Lauraceae sp. D	樟科	樟科 D
CHNT—	49	柱	T103			Lauraceae	Lauraceae sp. A	樟科	樟科 A
CHNT—	50	柱	T103					散孔材 A	
CHNT—	65	垫板	K3	4 层下	K3—4	Lauraceae	*Cinnamomum camphora*	樟科	樟树
CHNT—	66	垫板	K2	4 层下	K2—3	Lauraceae	*Cinnamomum camphora*	樟科	樟树
CHNT—	67	垫板	K2	4 层下	K2—2	Lauraceae	*Cinnamomum camphora*	樟科	樟树
CHNT—	68	垫板	K3	3a 层下	K3	Lauraceae	*Cinnamomum camphora*	樟科	樟树
CHNT—	69	垫板	K2	3a 层下	K2—1	Lauraceae	*Cinnamomum camphora*	樟科	樟树
CHNT—	70	垫板	K2	4 层下	K2—3	Lauraceae	*Cinnamomum camphora*	樟科	樟树
CHNT—	71	垫板	K3	4 层下	K3—2	Lauraceae	*Cinnamomum camphora*	樟科	樟树
CHNT—	72	垫板	K2	4 层下	K2—2	Moraceae	*Morus*	桑科	桑属
CHNT—	73	垫板	K2	3a 层下	K2—2	Lauraceae	*Cinnamomum camphora*	樟科	樟树
CHNT—	74	垫板	K3	4 层下	K3—3	Lauraceae	*Cinnamomum camphora*	樟科	樟树

（续附表）

标本号码	器类	探方	层位	遗物号	拉丁科名	拉丁种属名	中文科名	中文属/种名
CHNT—75	垫板	K1	4层下	K1-1	Lauraceae	Cinnamomum camphora	樟科	樟树
CHNT—76	垫板	K1	4层下	K1	Lauraceae	Cinnamomum camphora	樟科	樟树
CHNT—77	垫板	K1	4层下	K1-2	Cupressaceae	Sabina	柏科	圆柏属
CHNT—78	板材	T303	6层下		Cupressaceae	Sabina	柏科	圆柏属
CHNT—79	垫板	K3	4层下	K3-2	Lauraceae	Cinnamomum camphora	樟科	樟树
CHNT—80	立柱	H19	4层下	H19	Cupressaceae	Sabina	柏科	圆柏属
CHNT—81	垫板	K5	4层下	K5	Lauraceae	Cinnamomum camphora	樟科	樟树
CHNT—82	垫板	K2	3a层下	K2	Lauraceae	Cinnamomum camphora	樟科	樟树
CHNT—83	垫板	K2	4层下	K2-3	Lauraceae	Cinnamomum camphora	樟科	樟树
CHNT—84	柱	K1	3a层下	K1-1	Lauraceae	Cinnamomum camphora	樟科	樟树
CHNT—85	垫板	K1	4层下	K1-1	Lauraceae	Lauraceae sp. B	樟科	樟科 B
CHNT—86	垫板	K3	3b层下	K3	Lauraceae	Cinnamomum camphora	樟科	樟树
CHNT—87	垫板	K2	4层下	K2-1	Lauraceae	Cinnamomum camphora	樟科	樟树
CHNT—88	垫板	K6	4层下	K6-2	Cupressaceae	Sabina	柏科	圆柏属
CHNT—89	柱	K1	3a层下	K1-2	Anacardiaceae	Pistacia chinensis	漆树科	楷树
CHNT—90	垫板	K7	4层下	K7-3	Anacardiaceae	Pistacia chinensis	漆树科	楷树
CHNT—91	垫板	K7	4层下	K7-2	Anacardiaceae	Pistacia chinensis	漆树科	楷树
CHNT—92	垫板	K3	4层下	K3	Lauraceae	Cinnamomum camphora	樟科	樟树
CHNT—93	垫板	K1	3a层下	K1-1	Araliaceae	Aralia	五加科	楤木属
CHNT—94	垫板	K1	3a层下	K1	Fagaceae	Quercus sect. Aegilops	壳斗科	栎属麻栎组

（续附表）

标本号码	器类	探方	层位	遗物号	拉丁科名	拉丁种属名	中文科名	中文属/种名
CHNT— 95	垫板	K1	3a层下	K1	Fagaceae	Castanopsis eyrei	壳斗科	袁氏锥栗
CHNT— 96	垫板	K3	4层下	K3-1	Araliaceae	Aralia	五加科	楤木属
CHNT— 97	垫板	K3	4层下	K3-3	Moraceae	Morus	桑科	桑属
CHNT— 98	垫板	K1	3a层下	K1	Fagaceae	Quercus sect. Aegilops	壳斗科	栎属麻栎组
CHNT— 99	垫板	K2	3b层下	K2	Fagaceae	Quercus subgen. Cyclobalanopsis	壳斗科	栎属青冈亚属
CHNT— 100	柱	K7	4层下	K7-1	Ulmaceae	Zelkova	榆科	榉树属
CHNT— 101	垫板	K2	4层下	K2-4	Lauraceae	Cinnamomum camphora	樟科	樟树
CHNT2— 65	立柱	T004			Ulmaceae	Aphananthe aspera	榆科	糙叶树
CHNT2— 66	立柱	T004			Ulmaceae	Aphananthe aspera	榆科	糙叶树
CHNT2— 67	立柱	T004			Fagaceae	Quercus sect. Aegilops	壳斗科	栎属麻栎组
CHNT2— 68	立柱	T004			Lauraceae	Cinnamomum camphora	樟科	樟树
CHNT2— 69	立柱	T004			Anacardiaceae	Pistacia chinensis	漆树科	楷树
CHNT2— 70	立柱	T004			Anacardiaceae	Pistacia chinensis	漆树科	楷树
CHNT2— 71	立柱	T004			Anacardiaceae	Pistacia chinensis	漆树科	楷树
CHNT2— 72	立柱	T004			Salicaceae	Salix	杨柳科	柳属
CHNT2— 73	立柱	T104			Anacardiaceae	Pistacia chinensis	漆树科	楷树
CHNT2— 74	立柱	T104			Ulmaceae	Aphananthe aspera	榆科	糙叶树
CHNT2— 75	立柱	T104			Lauraceae	Lauraceae sp. A	樟科	樟科 A
CHNT2— 76	立柱	T104					散孔材（不可鉴定）	
CHNT2— 77	立柱	T104			Theaceae	Cleyera	山茶科	红淡比（杨桐）属

（续附表）

标本号码	器类	探方	层位	遗物号	拉丁科名	拉丁种属名	中文科名	中文属/种名
CHNT2－78	立柱	T104					散孔材 B	红淡比（杨桐）属
CHNT2－79	立柱	T104			Theaceae	Cleyera	山茶科	红淡比（杨桐）属
CHNT2－80	立柱	T104			Theaceae	Cleyera	山茶科	红淡比（杨桐）属
CHNT2－81	立柱	T104			Theaceae	Cleyera	山茶科	红淡比（杨桐）属
CHNT2－82	立柱	T104			Salicaceae	Salix	杨柳科	柳属
CHNT2－83	立柱	T104			Salicaceae	Salix	杨柳科	柳属
CHNT2－84	立柱	T104			Salicaceae	Salix	杨柳科	柳属
CHNT2－85	立柱	T104			Ulmaceae	Zelkova	榆科	榉树属
CHNT2－86	立柱	T104			Salicaceae	Salix	杨柳科	柳属
CHNT2－87	立柱	T104			Salicaceae	Salix	杨柳科	柳属
CHNT2－88	立柱	T104					（不可鉴定）	
CHNT2－89	立柱	T104			Salicaceae	Salix	杨柳科	柳属
CHNT2－90	立柱	T104			Lauraceae	Lauraceae sp. A	樟科	樟科 A
CHNT2－91	立柱	T104			Salicaceae	Salix	杨柳科	柳属
CHNT2－92	立柱	T104			Caprifoliaceae	Viburnum	忍冬科	荚蒾属
CHNT2－93	立柱	T104			Fagaceae	Quercus sect. Aegilops	壳斗科	栎属麻栎组
CHNT2－94	立柱	T104			Juglandaceae	Platycarya strobilacea	胡桃科	化香树
CHNT2－95	立柱	T104					散孔材 E	
CHNT2－96	立柱	T104			Anacardiaceae	Pistacia chinensis	漆树科	楷树
CHNT2－97	立柱	T104			Flacourtiaceae	Xylosma japonica	大风子科	柞木

（续附表）

标本号码	器类	探方	层位	遗物号	拉丁科名	拉丁种属名	中文科名	中文属/种名
CHNT2—98	立柱	T104			Fagaceae	Quercus subgen. Cyclobalanopsis	壳斗科	栎属青冈亚属
CHNT2—99	立柱	T104			Lauraceae	Lauraceae sp. A	樟科	樟科 A
CHNT2—100	立柱	T104			Theaceae	Cleyera	山茶科	红淡比（杨桐）属
CHNT2—101	立柱	T104			Anacardiaceae	Pistacia chinensis	漆树科	楷树
CHNT2—102	立柱	T104			Lauraceae	Lauraceae sp. A	樟科	樟科 A
CHNT2—103	立柱	T104			Ulmaceae	Celtis	榆科	朴属
CHNT2—104	立柱	T104			Anacardiaceae	Pistacia chinensis	漆树科	楷树
CHNT2—105	立柱	T104			Lauraceae	Lauraceae sp. A	樟科	樟科 A
CHNT2—106	立板桩	T104			Sapindaceae	Sapindus mukorossi	无患子科	无患子
CHNT2—107	立板桩	T104			Juglandaceae	Platycarya strobilacea	胡桃科	化香树
CHNT2—108	立板桩	T104			Fagaceae	Quercus sect. Prinus	壳斗科	栎属白栎组
CHNT2—109	立板桩	T104			Fagaceae	Quercus sect. Prinus	壳斗科	栎属白栎组
CHNT2—110	立板桩	T104			Fagaceae	Quercus sect. Prinus	壳斗科	栎属白栎组
CHNT2—111	立板桩	T104			Juglandaceae	Platycarya strobilacea	胡桃科	化香树
CHNT2—112	立板桩	T104			Fagaceae	Quercus sect. Prinus	壳斗科	栎属白栎组
CHNT2—113	立板桩	T104			Fagaceae	Quercus sect. Prinus	壳斗科	栎属白栎组
CHNT2—114	立板桩	T104			Fagaceae	Quercus sect. Prinus	壳斗科	栎属白栎组
CHNT2—115	立板桩	T104			Fagaceae	Quercus sect. Prinus	壳斗科	栎属白栎组
CHNT2—116	横架材	T104			Hamamelidaceae	Liquidambar	金缕梅科	枫香树属
CHNT2—117	横架材	T104			Fagaceae	Quercus subgen. Cyclobalanopsis	壳斗科	栎属青冈亚属

（续附表）

标本号码	器类	探方	层位	遗物号	拉丁科名	拉丁种属名	中文科名	中文属/种名
CHNT2—118	立柱	T204			Anacardiaceae	*Pistacia chinensis*	漆树科	楷树
CHNT2—119	立柱	T204					（不可鉴定）	
CHNT2—120	立柱	T204			Juglandaceae	*Platycarya strobilacea*	胡桃科	化香树
CHNT2—121	立柱	T204			Ulmaceae	*Aphananthe aspera*	榆科	糙叶树
CHNT2—122	立柱	T204			Juglandaceae	*Platycarya strobilacea*	胡桃科	化香树
CHNT2—123	立柱	T204			Anacardiaceae	*Pistacia chinensis*	漆树科	楷树
CHNT2—124	立板桩	T204			Fagaceae	*Quercus* sect. *Prinus*	壳斗科	栎属白栎组
CHNT2—125	立板桩	T204			Juglandaceae	*Platycarya strobilacea*	胡桃科	化香树
CHNT2—126	立柱	T204			Lauraceae	*Lauraceae* sp. B	樟科	樟科 B
CHNT2—127	立柱	T204			Anacardiaceae	*Pistacia chinensis*	漆树科	楷树
CHNT2—128	立柱	T204					散孔材 D	
CHNT2—129	立柱	T003	6层以上				（不可鉴定）	
CHNT2—130	立柱	T003	6层以上		Caprifoliaceae	*Viburnum*	忍冬科	荚蒾属
CHNT2—131	立柱	T003	6层以上		Anacardiaceae	*Pistacia chinensis*	漆树科	楷树
CHNT2—132	立柱	T003	6层以上		Anacardiaceae	*Pistacia chinensis*	漆树科	楷树
CHNT2—133	立柱	T003	6层以上		Ulmaceae	*Zelkova*	榆科	榉树属
CHNT2—134	立柱	T003	6层以上		Anacardiaceae	*Pistacia chinensis*	漆树科	楷树
CHNT2—135	立柱	T003	6层以上		Anacardiaceae	*Pistacia chinensis*	漆树科	楷树
CHNT2—136	立柱	T003	6层以上		Anacardiaceae	*Pistacia chinensis*	漆树科	楷树
CHNT2—137	立柱	T003	6层以上		Lauraceae	*Lauraceae* sp. A	樟科	樟科 A

（续附表）

标本号码	器类	探方	层位	遗物号	拉丁科名	拉丁种属名	中文科名	中文属/种名
CHNT2-138	立柱	T003	6层以上		Fagaceae	Quercus subgen. Cyclobalanopsis	壳斗科	栎属青冈亚属
CHNT2-139	立柱	T103					散孔材 C	
CHNT2-140	立柱	T103			Fagaceae	Quercus subgen. Cyclobalanopsis	壳斗科	栎属青冈亚属
CHNT2-141	立柱	T103			Lauraceae	Lauraceae sp. D	樟科	樟科 D
CHNT2-142	立柱	T103			Fagaceae	Quercus subgen. Cyclobalanopsis	壳斗科	栎属青冈亚属
CHNT2-143	立柱	T103			Salicaceae	Salix	杨柳科	柳属
CHNT2-144	立柱	T103			Fagaceae	Quercus subgen. Cyclobalanopsis	壳斗科	栎属青冈亚属
CHNT2-145	立柱	T103			Ulmaceae	Aphananthe aspera	榆科	糙叶树
CHNT2-146	立板桩	T103			Lauraceae	Lauraceae sp. D	樟科	樟科 D
CHNT2-147	立柱	T103			Fagaceae	Quercus subgen. Cyclobalanopsis	壳斗科	栎属青冈亚属
CHNT2-148	立柱	T103			Lauraceae	Lauraceae sp. B	樟科	樟科 B
CHNT2-149	立柱	T103			Lauraceae	Lauraceae sp. D	樟科	樟科 D
CHNT2-150	立板桩	T103			Lauraceae	Lauraceae sp. D	樟科	樟科 D
CHNT2-151	立板桩	T103			Lauraceae	Lauraceae sp. D	樟科	樟科 D
CHNT2-152	立柱	T103			Anacardiaceae	Pistacia chinensis	漆树科	楷树
CHNT2-153	立板桩	T103			Lauraceae	Lauraceae sp. D	樟科	樟科 D
CHNT2-154	立板桩	T103			Salicaceae	Salix	杨柳科	柳属
CHNT2-155	横架材	T103			Leguminosae	Dalbergia	豆科	黄檀属
CHNT2-156	横架材	T103			Lauraceae	Cinnamomum camphora	樟科	樟树
CHNT2-157	立柱	T103					散孔材 A	

（续附表）

标本号码	器类	探方	层位	遗物号	拉丁科名	拉丁种属名	中文科名	中文属/种名
CHNT2—158	立柱	T103			Lauraceae	*Lauraceae* sp. A	樟科	樟科 A
CHNT2—159	立柱	T103			Lauraceae	*Lauraceae* sp. A	樟科	樟科 A
CHNT2—160	立板桩	T103			Lauraceae	*Lauraceae* sp. C	樟科	樟科 C
CHNT2—161	立柱	T103					环孔材（不可鉴定）	
CHNT2—162	立柱	T103			Lauraceae	*Lauraceae* sp. B	樟科	樟科 B
CHNT2—163	立柱	T203			Anacardiaceae	*Pistacia chinensis*	漆树科	楷树
CHNT2—164	横架材	T203			Lauraceae	*Lauraceae* sp. C	樟科	樟科 C
CHNT2—165	横架材	T203			Fagaceae	*Quercus* subgen. *Cyclobalanopsis*	壳斗科	栎属菁冈亚属
CHNT2—166	立板桩	T203			Juglandaceae	*Platycarya strobilacea*	胡桃科	化香树
CHNT2—167	立板桩	T203			Juglandaceae	*Platycarya strobilacea*	胡桃科	化香树
CHNT2—168	立柱	T203			Caprifoliaceae	*Viburnum*	忍冬科	荚迷属
CHNT2—169	立板桩	T203			Sapindaceae	*Sapindus mukorossi*	无患子科	无患子
CHNT2—170	立板桩	T203			Sapindaceae	*Sapindus mukorossi*	无患子科	无患子
CHNT2—171	立板桩	T203			Sapindaceae	*Sapindus mukorossi*	无患子科	无患子
CHNT2—172	立板桩	T203			Sapindaceae	*Sapindus mukorossi*	无患子科	无患子
CHNT2—173	立板桩	T203			Sapindaceae	*Sapindus mukorossi*	无患子科	无患子
CHNT2—174	立板桩	T203			Sapindaceae	*Sapindus mukorossi*	无患子科	无患子
CHNT2—175	立柱	T203			Ulmaceae	*Celtis*	榆科	朴属
CHNT2—176	立柱	T203			Oleaceae	*Osmanthus*	木犀科	木犀属
CHNT2—177	立板桩	T203			Sapindaceae	*Sapindus mukorossi*	无患子科	无患子

（续附表）

标本号码		器类	探方	层位	遗物号	拉丁科名	拉丁种属名	中文科名	中文属/种名
CHNT2—	178	立板桩	T203			Sapindaceae	Sapindus mukorossi	无患子科	无患子
CHNT2—	179	立板桩	T203			Sapindaceae	Sapindus mukorossi	无患子科	无患子
CHNT2—	180	立板桩	T203			Sapindaceae	Sapindus mukorossi	无患子科	无患子
CHNT2—	181	立板桩	T203			Sapindaceae	Sapindus mukorossi	无患子科	无患子
CHNT2—	182	立板桩	T203			Sapindaceae	Sapindus mukorossi	无患子科	无患子
CHNT2—	183	立板桩	T203			Sapindaceae	Sapindus mukorossi	无患子科	无患子
CHNT2—	184	立板桩	T203			Sapindaceae	Sapindus mukorossi	无患子科	无患子
CHNT2—	185	横架材	T203			Ebenaceae	Diospyros	柿科	柿属
CHNT2—	186	立柱	T203			Lauraceae	Lauraceae sp. A	樟科	樟科 A
CHNT2—	187	立柱	T203			Fagaceae	Quercus subgen. Cyclobalanopsis	壳斗科	栎属青冈亚属
CHNT2—	188	立柱	T203			Euphorbiaceae	Sapium	大戟科	乌桕属
CHNT2—	189	立板桩	T203			Sapindaceae	Sapindus mukorossi	无患子科	无患子
CHNT2—	190	立板桩	T203			Sapindaceae	Sapindus mukorossi	无患子科	无患子
CHNT2—	191	立桩	T203			Fagaceae	Quercus sect. Prinus	壳斗科	栎属白栎组
CHNT2—	192	自生木	T203			Caprifoliaceae	Viburnum	忍冬科	荚蒾属
CHNT2—	193	自生木	T203			Salicaceae	Salix	杨柳科	柳属
CHNT2—	194	自生木	T203			Salicaceae	Salix	杨柳科	柳属
CHNT2—	195	立板桩	T203			Caprifoliaceae	Viburnum	忍冬科	荚蒾属
CHNT2—	196	自生木?	T203			Fagaceae	Quercus subgen. Cyclobalanopsis	壳斗科	栎属青冈亚属
CHNT2—	197	立桩	T203			Lauraceae	Lauraceae sp. A	樟科	樟科 A

（续附表）

标本号码	器类	探方	层位	遗物号	拉丁科名	拉丁种属名	中文科名	中文属/种名
CHNT2—198	立桩	T203			Lauraceae	Lauraceae sp. A	樟科	樟科 A
CHNT2—199	立柱	T203			Lauraceae	Lauraceae sp. A	樟科	樟科 A
CHNT2—200	立柱	T203			Lauraceae	Lauraceae sp. A	樟科	樟科 A
CHNT2—201	立柱	T203			Hamamelidaceae	Liquidambar	金缕梅科	枫香树属
CHNT2—202	立柱	T203			Moraceae	Morus	桑科	桑属
CHNT2—203	立柱	T203			Fagaceae	Quercus sect. Aegilops	壳斗科	栎属麻栎组
CHNT2—204	立柱	T203			Fagaceae	Quercus sect. Prinus	壳斗科	栎属白栎组
CHNT2—205	立柱	T203			Lauraceae	Cinnamomum camphora	樟科	樟树
CHNT2—206	立柱	T203			Fagaceae	Quercus sect. Aegilops	壳斗科	栎属麻栎组
CHNT2—207	立柱	T203			Fagaceae	Quercus sect. Aegilops	壳斗科	栎属麻栎组
CHNT2—208	垫板	T203					环孔材(不可鉴定)	
CHNT2—209	垫板	T203			Lauraceae	Cinnamomum camphora	樟科	樟树
CHNT2—210	垫板	T203			Lauraceae	Cinnamomum camphora	樟科	樟树
CHNT2—211	垫板	T203			Lauraceae	Cinnamomum camphora	樟科	樟树
CHNT2—212	垫板	T203			Lauraceae	Cinnamomum camphora	樟科	樟树
CHNT2—213	垫板	T203			Lauraceae	Cinnamomum camphora	樟科	樟树
CHNT2—214	垫板	T203			Cupressaceae	Sabina	柏科	圆柏属
CHNT2—215	立柱	T203			Ulmaceae	Aphananthe aspera	榆科	糙叶树
CHNT2—216	立柱	T203			Fagaceae	Quercus sect. Prinus	壳斗科	栎属白栎组
CHNT2—217	垫板	T104			Lauraceae	Cinnamomum camphora	樟科	樟树

（续附表）

标本号码	器类	探方	层位	遗物号	拉丁科名	拉丁种属名	中文科名	中文属/种名
CHNT2—218	垫板	T104			Cupressaceae	Sabina	柏科	圆柏属
CHNT2—219	垫板	T104			Salicaceae	Salix	杨柳科	柳属
CHNT2—220	垫板	T104			Cupressaceae	Sabina	柏科	圆柏属
CHNT2—221	垫板	T104			Fagaceae	Quercus subgen. Cyclobalanopsis	壳斗科	栎属青冈亚属
CHNT2—222	垫板	T104			Cupressaceae	Sabina	柏科	圆柏属
CHNT2—223	垫板	T104			Cupressaceae	Sabina	柏科	圆柏属
CHNT2—224	垫板	T104			Cupressaceae	Sabina	柏科	圆柏属
CHNT2—225	垫板	T104			Lauraceae	Cinnamomum camphora	樟科	樟树
CHNT2—226	垫板	T104			Anacardiaceae	Choerospondias axillaris	漆树科	南酸枣
CHNT2—227	立柱	T304			Lauraceae	Lauraceae sp. A	樟科	樟科 A
CHNT2—228	立柱	T304			Lauraceae	Cinnamomum camphora	樟科	樟树
CHNT2—229	立柱	T304					散孔材 C	
CHNT2—230	立柱	T304			Leguminosae	Dalbergia	豆科	黄檀属
CHNT2—231	立柱	T304			Lauraceae	Lauraceae sp. B	樟科	樟科 B
CHNT2—232	立板桩	T304			Cupressaceae	Sabina	柏科	圆柏属
CHNT2—233	立柱	T304			Lauraceae	Lauraceae sp. B	樟科	樟科 B
CHNT2—234	立柱	T304			Lauraceae	Cinnamomum camphora	樟科	樟树
CHNT2—235	立柱	T304			Cupressaceae	Sabina	柏科	圆柏属
CHNT2—236	立柱	T304			Araliaceae	Acanthopanax	五加科	五加属
CHNT2—237	立柱	T304			Fagaceae	Quercus sect. Prinus	壳斗科	栎属白栎组

（续附表）

标本号码	器类	探方	层位	遗物号	拉丁科名	拉丁种属名	中文科名	中文属/种名
CHNT2- 238	立柱	T304			Anacardiaceae	Pistacia chinensis	漆树科	楷树
CHNT2- 239	立柱	T303			Cupressaceae	Sabina	柏科	圆柏属
CHNT2- 240	立板桩	T303			Moraceae	Morus	桑科	桑属
CHNT2- 241	立柱	T303			Aceraceae	Acer	槭树科	槭树属
CHNT2- 242	立桩	T303			Lauraceae	Lauraceae sp. A	樟科	樟科 A
CHNT2- 243	立桩	T303			Cupressaceae	Sabina	柏科	圆柏属
CHNT2- 244	立桩	T303			Cupressaceae	Sabina	柏科	圆柏属
CHNT2- 245	立桩	T303					环孔材 C	
CHNT2- 246	立桩	T303			Anacardiaceae	Pistacia chinensis	漆树科	楷树
CHNT2- 247	立桩	T302					环孔材 B	
CHNT2- 248	立桩	T302			Anacardiaceae	Pistacia chinensis	漆树科	楷树
CHNT2- 249	立桩	T302					散孔材 C	
CHNT2- 250	立桩	T302			Rosaceae	Prunus	蔷薇科	李属
CHNT2- 251	立桩	T302			Anacardiaceae	Pistacia chinensis	漆树科	楷树
CHNT2- 252	立桩	T301			Juglandaceae	Platycarya strobilacea	胡桃科	化香树
CHNT2- 253	立桩	T301			Lauraceae	Cinnamomum camphora	樟科	樟树
CHNT2- 254	立桩	T301			Lauraceae	Cinnamomum camphora	樟科	樟树
CHNT2- 255	立柱	T302			Theaceae	Cleyera	山茶科	红淡比（杨桐）属
CHNT2- 256	立柱	T105			Anacardiaceae	Pistacia chinensis	漆树科	楷树
CHNT2- 257	横架材	T105			Ulmaceae	Ulmus	榆科	榆属

（续附表）

标本号码	器类	探方	层位	遗物号	拉丁科名	拉丁种属名	中文科名	中文属/种名
CHNT2—258	立柱	T105			Fagaceae	Quercus sect. Prinus	壳斗科	栎属白栎组
CHNT2—259	立柱	T105			Anacardiaceae	Pistacia chinensis	漆树科	楷树
CHNT2—260	立柱	T105			Juglandaceae	Platycarya strobilacea	胡桃科	化香树
CHNT2—261	立柱	T105					散孔材 E	
CHNT2—262	横架材	T105			Ulmaceae	Aphananthe aspera	榆科	糙叶树
CHNT2—263	横架材	T105			Rosaceae	Prunus	蔷薇科	李属
CHNT2—264	立柱	T105			Juglandaceae	Platycarya strobilacea	胡桃科	化香树
CHNT2—265	垫板	T105			Moraceae	Morus	桑科	桑属
CHNT2—266	垫板	T105			Moraceae	Morus	桑科	桑属
CHNT2—267	垫板	T105			Sapindaceae	Sapindus mukorossi	无患子科	无患子
CHNT2—268	垫板	T105			Fagaceae	Quercus subgen. Cyclobalanopsis	壳斗科	栎属青冈亚属
CHNT2—269	垫板	T105			Anacardiaceae	Pistacia chinensis	漆树科	楷树
CHNT2—270	垫板	T105			Anacardiaceae	Pistacia chinensis	漆树科	楷树
CHNT2—271	立柱	T305			Fagaceae	Quercus sect. Aegilops	壳斗科	栎属麻栎组
CHNT2—272	立柱	T305			Anacardiaceae	Pistacia chinensis	漆树科	楷树
CHNT2—273	立柱	T305			Anacardiaceae	Pistacia chinensis	漆树科	楷树
CHNT2—274	立柱	T305			Anacardiaceae	Pistacia chinensis	漆树科	楷树
CHNT2—275	立柱	T305			Cupressaceae	Sabina	柏科	圆柏属
CHNT2—276	垫板	T305			Cupressaceae	Sabina	柏科	圆柏属
CHNT2—277	垫板	T305			Cupressaceae	Sabina	柏科	圆柏属

（续附表）

标本号码	器类	探方	层位	遗物号	拉丁科名	拉丁种属名	中文科名	中文属/种名
CHNT2-278	垫板	T305			Cupressaceae	*Sabina*	柏科	圆柏属
CHNT2-279	垫板	T305			Cupressaceae	*Sabina*	柏科	圆柏属
CHNT2-280	立柱	T305			Oleaceae	*Chionanthus retusa*	木犀科	流苏树
CHNT2-281	立柱	T305			Anacardiaceae	*Pistacia chinensis*	漆树科	楷树
CHNT2-282	立柱	T305			Cupressaceae	*Sabina*	柏科	圆柏属
CHNT3-7	立桩	T003					散孔材 A	
CHNT3-8	立桩	T003			Theaceae	*Cleyera*	山茶科	红淡比（杨桐）属
CHNT3-9	立桩	T003			Fagaceae	*Quercus* subgen. *Cyclobalanopsis*	壳斗科	栎属青冈亚属
CHNT3-10	立桩	T003			Fagaceae	*Quercus* subgen. *Cyclobalanopsis*	壳斗科	栎属青冈亚属
CHNT3-11	立桩	T003			Theaceae	*Cleyera*	山茶科	红淡比（杨桐）属
CHNT3-12	立桩	T003			Betulaceae	*Carpinus* sect. *Eucarpinus*	桦木科	鹅耳枥属
CHNT3-13	立桩	T003			Theaceae	*Cleyera*	山茶科	红淡比（杨桐）属
CHNT3-14	立桩	T003			Lauraceae	Lauraceae sp. C	樟科	樟科 C
CHNT3-15	立桩	T003			Theaceae	*Cleyera*	山茶科	红淡比（杨桐）属
CHNT3-16	立桩	T003			Fagaceae	*Quercus* subgen. *Cyclobalanopsis*	壳斗科	栎属青冈亚属
CHNT3-17	立桩	T003			Lauraceae	Lauraceae sp. A	樟科	樟科 A
CHNT3-18	立桩	T003			Caprifoliaceae	*Viburnum*	忍冬科	荚蒾属
CHNT3-19	立桩	T003			Fagaceae	*Quercus* subgen. *Cyclobalanopsis*	壳斗科	栎属青冈亚属
CHNT3-20	立桩	T003			Fagaceae	*Quercus* subgen. *Cyclobalanopsis*	壳斗科	栎属青冈亚属
CHNT3-21	立桩	T003			Fagaceae	*Quercus* subgen. *Cyclobalanopsis*	壳斗科	栎属青冈亚属

（续附表）

标本号码	器类	探方	层位	遗物号	拉丁科名	拉丁种属名	中文科名	中文属/种名
CHNT3—22	立桩	T003			Fagaceae	Quercus subgen. Cyclobalanopsis	壳斗科	栎属青冈亚属
CHNT3—23	立桩	T003			Fagaceae	Quercus subgen. Cyclobalanopsis	壳斗科	栎属青冈亚属
CHNT3—24	立桩	T003			Lauraceae	Lauraceae sp. A	樟科	樟科A
CHNT3—25	方材	T003			Anacardiaceae	Pistacia chinensis	漆树科	黄连木
CHNT3—26	方材	T003			Hamamelidaceae	Liquidambar	金缕梅科	枫香树属
CHNT3—27	立桩	T003			Hamamelidaceae	Liquidambar	金缕梅科	枫香树属
CHNT3—28	立桩	T003					散孔材C（不可鉴定）	
CHNT3—29	方材	T003			Lauraceae	Lauraceae sp. A	樟科	樟科A
CHNT3—30	立桩	T003			Hamamelidaceae	Liquidambar	金缕梅科	枫香树属
CHNT3—31	立桩	T003			Celastraceae	Euonymus	卫矛科	卫矛属
CHNT3—32	立桩	T003			Fagaceae	Quercus sect. Prinus	壳斗科	栎属白栎组
CHNT3—33	立桩	T003			Lauraceae	Cinnamomum camphora	樟科	樟树
CHNT3—34	方材	T003			Moraceae	Morus	桑科	桑属
CHNT3—35	立柱	T003			Lauraceae	Lauraceae sp. B	樟科	樟科B
CHNT3—36	方材	T003			Sapindaceae	Sapindus mukorossi	无患子科	无患子
CHNT3—37	板材	T003			Lauraceae	Lauraceae sp. D	樟科	樟科D
CHNT3—38	立桩	T003			Lauraceae	Lauraceae sp. B	樟科	樟科B
CHNT3—39	立桩	T003			Salicaceae	Salix	杨柳科	柳属
CHNT3—40	立桩	T003			Salicaceae	Salix	杨柳科	柳属
CHNT3—41	立桩	T003			Salicaceae	Salix	杨柳科	柳属

（续附表）

标本号码	器类	探方	层位	遗物号	拉丁科名	拉丁种属名	中文科名	中文属/种名
CHNT3—42	立桩	T003			Salicaceae	Salix	杨柳科	柳属
CHNT3—43	立桩	T003			Fagaceae	Quercus subgen. Cyclobalanopsis	壳斗科	栎属青冈亚属
CHNT3—44	圆木	T003			Lauraceae	Lauraceae sp. B	樟科	樟科属 B
CHNT3—45	立桩	T003			Salicaceae	Salix	杨柳科	柳属
CHNT3—46	立桩	T003			Fagaceae	Quercus subgen. Cyclobalanopsis	壳斗科	栎属青冈亚属
CHNT3—47	立桩	T003			Juglandaceae	Platycarya strobilacea	胡桃科	化香树
CHNT3—48	立桩	T003			Salicaceae	Salix	杨柳科	柳属
CHNT3—49	立桩	T003			Salicaceae	Salix	杨柳科	柳属
CHNT3—50	立桩	T003			Salicaceae	Salix	杨柳科	柳属
CHNT3—51	立桩	T003			Lauraceae	Lauraceae sp. A	樟科	樟科属 A
CHNT3—52	立桩	T003			Fagaceae	Quercus subgen. Cyclobalanopsis	壳斗科	栎属青冈亚属
CHNT3—53	立桩	T003			Fagaceae	Quercus subgen. Cyclobalanopsis	壳斗科	栎属青冈亚属
CHNT3—54	立桩	T003			Ulmaceae	Aphananthe aspera	榆科	糙叶树
CHNT3—55	立桩	T003			Styracaceae	Styrax sp. A	安息香科	安息香属 B
CHNT3—56	立桩	T003			Caprifoliaceae	Viburnum	忍冬科	荚迷属
CHNT3—57	立桩	T003			Fagaceae	Quercus subgen. Cyclobalanopsis	壳斗科	栎属青冈亚属
CHNT3—58	方材	T003			Cupressaceae	Sabina	柏科	圆柏属
CHNT3—59	板材	T003			Cupressaceae	Sabina	柏科	圆柏属
CHNT3—60	板材	T003			Cupressaceae	Sabina	柏科	圆柏属
CHNT3—61	板材	T003			Cupressaceae	Sabina	柏科	圆柏属

（续附表）

标本号码	器类	探方	层位	遗物号	拉丁科名	拉丁种属名	中文科名	中文属/种名
CHNT3—62	劈开材	T003			Cupressaceae	*Sabina*	柏科	圆柏属
CHNT3—63	劈开材	T003			Theaceae	*Cleyera*	山茶科	红淡比（杨桐）属
CHNT3—64	劈开材	T003			Hamamelidaceae	*Liquidambar*	金缕梅科	枫香树属
CHNT3—65	立桩	T005			Ulmaceae	*Ulmus*	榆科	榆属
CHNT3—66	方材	T005			Anacardiaceae	*Pistacia chinensis*	漆树科	楷树
CHNT3—67	立桩	T005			Salicaceae	*Salix*	杨柳科	柳属
CHNT3—68	方材	T005					散孔材（不可鉴定）	
CHNT3—69	板材	T005			Pinaceae	*Pinus*	松科	松属
CHNT3—70	方棒	T005			Salicaceae	*Salix*	杨柳科	柳属
CHNT3—71	立桩	T005			Fagaceae	*Quercus* subgen. *Cyclobalanopsis*	壳斗科	栎属青冈亚属
CHNT3—72	方材	T005					散孔材（不可鉴定）	
CHNT3—73	劈开材	T005			Lauraceae	*Lauraceae* sp. A	樟科	樟科 A
CHNT3—74	立桩	T005			Salicaceae	*Salix*	杨柳科	柳属
CHNT3—75	板材	T005					散孔材（不可鉴定）	
CHNT3—76	立桩	T005			Moraceae	*Cudrania*	桑科	柘属
CHNT3—77	立桩	T005			Salicaceae	*Salix*	杨柳科	柳属
CHNT3—78	立桩	T005			Salicaceae	*Salix*	杨柳科	柳属
CHNT3—79	立桩	T005			Caprifoliaceae	*Viburnum*	忍冬科	荚蒾属
CHNT3—80	板材	T005			Rutaceae	*Phellodendron*	芸香科	黄檗属
CHNT3—81	板材	T005			Lauraceae	*Lauraceae* sp. C	樟科	樟科 C

（续附表）

标本号码	器类	探方	层位	遗物号	拉丁科名	拉丁种属名	中文科名	中文属/种名
CHNT3—82	劈开材	T005			Cornaceae	Cornus	山茱萸科	山茱萸属
CHNT3—83	方材	T005			Fagaceae	Quercus subgen. Cyclobalanopsis	壳斗科	栎属青冈亚属
CHNT3—84	立桩	T005			Caprifoliaceae	Viburnum	忍冬科	荚蒾属
CHNT3—85	板材	T005			Rutaceae	Phellodendron	芸香科	黄檗属
CHNT3—86	板材	T005			Anacardiaceae	Pistacia chinensis	漆树科	楷树
CHNT3—87	圆木	T005			Fagaceae	Quercus subgen. Cyclobalanopsis	壳斗科	栎属青冈亚属
CHNT3—88	立桩	T005			Caprifoliaceae	Viburnum	忍冬科	荚蒾属
CHNT3—89	立桩	T005			Lauraceae	Lauraceae sp. D	樟科	樟科 D
CHNT3—90	立桩	T005			Salicaceae	Salix	杨柳科	柳属
CHNT3—91	立桩	T005			Salicaceae	Salix	杨柳科	柳属
CHNT3—92	立桩	T005			Anacardiaceae	Pistacia chinensis	漆树科	楷树
CHNT3—93	圆木	T005			Salicaceae	Salix	杨柳科	柳属
CHNT3—94	立桩	T005			Salicaceae	Salix	杨柳科	柳属
CHNT3—95	圆木	T005			Fagaceae	Quercus subgen. Cyclobalanopsis	壳斗科	栎属青冈亚属
CHNT3—96	立桩	T006			Juglandaceae	Platycarya strobilacea	胡桃科	化香树
CHNT3—97	方材	T006			Anacardiaceae	Pistacia chinensis	漆树科	楷树
CHNT3—98	立桩	T006			Fagaceae	Quercus subgen. Cyclobalanopsis	壳斗科	栎属青冈亚属
CHNT3—99	立桩	T006			Ebenaceae	Diospyros	柿科	柿属
CHNT3—100	立桩	T006			Lauraceae	Lauraceae sp. C	樟科	樟科 C
CHNT3—101	立桩	T006			Ulmaceae	Aphananthe aspera	榆科	糙叶树

（续附表）

标本号码		器类	探方	层位	遗物号	拉丁科名	拉丁种属名	中文科名	中文属/种名
CHNT3—	102	立桩	T006			Ebenaceae	Diospyros	柿科	柿属
CHNT3—	103	立桩	T006			Lauraceae	Lauraceae sp. A	樟科	樟科 A
CHNT3—	104	立桩	T006			Anacardiaceae	Pistacia chinensis	漆树科	楷树
CHNT3—	105	方材	T006			Anacardiaceae	Pistacia chinensis	漆树科	楷树
CHNT3—	106	立桩	T006			Caprifoliaceae	Viburnum	忍冬科	荚蒾属
CHNT3—	107	方材	T006			Juglandaceae	Platycarya strobilacea	胡桃科	化香树
CHNT3—	108	立桩	T006			Ulmaceae	Celtis	榆科	朴属
CHNT3—	109	方材	T006			Ulmaceae	Aphananthe aspera	榆科	糙叶树
CHNT3—	110	立桩	T006			Caprifoliaceae	Viburnum	忍冬科	荚蒾属
CHNT3—	111	方材	T006			Ulmaceae	Aphananthe aspera	榆科	糙叶树
CHNT3—	112	方材	T006			Lauraceae	Lauraceae sp. A	樟科	樟科 A
CHNT3—	113	立桩	T106			Anacardiaceae	Pistacia chinensis	漆树科	楷树
CHNT3—	114	立桩	T106			Caprifoliaceae	Viburnum	忍冬科	荚蒾属
CHNT3—	115	方材	T106			Theaceae	Cleyera	山茶科	红淡比（杨桐）属
CHNT3—	116	劈开材	T106			Anacardiaceae	Pistacia chinensis	漆树科	楷树
CHNT3—	117	细棒	T106			Cupressaceae	Sabina	柏科	圆柏属
CHNT3—	118	立桩	T106			Anacardiaceae	Pistacia chinensis	漆树科	楷树
CHNT3—	119	立桩	T106			Fagaceae	Quercus subgen. Cyclobalanopsis	壳斗科	栎属青冈亚属
CHNT3—	120	立桩	T106			Anacardiaceae	Pistacia chinensis	漆树科	楷树
CHNT3—	121	方材	T106			Cupressaceae	Sabina	柏科	圆柏属

（续附表）

标本号码	器类	探方	层位	遗物号	拉丁科名	拉丁种属名	中文科名	中文属/种名
CHNT3—122	方材	T106			Fagaceae	Quercus sect. Prinus	壳斗科	栎属白栎组
CHNT3—123	方材	T106			Anacardiaceae	Pistacia chinensis	漆树科	楷树
CHNT3—124	立桩	T106			Fagaceae	Quercus sect. Prinus	壳斗科	栎属白栎组
CHNT3—125	方材	T106			Juglandaceae	Platycarya strobilacea	胡桃科	化香树
CHNT3—126	方材	T106			Anacardiaceae	Pistacia chinensis	漆树科	楷树
CHNT3—127	立桩	T106			Anacardiaceae	Pistacia chinensis	漆树科	楷树
CHNT3—128	方材	T106			Anacardiaceae	Pistacia chinensis	漆树科	楷树
CHNT3—129	方材	T106			Lauraceae	Cinnamomum camphora	樟科	樟树
CHNT3—130	方材	T106			Cupressaceae	Sabina	柏科	圆柏属
CHNT3—131	劈开材	T106			Salicaceae	Salix	杨柳科	柳属
CHNT3—132	板材	T106			Lauraceae	Cinnamomum camphora	樟科	樟树
CHNT3—133	板材	T106					环孔材 A	
CHNT3—134	板材	T106					环孔材 A	
CHNT3—135	板材	T106					散孔材 B	
CHNT3—136	板材	T106			Anacardiaceae	Pistacia chinensis	漆树科	楷树
CHNT3—137	板材	T106			Lauraceae	Lauraceae sp. A	樟科	樟科 A
CHNT3—138	板材	T106			Anacardiaceae	Pistacia chinensis	漆树科	楷树
CHNT3—139	板材	T106			Cupressaceae	Sabina	柏科	圆柏属
CHNT3—140	劈开材	T106			Cupressaceae	Sabina	柏科	圆柏属
CHNT3—141	板材	T106			Anacardiaceae	Pistacia chinensis	漆树科	楷树

（续附表）

标本号码	器类	探方	层位	遗物号	拉丁科名	拉丁种属名	中文科名	中文属/种名
CHNT3—142	方材	T106			Anacardiaceae	Pistacia chinensis	漆树科	楷树
CHNT3—143	劈开材	T106			Cupressaceae	Sabina	柏科	圆柏属
CHNT3—144	立桩	T106					散孔材（不可鉴定）	
CHNT3—145	立桩	T106			Ulmaceae	Aphananthe aspera	榆科	糙叶树
CHNT3—146	板材	T106			Sapindaceae	Sapindus mukorossi	无患子科	无患子
CHNT3—147	立桩	T106					环孔材（不可鉴定）	
CHNT3—148	立桩	T106			Leguminosae	Albizia	豆科	合欢属
CHNT3—149	劈开材	T106			Sapindaceae	Sapindus mukorossi	无患子科	无患子
CHNT3—150	方材	T106			Juglandaceae	Platycarya strobilacea	胡桃科	化香树
CHNT3—151	立柱	T106			Moraceae	Morus	桑科	桑属
CHNT3—152	立桩	T106			Anacardiaceae	Pistacia chinensis	漆树科	楷树
CHNT3—153	立柱	T106			Cupressaceae	Sabina	柏科	圆柏属
CHNT3—154	立柱	T106			Juglandaceae	Platycarya strobilacea	胡桃科	化香树
CHNT3—155	板材	T106			Pinaceae	Pinus	松科	松属
CHNT3—156	立柱	T106			Cupressaceae	Sabina	柏科	圆柏属
CHNT3—157	立桩	T106			Ulmaceae	Ulmus	榆科	榆属
CHNT3—158	立柱	T106			Anacardiaceae	Pistacia chinensis	漆树科	楷树
CHNT3—159	垫板	T106			Anacardiaceae	Pistacia chinensis	漆树科	楷树
CHNT3—160	方材	T106			Cupressaceae	Sabina	柏科	圆柏属
CHNT3—161	板材	T106			Lauraceae	Cinnamomum camphora	樟科	樟树

（续附表）

标本号码	器类	探方	层位	遗物号	拉丁科名	拉丁种属名	中文科名	中文属/种名
CHNT3—162	板材	T106			Lauraceae	*Cinnamomum camphora*	樟科	樟树
CHNT3—163	立柱	T106			Meliaceae	*Toona sinensis*	楝科	香椿
CHNT3—164	方材	T106			Cupressaceae	*Sabina*	柏科	圆柏属
CHNT3—165	板材	T106			Lauraceae	*Cinnamomum camphora*	樟科	樟树
CHNT3—166	方材	T106			Ulmaceae	*Ulmus*	榆科	榆属
CHNT3—167	劈开材	T206			Cupressaceae	*Sabina*	柏科	圆柏属
CHNT3—168	板材	T206			Anacardiaceae	*Pistacia chinensis*	漆树科	楷树
CHNT3—169	板材	T206			Anacardiaceae	*Pistacia chinensis*	漆树科	楷树
CHNT3—170	方材	T206			Anacardiaceae	*Pistacia chinensis*	漆树科	楷树
CHNT3—171	板材	T206			Lauraceae	*Cinnamomum camphora*	樟科	樟树
CHNT3—172	板材	T206			Lauraceae	*Cinnamomum camphora*	樟科	樟树
CHNT3—173	方材	T206			Anacardiaceae	*Pistacia chinensis*	漆树科	楷树
CHNT3—174	板材	T206			Lauraceae	*Cinnamomum camphora*	樟科	樟树
CHNT3—175	板材	T206			Cupressaceae	*Sabina*	柏科	圆柏属
CHNT3—176	板材	T206			Lauraceae	*Cinnamomum camphora*	樟科	樟树
CHNT3—177	板材	T206			Lauraceae	*Cinnamomum camphora*	樟科	樟树
CHNT3—178	圆木	T206			Fagaceae	*Quercus* subgen. *Cyclobalanopsis*	壳斗科	栎属青冈亚属
CHNT3—179	板材	T206			Lauraceae	*Cinnamomum camphora*	樟科	樟树
CHNT3—180	板材	T206			Lauraceae	*Cinnamomum camphora*	樟科	樟树
CHNT3—181	板材	T206			Sapindaceae	*Sapindus mukorossi*	无患子科	无患子

（续附表）

标本号码	器类	探方	层位	遗物号	拉丁科名	拉丁种属名	中文科名	中文属/种名
CHNT3—182	方柱	T206			Theaceae	Cleyera	山茶科	红淡比（杨桐）属
CHNT3—183	板材	T306			Cupressaceae	Sabina	柏科	圆柏属
CHNT3—184	板材	T306			Lauraceae	Cinnamomum camphora	樟科	樟树
CHNT3—185	圆木	T306			Cupressaceae	Sabina	柏科	圆柏属
CHNT3—186	圆木	T306			Cupressaceae	Sabina	柏科	圆柏属
CHNT3—187	劈开材	T306			Moraceae	Morus	桑科	桑属
CHNT3—188	方柱	T306			Lauraceae	Cinnamomum camphora	樟科	樟树
CHNT3—189	方材	T306			Cupressaceae	Sabina	柏科	圆柏属
CHNT3—190	板材	T306			Lauraceae	Cinnamomum camphora	樟科	樟树
CHNT3—191	圆木	T306			Cupressaceae	Sabina	柏科	圆柏属
CHNT3—192	板材	T306			Cupressaceae	Sabina	柏科	圆柏属
CHNT3—193	圆木	T306			Lauraceae	Cinnamomum camphora	樟科	樟树
CHNT3—194	圆木	T306			Ulmaceae	Celtis	榆科	朴属
CHNT3—195	方材	T306			Ulmaceae	Ulmus	榆科	榆属
CHNT3—196	垫板	T306			Lauraceae	Cinnamomum camphora	樟科	樟树
CHNT3—197	板材	T306			Pinaceae	Pinus	松科	松属
CHNT3—198	板材	T306			Pinaceae	Pinus	松科	松属
CHNT3—199	立柱	T306			Anacardiaceae	Pistacia chinensis	漆树科	楷树
CHNT3—200	板材	T306			Pinaceae	Pinus	松科	松属
CHNT3—201	板材	T306			Pinaceae	Pinus	松科	松属

（续附表）

标本号码	器类	探方	层位	遗物号	拉丁科名	拉丁种属名	中文科名	中文属/种名
CHNT3—202	方材	T306			Fagaceae	Quercus sect. Prinus	壳斗科	栎属白栎组
CHNT3—203	板材	T306			Cupressaceae	Sabina	柏科	圆柏属
CHNT3—204	方材	T306			Anacardiaceae	Pistacia chinensis	漆树科	楷树
CHNT3—205	板材	T306			Moraceae	Morus	桑科	桑属
CHNT3—206	立柱	T306			Cupressaceae	Sabina	柏科	圆柏属
CHNT3—207	方柱	T306			Cupressaceae	Sabina	柏科	圆柏属
CHNT3—208	立桩	T306			Moraceae	Morus	桑科	桑属
CHNT3—209	立柱	T104			Caprifoliaceae	Viburnum	忍冬科	荚蒾属
CHNT3—210	劈开材	T104			Cupressaceae	Sabina	柏科	圆柏属
CHNT3—211	方柱	T104			Lauraceae	Lauraceae sp. D	樟科	樟科属 D
CHNT3—212	立桩	T104			Caprifoliaceae	Viburnum	忍冬科	荚蒾属
CHNT3—213	立桩	T104			Caprifoliaceae	Viburnum	忍冬科	荚蒾属
CHNT3—214	立柱	T104			Lauraceae	Lauraceae sp. A	樟科	樟科属 A
CHNT3—215	立柱	T104			Fagaceae	Quercus subgen. Cyclobalanopsis	壳斗科	栎属青冈亚属
CHNT3—216	圆木	T104			Lauraceae	Lauraceae sp. A	樟科	樟科属 A
CHNT3—217	圆木	T104			Lauraceae	Cinnamomum camphora	樟科	樟树
CHNT3—218	劈开材	T104			Salicaceae	Salix	杨柳科	柳属
CHNT3—219	圆木	T104			Anacardiaceae	Pistacia chinensis	漆树科	楷树
CHNT3—220	板材	T104			Anacardiaceae	Pistacia chinensis	漆树科	楷树
CHNT3—221	劈开材	T104			Cupressaceae	Sabina	柏科	圆柏属

（续附表）

标本号码	器类	探方	层位	遗物号	拉丁科名	拉丁种属名	中文科名	中文属/种名
CHNT3-222	劈开材	T104			Cupressaceae	Sabina	柏科	圆柏属
CHNT3-223	立桩	T104			Lauraceae	Cinnamomum camphora	樟科	樟树
CHNT3-224	立桩	T104			Lauraceae	Cinnamomum camphora	樟科	樟树
CHNT3-225	方材	T104			Fagaceae	Quercus subgen. Cyclobalanopsis	壳斗科	栎属青冈亚属
CHNT3-226	圆木	T104			Ulmaceae	Aphananthe aspera	榆科	糙叶树
CHNT3-227	立桩	T104			Anacardiaceae	Pistacia chinensis	漆树科	楷树
CHNT3-228	板材	T104			Lauraceae	Cinnamomum camphora	樟科	樟树
CHNT3-229	板材	T104			Fagaceae	Quercus sect. Prinus	壳斗科	栎属白栎组
CHNT3-230	立桩	T104			Salicaceae	Salix	杨柳科	柳属
CHNT3-231	立桩	T104			Fagaceae	Quercus subgen. Cyclobalanopsis	壳斗科	栎属青冈亚属
CHNT3-232	立桩	T104			Fagaceae	Quercus subgen. Cyclobalanopsis	壳斗科	栎属青冈亚属
CHNT3-233	立桩	T104			Fagaceae	Quercus subgen. Cyclobalanopsis	壳斗科	栎属青冈亚属
CHNT3-234	立桩	T204			Cupressaceae	Sabina	柏科	圆柏属
CHNT3-235	板材	T204			Fagaceae	Quercus sect. Prinus	壳斗科	栎属白栎组
CHNT3-236	立桩	T204			Fagaceae	Quercus subgen. Cyclobalanopsis	壳斗科	栎属青冈亚属
CHNT3-237	立桩	T204			Caprifoliaceae	Viburnum	忍冬科	荚蒾属
CHNT3-238	立桩	T204			Celastraceae	Euonymus	卫矛科	卫矛属
CHNT3-239	立桩	T204			Celastraceae	Euonymus	卫矛科	卫矛属
CHNT3-240	板材	T204					环孔材 B	
CHNT3-241	板材	T204			Fagaceae	Quercus subgen. Cyclobalanopsis	壳斗科	栎属青冈亚属

（续附表）

标本号码	器类	探方	层位	遗物号	拉丁科名	拉丁种属名	中文科名	中文属/种名
CHNT3—242	劈开材	T204			Lauraceae	Lauraceae sp. A	樟科	樟科 A
CHNT3—243	立桩	T204			Moraceae	Cudrania	桑科	柘属
CHNT3—244	立桩	T204			Fagaceae	Quercus sect. Prinus	壳斗科	栎属白栎组
CHNT3—245	立柱	T204			Ulmaceae	Celtis	榆科	朴属
CHNT3—246	立柱	T204			Lauraceae	Lauraceae sp. A	樟科	樟科 A
CHNT3—247	立柱	T204			Caprifoliaceae	Viburnum	忍冬科	荚蒾属
CHNT3—248	方材	T204			Anacardiaceae	Pistacia chinensis	漆树科	楷树
CHNT3—249	圆木	T204			Lauraceae	Lauraceae sp. A	樟科	樟科 A
CHNT3—250	方材	T204			Fagaceae	Quercus sect. Prinus	壳斗科	栎属白栎组
CHNT3—251	板材	T204			Cupressaceae	Sabina	柏科	圆柏属
CHNT3—252	立桩	T204			Fagaceae	Quercus subgen. Cyclobalanopsis	壳斗科	栎属青冈亚属
CHNT3—253	立桩	T204			Lauraceae	Lauraceae sp. A	樟科	樟科 A
CHNT3—254	板材	T204			Sapindaceae	Sapindus mukorossi	无患子科	无患子
CHNT3—255	立桩	T204			环孔材（不可鉴定）			
CHNT3—256	立桩	T204			Caprifoliaceae	Viburnum	忍冬科	荚蒾属
CHNT3—257	立桩	T204			Ebenaceae	Diospyros	柿科	柿属
CHNT3—258	圆木	T204			Caprifoliaceae	Viburnum	忍冬科	荚蒾属
CHNT3—259	立柱	T204			Anacardiaceae	Pistacia chinensis	漆树科	楷树
CHNT3—260	立桩	T204			Caprifoliaceae	Viburnum	忍冬科	荚蒾属
CHNT3—261	立桩	T204			Lauraceae	Lauraceae sp. A	樟科	樟科 A

（续附表）

标本号码	器类	探方	层位	遗物号	拉丁科名	拉丁种属名	中文科名	中文属/种名
CHNT3—262	方柱	T204			Fagaceae	Quercus sect. Prinus	壳斗科	栎属白栎组
CHNT3—263	方柱	T204			Lauraceae	Cinnamomum camphora	樟科	樟树
CHNT3—264	板材	T204			Lauraceae	Lauraceae sp. A	樟科	樟科 A
CHNT3—265	立柱	T204			Fagaceae	Quercus sect. Prinus	壳斗科	栎属白栎组
CHNT3—266	圆木	T204			Rosaceae	Prunus	蔷薇科	李属
CHNT3—267	方材	T204			Ulmaceae	Aphananthe aspera	榆科	糙叶树
CHNT3—268	垫板	T204			Fagaceae	Quercus subgen. Cyclobalanopsis	壳斗科	栎属青冈亚属
CHNT3—269	圆木	T105			Lauraceae	Lauraceae sp. A	樟科	樟科 A
CHNT3—270	圆木	T105			Fagaceae	Quercus subgen. Cyclobalanopsis	壳斗科	栎属青冈亚属
CHNT3—271	板材?	T105			Lauraceae	Cinnamomum camphora	樟科	樟树
CHNT3—272	方柱	T105			Juglandaceae	Platycarya strobilacea	胡桃科	化香树
CHNT3—273	立柱	T105			Lauraceae	Lauraceae sp. A	樟科	樟科 A
CHNT3—274	立桩	T105			Salicaceae	Salix	杨柳科	柳属
CHNT3—275	丫字形材	T105			Ulmaceae	Ulmus	榆科	榆属
CHNT3—276	圆木	T105			Lauraceae	Lauraceae sp. A	樟科	樟科 A
CHNT3—277	圆木	T105			Salicaceae	Salix	杨柳科	柳属
CHNT3—278	圆木	T105			Salicaceae	Salix	杨柳科	柳属
CHNT3—279	立柱	T105			Ulmaceae	Aphananthe aspera	榆科	糙叶树
CHNT3—280	横架材	T105			Fagaceae	Quercus sect. Prinus	壳斗科	栎属白栎组
CHNT3—281	立柱	T105			Lauraceae	Lauraceae sp. B	樟科	樟科 B

（续附表）

标本号码	器类	探方	层位	遗物号	拉丁科名	拉丁种属名	中文科名	中文属/种名
CHNT3—282	圆木	T105			Lauraceae	Lauraceae sp. A	樟科	樟科 A
CHNT3—283	板材	T105			Cupressaceae	Sabina	柏科	圆柏属
CHNT3—284	板材	T105					树皮	树皮
CHNT3—285	立桩	T105			Juglandaceae	Platycarya strobilacea	胡桃科	化香树
CHNT3—286	立桩	T105			Fagaceae	Quercus subgen. Cyclobalanopsis	壳斗科	栎属青冈亚属
CHNT3—287	板材	T105			Sapindaceae	Sapindus mukorossi	无患子科	无患子
CHNT3—288	板材	T105			Fagaceae	Quercus sect. Prinus	壳斗科	栎属白栎组
CHNT3—289	板材	T105			Fagaceae	Quercus sect. Prinus	壳斗科	栎属白栎组
CHNT3—290	立桩	T105			Caprifoliaceae	Viburnum	忍冬科	荚迷属
CHNT3—291	立桩	T105			Caprifoliaceae	Viburnum	忍冬科	荚迷属
CHNT3—292	板材	T105			Fagaceae	Quercus sect. Prinus	壳斗科	栎属白栎组
CHNT3—293	板材	T105			Rhamnaceae	Hovenia	鼠李科	枳椇属
CHNT3—294	板材	T105			Fagaceae	Quercus sect. Prinus	壳斗科	栎属白栎组
CHNT3—295	立桩	T105			Lauraceae	Lauraceae sp. D	樟科	樟科 D
CHNT3—296	圆木	T105			Lauraceae	Lauraceae sp. D	樟科	樟科 D
CHNT3—297	板材	T105			Fagaceae	Quercus sect. Prinus	壳斗科	栎属白栎组
CHNT3—298	立桩	T105			Salicaceae	Salix	杨柳科	柳属
CHNT3—299	板材	T105			Sapindaceae	Sapindus mukorossi	无患子科	无患子
CHNT3—300	立桩	T105			Salicaceae	Salix	杨柳科	柳属
CHNT3—301	板材	T105			Lauraceae	Cinnamomum camphora	樟科	樟树

（续附表）

标本号码	器类	探方	层位	遗物号	拉丁科名	拉丁种属名	中文科名	中文属/种名
CHNT3-302	板材	T105			Sapindaceae	*Sapindus mukorossi*	无患子科	无患子
CHNT3-303	立柱	T105			Leguminosae	*Albizia*	豆科	合欢属
CHNT3-304	圆木	T105			Sapindaceae	*Sapindus mukorossi*	无患子科	无患子
CHNT3-305	板材	T105			Rutaceae	*Phellodendron*	芸香科	黄檗属
CHNT3-306	圆木	T105			Caprifoliaceae	*Viburnum*	忍冬科	荚蒾属
CHNT3-307	立柱	T105			Anacardiaceae	*Pistacia chinensis*	漆树科	楷树
CHNT3-308	立柱	T105			Anacardiaceae	*Pistacia chinensis*	漆树科	楷树
CHNT3-309	立柱	T105			Fagaceae	*Quercus* sect. *Prinus*	壳斗科	栎属白栎组
CHNT3-310	立柱	T105			Lauraceae	*Lauraceae* sp. A	樟科	樟科 A
CHNT3-311	立柱	T205			Ulmaceae	*Aphananthe aspera*	榆科	糙叶树
CHNT3-312	立柱	T205			Styracaceae	*Styrax* sp. B	安息香科	安息香属 A
CHNT3-313	立柱	T205					散孔材 C	
CHNT3-314	板材	T205			Pinaceae	*Pinus*	松科	松属
CHNT3-315	板材	T205			Pinaceae	*Pinus*	松科	松属
CHNT3-316	立柱	T205			Lauraceae	*Lauraceae* sp. A	樟科	樟科 A
CHNT3-317	立柱	T205			Cupressaceae	*Sabina*	柏科	圆柏属
CHNT3-318	板材	T205			Hamamelidaceae	*Liquidambar*	金缕梅科	枫香树属
CHNT3-319	板材	T205			Lauraceae	*Cinnamomum camphora*	樟科	樟树
CHNT3-320	立柱	T205			Hamamelidaceae	*Liquidambar*	金缕梅科	枫香树属
CHNT3-321	立柱	T205			Lauraceae	*Lauraceae* sp. C	樟科	樟科 C

（续附表）

标本号码	器类	探方	层位	遗物号	拉丁科名	拉丁种属名	中文科名	中文属/种名
CHNT3-322	立柱	T205			Lauraceae	Lauraceae sp. A	樟科	樟科 A
CHNT3-323	方柱	T205			Anacardiaceae	Pistacia chinensis	漆树科	楷树
CHNT3-324	立桩	T205			Ulmaceae	Ulmus	榆科	榆属
CHNT3-325	立桩	T205			Anacardiaceae	Pistacia chinensis	漆树科	楷树
CHNT3-326	立柱	T204			Cupressaceae	Sabina	柏科	圆柏属
CHNT3-327	立柱	T204			Anacardiaceae	Pistacia chinensis	漆树科	楷树
CHNT3-328	板材	T204			Ulmaceae	Aphananthe aspera	榆科	糙叶树
CHNT3-329	圆木	T204			Betulaceae	Carpinus sect. Eucarpinus	桦木科	鹅耳枥属
CHNT3-330	立柱	T203			Ulmaceae	Aphananthe aspera	榆科	糙叶树
CHNT3-331	圆木	T203			Ulmaceae	Aphananthe aspera	榆科	糙叶树
CHNT3-332	板材	T203			Ulmaceae	Aphananthe aspera	榆科	糙叶树
CHNT3-333	圆木	T203			Cupressaceae	Sabina	柏科	圆柏属
CHNT3-334	圆木	T203			Anacardiaceae	Pistacia chinensis	漆树科	楷树
CHNT3-335	立柱	T203			Lauraceae	Cinnamomum camphora	樟科	樟树
CHNT3-336	圆木	T203			Anacardiaceae	Pistacia chinensis	漆树科	楷树
CHNT3-337	板材	T203			Anacardiaceae	Pistacia chinensis	漆树科	楷树
CHNT3-338	立桩	T203			Ebenaceae	Diospyros	柿科	柿属
CHNT3-339	立柱	T203			Lauraceae	Lauraceae sp. A	樟科	樟科 A
CHNT3-340	板材	T203			Sapindaceae	Sapindus mukorossi	无患子科	无患子
CHNT3-341	劈开材	T203			Fagaceae	Quercus subgen. Cyclobalanopsis	壳斗科	栎属青冈亚属

（续附表）

标本号码	器类	探方	层位	遗物号	拉丁科名	拉丁种属名	中文科名	中文属/种名
CHNT3—342	方材	T303			Anacardiaceae	*Pistacia chinensis*	漆树科	楷树
CHNT3—343	劈开材	T303			Ulmaceae	*Ulmus*	榆科	榆属
CHNT3—344	板材	T302			Lauraceae	*Cinnamomum camphora*	樟科	樟树
CHNT3—345	板材	T302			Lauraceae	*Cinnamomum camphora*	樟科	樟树
CHNT3—346	立柱	T302			Cupressaceae	*Sabina*	柏科	圆柏属
CHNT3—347	圆木	T302			Ulmaceae	*Ulmus*	榆科	榆属
CHNT3—348	圆木	T302			Cupressaceae	*Sabina*	柏科	圆柏属
CHNT3—349	板材	T302			Hamamelidaceae	*Liquidambar*	金缕梅科	枫香树属
CHNT3—350	板材	T302			Hamamelidaceae	*Liquidambar*	金缕梅科	枫香树属
CHNT3—351	立柱	T302			Cupressaceae	*Sabina*	柏科	圆柏属
CHNT3—352	立柱	T302			Lauraceae	*Lauraceae* sp. A	樟科	樟科 A
CHNT3—353	圆木	T302			Cupressaceae	*Sabina*	柏科	圆柏属
CHNT3—354	圆木	T302			Cupressaceae	*Sabina*	柏科	圆柏属
CHNT3—355	劈开材	T301			Lauraceae	*Cinnamomum camphora*	樟科	樟树
CHNT3—356	板材	T301			Moraceae	*Morus*	桑科	桑属
CHNT3—357	圆木	T301			Anacardiaceae	*Pistacia chinensis*	漆树科	楷树
CHNT3—358	立柱	T301			Meliaceae	*Toona sinensis*	楝科	香椿
CHNT3—359	垫板	T304			Lauraceae	*Cinnamomum camphora*	樟科	樟树
CHNT3—360	垫板	T304			Lauraceae	*Cinnamomum camphora*	樟科	樟树
CHNT3—361	立柱	T304			Anacardiaceae	*Pistacia chinensis*	漆树科	楷树

（续附表）

标本号码	器类	探方	层位	遗物号	拉丁科名	拉丁种属名	中文科名	中文属/种名
CHNT3—362	立桩	T304			Cupressaceae	Sabina	柏科	圆柏属
CHNT3—363	立桩	T304					散孔材（不可鉴定）	
CHNT3—364	立柱	T304			Cupressaceae	Sabina	柏科	圆柏属
CHNT3—365	立柱	T304			Anacardiaceae	Pistacia chinensis	漆树科	楷树
CHNT3—366	树根	T203 H4pit			Theaceae	Camellia	山茶科	山茶属
CHNT3—367	树根	T204			Theaceae	Camellia	山茶科	山茶属
CHNT3—368	树根				Theaceae	Camellia	山茶科	山茶属
CHNT3—369	树根				Theaceae	Camellia	山茶科	山茶属
CHNT3—370	树根				Theaceae	Camellia	山茶科	山茶属
CHNT3—371	树根				Theaceae	Camellia	山茶科	山茶属

田螺山遗址植物硅酸体分析

宇田津彻朗[1]　郑云飞[2]

(1. 日本宫崎大学　2. 浙江省文物考古研究所)

一　引言

禾本科、莎草科等草本植物,以及樟科、壳斗科等木本植物具有从土壤中吸收硅元素在细胞壁沉积的特点。随着二氧化硅沉积,这些植物体中会形成具有细胞形状的硅质外壳,这些硅质外壳在植物学上通常称为植物硅酸体(Silica body)。植物枯萎死亡后,植物体分解,而植物硅酸体则以原有的形态残留在土壤中。

植物硅酸体成为土壤粒子后,通常称为植物蛋白石(Plant opal)、植物化石(Phytolith)等,大小一般在 $20\sim100\mu m$ 之间。

植物硅酸体的主要成分为二氧化硅,耐化学分解、物理风化,如果保存条件好,可以在土壤中永久保存。另外植物耐热性也很强,几乎和玻璃相同,因此在烧制温度 $800℃$ 以下的陶器中也有可能发现。

不同植物以及植物的不同器官产生的植物硅酸体形状、大小是不同的,分析考古遗址检出的植物硅酸体,可以获得遗址存续期间植物种类的信息。由禾本科植物叶片中运动细胞发展而来的硅酸体(运动细胞硅酸体),形态上的种属特征十分明显,通过它们能够鉴定出许多禾本科植物种类,特别是在稻等农作物的鉴定方面具有重要意义。通过对土壤中植物硅酸体的分析进行古代植被、农耕的研究和复原的方法,通常称为植物硅酸体分析法[1]。

下面就田螺山遗址的植物硅酸体分析结果进行介绍和讨论。

---

① 宇田津徹朗(2003)「プラント・オパール分析」『環境考古学マニュアル』(編集 松井章),同成社,p.138－146.

二　材料和方法

(一)分析材料

分析材料采自田螺山遗址 T103 探方西壁,计 18 份土样,详细情况后面叙述。另外还在发掘区的北侧进行了钻孔调查,采取土样 37 份作为补充。合计土样 55 份。

(二)材料处理和分析

分析材料按定量分析要求进行处理后,进行定量分析,详见后述。另外,为了了解古稻的系统特性,对土壤中的稻硅酸体进行了形状解析。

(1)植物硅酸体定量分析[①]

通过定量分析可获得每克土壤中包含的各种禾本科植物硅酸体数量。

定量分析采用玻璃珠法。在每克土壤中加入约 30 万个玻璃珠。由于加入的玻璃珠大小(直径 $30\sim40\mu m$)、成分(SiO_2)和运动细胞硅酸体基本相同,因此它们在材料分析过程中所受到的物理和化学影响也基本相同,可以认为土壤中植物硅酸体和玻璃珠的数量比材料处理前后基本没有变化。在此基础上,通过用显微镜同时对植物硅酸体和玻璃珠进行计数,就可以算出每克土壤中的各种禾本科植物硅酸体数量。

在光学显微镜下放大 $100\sim400$ 倍后,根据植物硅酸体的大小、形状、以及底面的纹饰等特点进行综合判断,鉴定出硅酸体的植物源。这次对田螺山遗址的定量分析主要针对禾本科植物中的稻($Oryza\ sativa$ L.)、芦苇(Phragmites)、竹子(Bambusoideae)、芒草(Andoropogoneae)、黍族(Paniceae)等硅酸体进行的。

(2)植物硅酸体形状解析(栽培稻亚种的推测)

稻可分籼稻(indica)和粳稻(japonica)两个亚种,它们的栽培条件和栽培技术是不一样的,搞清栽培稻两个亚种的起源对研究稻作起源、传播以及变迁具有十分重要的意义。

如图 1 所示,稻硅酸体形状在两个亚种之间是存在差异的[②],目前利用硅酸体形状来

①　藤原宏志(1976)「プラント? オパール分析法の基礎的研究(1)－数種イネ科栽培植物の珪酸体標本と定量分析法一」『考古学と自然科学』9, p. 15－29.

②　A. 宇田津徹朗(2003)「プラント・オパール分析」『環境考古学マニュアル』(編集 松井章),同成社, p. 138 －146.

B. Udatsu, T. , and H. Fujiwara, Application of the Discriminant Function to Subspecies of Rice (Oryza sativa) Using the Shape of Motor Cell Silica Body. *Ethnobotany* 5, p. 107－116, 1993.

进行亚种判别的方法已经基本确立①。通过对土壤、陶器胎土中发现的稻硅酸体形状进行分析,可以了解当时栽培稻的亚种特性。具体方法如下。

随机对检出的 50 个稻硅酸体进行形状参数(如图 2 所示)的测定,用下面的判别式:

判别值＝0.497×长－0.299×宽＋0.136×厚－3.815×(b/a)－8.957

(判别值<0:籼稻、判别值>0:粳稻)

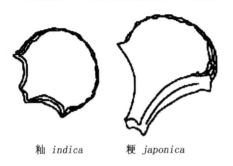

籼 indica　　粳 japonica

图 1　两个亚种的硅酸体形状

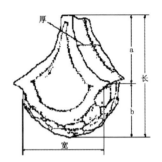

图 2　稻硅酸体形状的测定部位

进行亚种判别。用于判别亚种的硅酸体形状特征参数有 4 个,即长、宽、厚以及 b/a(图 2 中 b 值除以 a 值)。我们已经利用此判别式对草鞋山等稻作遗址进行了判别,结果显示长江下游地区新石器时代的稻作以栽培粳稻类型为主②。

三　分　析　结　果

(一)T103 探方西壁土样的定量分析结果

分析结果显示沙层下 0～120cm(相当于文化层⑤～⑧层)的土壤中含有稻硅酸体,其中不仅有运动细胞硅酸体,而且还有由颖壳表皮细胞发展而来的硅酸体(图 3),因此鉴定是没有问题的。表 1 是 T103 探方西壁土样的硅酸体定量分析结果。

日本学术界一般以每克土壤中含有 5,000 个以上稻硅酸体,作为是否是水田遗迹的判定标准,但在一些土壤堆积速度快、堆积时间短的遗址,也有出现 2,000 个以下的情况③。田螺山遗址文化层的土壤稻硅酸体密度都超过这个数值,从密度角度可见,田螺山遗址在河姆渡文化时期可能已经存在着稻作农耕。

①　王才林,宇田津徹朗,藤原宏志,郑云飞「(1996)イネの機動細胞珪酸体形状における主成分分析およびその亜種判別への応用」『考古学と自然科学』34,p.53－71.

②　宇田津徹朗,藤原宏志,湯陵華,王才林(2000)「新石器時代遺跡の土壌および土器のプラント・オパール分析 －江蘇省を中心として－」『日本中国考古学会会報』10,p.51－66.

③　宮崎県都城市教育委員会編(2006)「坂元 A 遺迹、坂元 B 遺迹」『都城市文化財調査報告書第 71 集』。

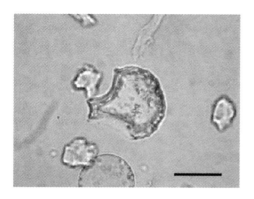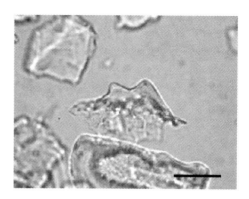

图 3　土壤中的植物硅酸体

（左：运动细胞硅酸体　右：颖壳硅酸体，比例尺为 $50\mu m$）

表 1　T103 探方西壁土壤定量分析结果

土样序号	深度（cm）	植物硅酸体密度（个/g）				
		稻（O. sativa）	芦苇属（Phrag.）	竹亚科（Bamb.）	芒草（Andro.）	黍属（Pani.）
1	0	18,659	889	889	5,775	889
2	20	316	316	631	1,262	0
3	40	0	0	0	0	622
4	60	0	0	0	1,003	0
5	80	0	302	0	905	0
6	100	0	0	0	1,844	0
7	120	0	0	333	666	0
8	140	0	0	220	660	220
9	160	0	0	333	333	0
10	180	0	407	407	0	0
11	200	1,080	360	360	360	360
沙层下　0cm	220	76,541	0	0	1,682	0
沙层下 20cm	240	73,212	747	0	0	2,988
沙层下 40cm	260	62,342	0	0	2,200	2,200
沙层下 60cm	280	37,208	677	677	2,706	0
沙层下 80cm	300	58,363	687	687	687	2,060
沙层下 100cm	320	10,045	1,116	0	2,232	0
沙层下 120cm	340	3,087	1,323	0	882	441

　　稻硅酸体数量和稻生物产量存在着一定的相关性，从土壤中稻硅酸体密度，可以对稻谷生产量进行估算。例如沙层 80cm 处土壤中的硅酸体密度为 58,363 个/g，如果用日

本稻米（赤米）的换算系数[1]进行计算，则 1m²、1cm 厚土壤中的稻硅酸体，来自于相当于地上部干物质约 17Kg 的植株，可生产稻谷约 6Kg，折合每 1,000m² 的稻谷产量就是 6,000Kg。以此类推，沙层下面 1000m² 的总产量为 660,000Kg，假定砂层以下文化层存续时间为 1500 年，则 1000m² 年产量就相当于 440Kg。如此高的年产量，已经超过了现代农业技术引入前的日本稻谷单产。尽管换算系数方面可能存在着问题，但主要问题可能是取样地点不是农耕遗迹的缘故，从发掘情况看，这里很有可能是存放或丢弃稻草等杂物的场所。

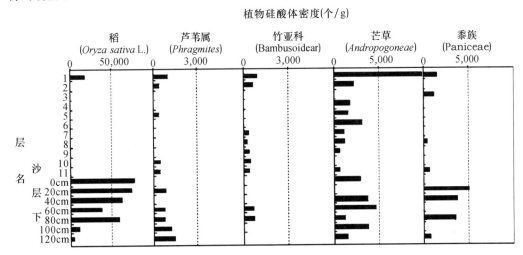

植物硅酸体密度(个/g)

图 4   T103 探方西壁植物硅酸体密度的变化

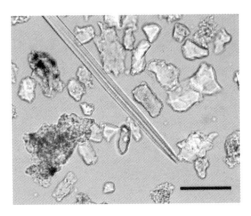

图 5   土壤中的海绵骨针(比例尺为 50μm)

如图 4 所示，土壤中的芦苇硅酸体数量较少，但其密度变化和稻的密度变化趋势是相反的，另外，土壤中还发现可能是水田杂草的黍族硅酸体。因此，取样地在某个时段曾经作为稻田使用的可能性也不能不考虑。

从遗址的立地条件看，这里很容易受到海侵、海退的影响。在土壤样品 3~10 中，几乎没有发现稻的硅酸体发现，但发现了许多海绵骨针[2]（图 5），这可能是海侵影响的反映。

①   杉山真二(2000)第 7 章「植物珪酸体（プラント・オパール）」『考古学と植物学』（编集 辻 誠一郎），同成社，pp. 189－213.
②   宇津川徹，上条朝宏(1980)「土器胎土中の動物珪酸体について」(1).『考古学ジャーナル』181，p. 22－25.
　　宇津川徹，上条朝宏(1980)「土器胎土中の動物珪酸体について」(2).『考古学ジャーナル』184，p. 14－17.

图 6　钻孔取样地点

(二)发掘区北侧钻孔材料的定量分析

如上所述,在 T103 探方西壁土样中发现了高密度的稻硅酸体,但这里是水田的可能性很小,最有可能是堆积或丢弃稻草的地方。为了进一步确认遗址中所见到的植物硅酸体变化趋势,充实数据,以及了解与该遗址有关稻作生产的变迁,我们还在遗址的周边进行了钻孔取样和分析。如图 6 所示,两个钻孔取样地点在遗址北侧,遗址现场位于照片中建筑物处,现在已经建有大型保护设施。

分析结果显示,可能堆积形成于河姆渡文化时期的表土下 1.5～2m 的地层中,稻硅酸体数量很多,每克土壤中的硅酸体数量达 3,000～10,000 个,表明在这个深度的地层中埋藏古水田可能性很高。另外,地层中稻和芦苇硅酸体密度变化也很有意义,出现了此消彼长的趋势(图 7、8),这种植物硅酸体密度变化规律符合水田开发、稻作发展的一般规律。

表土(现在的水田)的稻硅酸体密度是钻孔材料中密度最高的,每克土壤达 2,6476 个。现在收获时一般稻草都还田,如果以这个数值作为判断水田标准的话,那么 T103 西壁的密度就是它的数倍,可见 T103 西壁取样点很可能稻草堆积或废弃的场所。

尽管土样中不同植物硅酸体密度变化有所不同,但从中还是可以看出稻作农耕曾经有过中断。如果考虑到 T103 的地层堆积情况,这很可能是由于海侵引起的稻作生产中断。

关于生产遗迹今后有必要进一步进行钻孔调查和地层对应关系的确认,以上结果表明遗址周围距地表 1～3m 土层中埋藏着古水田遗迹的可能性很大。

植物硅酸体密度(个/g)

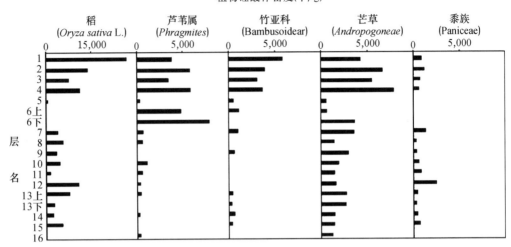

图 7　钻孔 1 号植物硅酸体密度的变化

植物硅酸体密度(个/g)

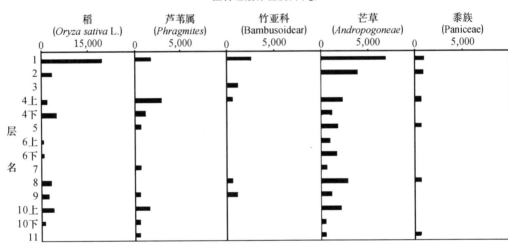

图 8　钻孔 2 号植物硅酸体密度的变化

(三)从硅酸体形状看田螺山遗址的栽培稻的系统特性

T103 探方西壁西壁沙层下 80cm(相当于⑦层)稻硅酸体的形状解析结果如表 4 所示。表中跨湖桥遗址数据是根据跨湖桥遗址报告所载的数据计算出来的[1]。

---

[1]　浙江省文物考古研究所、萧山博物馆《跨湖桥——浦阳江流域考古报告之一》,文物出版社,2004 年。

表 2　钻孔土样的定量分析结果(1 号)

层名	深度(cm)	植物硅酸体密度(个/g)				
		稻(O. sativa)	芦苇属(Phrag.)	竹亚科(Bamb.)	芒草(Andro.)	黍族(Pani.)
1	0	26,476	3,782	5,884	4,203	841
2	13	13,662	5,855	3,903	6,636	1,171
3	25	7,154	3,407	3,066	5,451	681
4	31	10,970	5,907	3,657	7,876	563
5	34	244	244	487	487	0
6	47	0	4,822	1,072	536	0
6 下	51	0	7,979	0	3,546	0
7	55	3,503	637	955	3,503	1,274
8	80	5,271	527	0	1,318	264
9	90	3,176	0	577	2,887	289
10	125	4,191	1,048	0	1,833	524
11	150	1,092	546	0	1,365	819
12	180	10,450	307	0	1,537	2,459
13	195	7,325	386	386	2,699	386
13 下	208	2,347	0	261	2,607	261
14	222	1,977	198	593	1,384	395
15	234	5,006	0	334	1,335	668
16	253	0	285	0	1,139	0

表 3　钻孔土样的定量分析结果(2 号)

层名	深度(cm)	植物硅酸体密度(个/g)				
		稻(O. sativa)	芦苇属(Phrag.)	竹亚科(Bamb.)	芒草(Andro.)	黍族(Pani.)
1	0	19,755	1,718	2,577	6,871	859
2	20	3,121	0	0	3,901	780
3	40	0	0	1,145	0	0
4	60	1,723	2,872	574	2,297	574
4 下	80	4,554	1,139	0	1,139	0
5	90	0	589	0	1,768	589
6	100	416	0	0	832	0
6 下	120	558	9	9	1,673	0
7	140	0	610	0	610	0
8	200	2,861	0	572	2,861	572
9	210	2,174	544	1,087	1,087	0
10	225	3,692	1,582	0	2,110	0
10 下	250	925	462	0	462	0
11	275	0	497	0	497	497

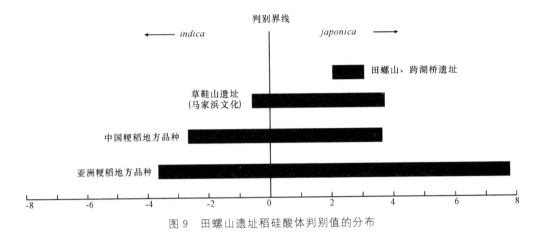

图 9   田螺山遗址稻硅酸体判别值的分布

表 4   稻硅酸体形状解析结果

层名	形状特征参数				判别值	判别结果
	长/μm	宽/μm	厚/μm	b/a		
T103 砂层下 80cm	44.14	36.63	33.39	0.952	2.94	*japonica*
跨湖桥 7 层	41.11	34.19	32.59	0.91	2.21	*japonica*
跨湖桥 8 层	40.51	32.91	30.81	0.92	2.03	*japonica*
跨湖桥 9 层	41.87	33.38	28.79	0.91	2.32	*japonica*

　　稻硅酸体的形状数据反映的是采取分析土样地层在堆积期间硅酸体形状的总体情况,因此判别结果也是此土层堆积期间栽培稻系统特性的主要特点。图 9 在表示出田螺山遗址、跨湖桥遗址稻硅酸体判别值的同时,还表示出草鞋山遗址以及中国和亚洲粳稻地方品种的判别值。如图所示,田螺山遗址检出的稻硅酸体的判别值位于亚洲和中国栽培稻地方种的粳稻分布区域内,而且数值较大,可以认为当时栽培的是粳稻。

　　从图中还可以看到,与田螺山遗址地理位置相似、年代相近的跨湖桥、草鞋山遗址[①]的稻硅酸体在判别值上也具有共同性,这是十分有意义的。一般情况,稻的亚种或生态型和栽培技术(栽培水平和方式)有着密切的关系,今后还需要在这方面积累更多的数据。

---

①   A. 宇田津徹朗,王才林,柳沢一男,佐々木章,鄒江石,湯陵華,藤原宏志(1994)「中国・草鞋山遺跡における古代水田址調査(第 1 報)—遺跡周辺部における水田址探査—」『日本文化財科学会誌』第 30 号,p.23—36.
　　B. 王才林,宇田津徹朗,藤原宏志,佐々木章,湯陵華(1994)「中国・草鞋山遺跡における古代水田址調査(第 2 報)—遺跡土壌におけるプラント・オパール分析—」『日本文化財科学会誌』第 30 号,p.37—52.

四 总 结

通过对田螺山遗址的植物硅酸体分析,主要获得了以下三方面的收获。

(1)稻作是田螺山遗址主要的农耕方式,到目前为止至少出现过两次稻作农耕中断,中断的原因可能是海侵引起的。

(2)T103探方土样中的稻硅酸体密度相当高,尽管不能排除这里曾经有过短时期的稻田利用史,但属于稻草堆积或废弃地方的可能性较大。

(3)从钻孔调查的结果看,地表下1～3米地层中有农耕遗迹埋藏的可能性很高,今后有必要在遗址周围进行农耕遗迹的探查和发掘。

田螺山遗址 2004 年出土哺乳动物
遗存的初步分析

张颖[1]　袁靖[2]　黄蕴平[1]　松井章[3]　孙国平[4]

（1. 北京大学中国考古学研究中心　2. 中国社会科学院考古研究所
3. 日本奈良文化财研究所　4. 浙江省文物考古研究所）

一　概况

田螺山遗址位于浙江省余姚市，与河姆渡遗址分别位于姚江两岸，直线距离仅7千米。2004年2月开始进行第一次正式发掘，地层分为8层，第①层和第②层为晚期堆积，出土很多现代砖块等。第③层至第⑧层为河姆渡文化。各地层均出土大量动物骨骼，保存非常完整，出土时颜色如新。对这些动物遗存的采集工作做的比较细致，遗存均按照地层单位采集和存放，特别是对遗址中特殊的遗迹单位，如鱼骨坑和龟甲坑：将鱼骨坑的遗存全部采集，用孔径大小不同的筛子筛选，然后进行分类鉴定和统计[①]。

对动物骨骼的整理以出土单位为准，地层则按不同探方分类，并对每一个单位内的骨骼逐一编号，以便于研究时能够将数据库中的内容与实物相对应。鉴定时尽可能做到细致，鉴定内容包括了动物种属、骨骼名称、保存部位、年龄、性别、人工痕迹等；对于破碎没有鉴定特征的骨骼碎片归为碎骨处理，统计了数量。由于标本数量巨大且很大部分都保存有可测量部位，目前尚未完成所有标本的测量工作，因此这里不加以讨论。

此外选择了部分鹿、牛和猪的标本进行同位素测定，以研究动物的食性，并通过与人类骨骼同位素结果的比较，从而了解当时的动物驯化情况[②]。

动物种类包括鱼类、两栖类、爬行类、鸟类、哺乳动物几个大类，基本都是遗址附近的原生动物，生活环境遍及淡水河湖、海洋、丘陵等。此次对动物骨骼的整理主要讨论哺乳动物部分，对于鱼类、爬行类和鸟类仅进行了简单的分类和鉴定，不在本文讨论范围之内。

---

① 详见本书中岛经夫等《田螺山遗址K3鱼骨坑内的鲤科鱼类咽齿》一文。
② 此批样品尚在测定中，成果以后发表。相关同位素研究参见本书南川雅男一文。

二　哺乳动物骨骼的研究

(一)概况

本文整体按照地层顺序,讨论对田螺山 2004 年发掘的动物骨骼的鉴定和统计结果。2004 年共出土动物骨骼 8620 件,除去保存情况较差及鉴定特征不明显的部分,可鉴定标本为 4321 件,占总数的 50.1%,表明骨骼的整体保存效果较好。

表 1　田螺山遗址各个时期的动物骨骼数量对照表

层位	动物骨骼总数	可鉴定标本数(NISP)	NISP/总数(%)
⑧	163	67	41.1
⑦	684	473	69.2
⑥	1649	848	51.4
⑤	3258	1557	47.8
④	1528	748	49.0
③	1077	464	43.1
K3⑦①	261	174	66.7
总数	8620	4321	——

遗址的文化堆积中,第⑤层是动物骨骼分布最为密集的层位,向两侧依次减少。由于 2004 年田螺山遗址仅完成了第一期发掘,发掘范围以中、上部地层为主,只有极少数探方挖到了第⑦、⑧层,因此下部地层中动物

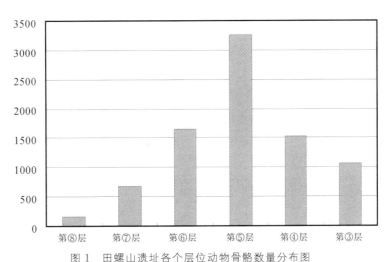

图 1　田螺山遗址各个层位动物骨骼数量分布图

---

① K3 是兴建田螺山遗址现场保护展示厅时统一编号的桩基坑(共 8 个),工程建设时进行了抢救性发掘,其中 K3⑦层出土丰富有机质遗存,文化堆积保存较好,由于 K3 与发掘区尚有一段距离,且 14C 年代显示比发掘区内⑦层略早,因此这里单独统计并进行讨论。

骨骼的分布情况尚无法得知,有待进一步的发掘和整理。但是从目前的数据来看,第⑤层骨骼分布密集是毋庸置疑的。

动物的种类在不同时期比较类似,没有出现大的变化,主要有如下几种:

灵长目 Primates
  猴科 Cercopithecidae
    猕猴 *Macaca mulatta*
啮齿目 Rodentia
  豪猪科 Hystricidae
    豪猪 *Hystrix hodgsoni*
食肉目 Catnivora
  犬科 Canidae
    狗 *Canis familiaris*
    貉 *Nyctereutes procyonoides*
  熊科 Ursidae
    黑熊 *Selenarctos thibetanus*
  鼬科 Mustelidae
    水獭 *Lutra lutra*
    青鼬 *Martes fiavigula*
    獾 *Arctonyx collaris*
  灵猫科 Viverridae
  花面狸 Paguma larvata
  猫科 Felidae
    豹 *Panthera* sp.
    猫 *Felis* sp.
偶蹄目 Artiodactyla
  猪科 Suidae
    野猪 *Sus scrofa*
    猪 *Sus* sp.
  鹿科 Cervidae
    麋鹿 *Elaphurus davidianus*
    水鹿 *Cervus unicolor*
    梅花鹿 *Cervus nippon*
    黄鹿 *Muntiacus reevesi*

　　　　大角麂 *Muntiacus gigas*

　　　　獐 *Hydropotes inermis*

　　牛科 Bovidae

　　　　水牛 *Bubalus* sp.

　　以上动物绝大多数都是野生动物,其中尤其以几种偶蹄目动物为主,特别是梅花鹿、黄麂和水鹿等几种鹿,是人们的主要捕猎对象。

　　对于鹿科动物的统计需要特别说明。由于仅凭四肢骨难以判定各个鹿的种属,因此在统计时主要依骨骼的大小分为大型、中型、小型三类,经过初步研究,发现这一分类标准同样可以反映遗址周围的环境和人类捕猎能力的变化。田螺山地区生活的大型鹿包括麋鹿和水鹿,体长近 2 米,肩高 1.2～1.4 米,体重依性别和个体差异差别较大,基本分布在 120～210 千克范围内。中型鹿本地区只有梅花鹿一种,体长 1.4～1.7 米,肩高一般 0.9～1.0 米,成体体重基本分布在 100～150 千克,性别差异较明显。

　　对小型鹿的鉴定比较复杂。浙江一带分布的小型鹿有几种,包括黄麂(*Muntiacus reevesi*)、獐(*Hydropotes inermis*)、黑麂(*Muntiacus crinifrons*)和毛冠鹿(*Elaphodus cephalophus*)等。其中黄麂的分布范围较广,体长 0.8～0.9 米,肩高 40～55 厘米,体重只有 10～15 千克。雄性有角,也有獠牙,但比獐牙粗短得多。獐的体型较黄麂稍大,无角,雄性有细长锐利的上犬齿,遗址中只发现了 1～2 件。而且獐的下 P4 嚼面形态比较特殊,通过对下颌骨的观察,遗址中只存在极少数獐。黑麂体型比黄麂大,骨骼形态也有些许差别,关键在于二者的生境不同。黑麂主要栖息于海拔 1000 米左右的山区常绿阔叶及常绿、落叶阔叶混交林的芒杆丛或灌木丛中;黄麂主要栖息于 400～500 米以下多灌丛的丘陵或山麓。毛冠鹿的犬齿形状与黄麂相似,但角很短小,遗址中未发现这类鹿角。而且毛冠鹿的栖息地集中于山地和丘陵的常绿阔叶林、针阔混交林和灌丛邓生境,在江南丘陵地区,一般分布在海拔 300～800 米的林区,介于黑麂和黄麂之间。田螺山遗址的海拔很低,只有 2～3 米,历史上曾经出现在海边;四周围绕低矮丘陵,多灌木。从几种小型鹿的不同生境来判断,田螺山遗址的小型鹿可能以黄麂为主。

　　在下一阶段工作中会对鹿科动物的骨骼进行全面测量,从骨骼形态和大小进一步区分各个种类。

　　为便于统计,根据牙齿萌出和磨耗程度不同,将所有鹿的年龄分为六个阶段(附图三),所对应的牙齿情况依次为。

　　第 1 阶段:出生至 M2 完全萌出前。

　　第 2 阶段:M2 完全萌出至 M3 完全萌出前。

　　第 3 阶段:M3 完全萌出并开始磨蚀,至齿冠磨到牙齿高度的 3/4 左右,此时 M1、M2 磨蚀程度会比 M3 略大,P2～P4 萌出并磨蚀。

第 4 阶段:M3 三页的齿尖均完全张开,齿冠磨到牙齿高度的 3/4,至 M3 磨到牙齿高度的 1/2。P2~P4 牙齿嚼面磨平。

第 5 阶段:M3 磨到牙齿高度的 1/2 左右,最低到 1/3。P2~P4 至少磨到牙齿高度的一半。

第 6 阶段:前臼齿和臼齿均磨蚀到很低,几乎仅存齿质,不见釉质环;齿冠可能全部磨蚀完毕。

以下按照层位顺序分别讨论各种哺乳动物的情况。

(二)K3 第⑦层

K3 与主发掘区相差一段距离,因此与其余探方的第⑦层分开统计。

动物骨骼数量总共 261 件,占骨骼总数的 3.0%。可鉴定标本 174 件,占全部可鉴定标本的 4.0%。动物种类主要有猪、水牛、水鹿、梅花鹿、黄麂、獾、猫和水獭等,共 19 个个体。其中梅花鹿的数量较多,最小个体数为 8;其余种类的个体数均较少,不具有统计意义,因此只作简要分析。

猪骨数量很少,只有 9 件,最小个体数为 2,占个体总数的 8.7%。根据下颌骨牙齿的萌出和磨蚀程度判断,年龄分别为 20~22 月龄和 2~2.5 岁。死亡年龄较小,但是数量太少,不具有统计意义。标本上没有烧过和其他的人工痕迹。

水牛骨共 26 件,最小个体数为 2,占总个体数的 8.7%。综合所有骨骼的情况看,分别为一幼年个体和一成年个体。k3⑦:101,水牛右侧角,幼年。k3⑦:106,左侧桡骨远端,已愈合,约在 4 岁以上。烧骨 1 件,为股骨近端碎块;一件肋骨上有砍痕。

大型鹿骨骼共 29 件,根据右侧跟骨判断最小个体数为 3,占个体总数的 13.0%;其中 2 个个体跟骨未愈合,1 个个体已经愈合。

中型鹿(梅花鹿)骨骼共 52 件,占 K3 第⑦层骨骼总数的 19.9%,最小个体数为 8,占 K3 第⑦层动物个体总数的 34.8%,年龄分布情况见下表。

相当于青壮年期的第 3~4 阶段梅花鹿死亡率最高,第 1、2 阶段的幼年个体和第 5、6 阶段的中老年个体死亡率大致相同。种群中以年轻个体为主,约 62.5% 的个体平均寿命都在 4 岁左右以下。盛和林等对现生梅花鹿群的年龄做过研究[1],所采用的标本绝大多数为自然死亡,结果如表 3。本文分类中的第 3 阶段大约相当于表中的"亚成体",年龄大约为 1.5~2 岁。表 3 中,幼鹿死亡比率最高,其次为成年和老年梅花鹿;亚成体生命力最强,因而死亡率最低。K3 第⑦层的梅花鹿群刚好与此相反。鹿群的死亡年龄组成与面对的捕猎压力有很大关系,这一点在下面对小型鹿的讨论中将做更详细的分析。对年

---

[1]　盛和林:《中国鹿科动物》,《生物学通报》1992 年 5 期。

齡结构的分析表明,田螺山地区的梅花鹿群也承受了一定的被捕猎压力,但程度不如小型鹿,这可能与其体形较大,较难捕获有关。

小型鹿骨骼 39 件,最小个体数为 5,占个体总数的 21.7%。其中 1 个幼年个体,K3⑦：21,右侧下颌骨,dM3 未脱落,M1 齿尖开始张开,相当于第 1 阶段。其余 4 个个体都属于第 3 阶段,为个体总数的 80%。

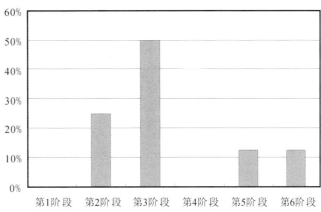

图 2　田螺山遗址 K3 第⑦层中型鹿死亡年龄分布图

其他哺乳动物中,獾骨骼 4 件,猫骨骼 1 件,水獭骨骼 1 件,最小个体数都为 1。

表 2　田螺山遗址 K3 第⑦层中型鹿死亡年龄分布表

年龄	第 1 阶段	第 2 阶段	第 3 阶段	第 4 阶段	第 5 阶段	第 6 阶段
个体数	0	2	4	0	1	1
比例(%)	0	25	50	0	12.5	12.5

表 3　梅花鹿自然死亡数的性别及年龄结构

年龄＼性别	老♂	成♂	亚成♂	老♀	成♀	亚成♀	幼鹿
死亡数	2	3	1	1	2	0	4
死亡率%	15.38	23.08	7.69	7.69	15.38	0	30.77

(三)第⑧层

动物骨骼数量很少,只有 163 件,占骨骼总数的 1.9%,全部出于 T103①。其中可鉴定标本 67 件,占全部可鉴定标本的 1.5%。种类有猪、水牛、水鹿、梅花鹿、黄麂、猴、獾、猫等,数量都很少,共 12 个个体,因此只作简要介绍。

猪骨只有 8 件,根据 2 件可以判断年龄的下颌骨判断,最小个体数为 2,占个体总数的 16.7%;其一为 9～10 月龄的个体,另一为成年个体,雄性。

---

① 原因之一是 2004 年发掘区内未全部发掘至第⑧层。

水牛骨也只有 8 件,代表 1 个个体,占个体总数的 8.3%。从一件左侧下颌骨判断,死亡年龄为 3 岁左右。

大型鹿骨骼共 9 件,最小个体数为 1,占个体总数的 8.3%。其中有 1 件水鹿角,没有发现麋鹿角。没有发现保存较好的下颌骨,无法判断年龄。

中型鹿,即梅花鹿,共有 20 件骨骼,最小个体数为 2,占个体总数的 16.7%。T103⑧：13,梅花鹿髌骨,关节面上有许多刻划痕,可能是肢解时留下的。

小型鹿骨骼共 11 件,最小个体数为 2,占个体总数的 16.7%。

其他哺乳动物中,猴骨骼 3 件,最小个体数为 2。T103⑧：3,完整下颌骨,M2,M3 齿质连成一片,M1 很小,与 M2 之间空隙很大。T103⑧：49,左侧下颌骨,I1 釉质包住部分齿根,可能是病理特征。獾和猫的骨骼都只有 1 件,最小个体数为 1。

(四)第⑦层

动物骨骼总数为 684 件,占总数的 7.9%。其中可鉴定标本 473 件,占所有可鉴定标本数的 10.9%。动物种类与第⑧层类似,有猪、水牛、水鹿、梅花鹿、黄麂、貉、獾、野猫、熊,共 35 个个体。

从表 4 中可以看出,中型鹿(梅花鹿)是人们的主要捕食对象,大约占所有动物个体总数的 1/3。其次为小型鹿和大型鹿,鹿科动物占总个体数的 64.7%。

由于发掘范围所限,动物骨骼只出现在 T103、T301、T303 和 T304 几个探方。T303 和 T304 的数量极少,T103 和 T301 几乎各占总数的一半(表 5)。

1. 猪

共 24 件猪骨,最小个体数为 3,代表 3 个不同年龄的个体。

T301⑦：136,左侧完整肱骨,近端未愈合,应为一幼年个体。

T301⑦：54,右侧上颌骨,保存 P2～M1 段,M1 梅花状,P4 已出,稍微磨蚀,约 1.5 岁。

T103⑦：142,左侧下颌骨,M3 齿尖已磨平,约 28～30 月龄。

可以确定的是,这时猪还只是人们肉食来源的次要组成部分。

2. 水牛

第⑦层的水牛骨骼共有 21 件,最小个体数为 2,由两件桡骨远端判断得出。

T103⑦：21,右侧桡骨远端,未愈合,为一脱落的关节端。

T301⑦：109,桡骨远端,愈合,已成年。桡骨远端约在 3.5～4 岁时愈合,因此这件标本应代表一个四岁以上的个体。

T301⑦：1,右侧下颌骨,保留有 M2～M3 后段,M3 齿尖经过磨蚀已经张开,大约 3～3.5 岁,与 T103⑦：21 年龄相当,可能属于一个个体。

表 4　田螺山遗址第⑦层主要动物种类的比较

	骨骼数量	占总数的百分比（%）	最小个体数（MNI）	占个体总数的百分比（%）
猪	23	3.4	3	8.6
水牛	21	3.1	2	5.7
大型鹿	69	10.1	4	11.4
中型鹿	190	27.8	11	31.4
小型鹿	81	11.8	8	22.9
其他	89	13.0	7	20

表 5　田螺山遗址第⑦层动物骨骼平面分布表

	T004	T103	T203	T204	T205	T301	T302	T303	T304	T305
数量	0	328	0	0	0	352	0	2	2	0
%	0	48.0	0	0	0	51.5	0	0.3	0.3	0

				T301
				T302
T003	T103	T203		T303
T004	T104	T204		T304
		T205		T305

3. 大型鹿

共保存有 69 件骨骼，最小个体数为 4。根据上下颌骨的萌出和磨蚀状况判断，处于第 3 阶段和第 5 阶段的大型鹿个体数都是 2。同样因为个体数太少，不便于统计。

4. 中型鹿（梅花鹿）

中型鹿骨骼数量较多，共有 190 件，占第⑦层骨骼总数的 27.8%。最小个体数为 12，年龄分布情况见表 6。

表 6　田螺山遗址第⑦层中型鹿死亡年龄分布表

年龄	第 1 阶段	第 2 阶段	第 3 阶段	第 4 阶段	第 5 阶段	第 6 阶段
个体数	3	3	2	2	2	0
比例（%）	25	25	16.7	16.7	16.7	0

表 7 田螺山遗址第⑦层小型鹿死亡年龄分布表

年龄	第 1 阶段	第 2 阶段	第 3 阶段	第 4 阶段	第 5 阶段	第 6 阶段
个体数	0	0	4	1	2	0
比例(%)	0	0	57.1	14.3	28.6	0

与 K3 第⑦层有所不同,第⑦层的梅花鹿各年龄阶段分布较均匀,相差不大。第 1 阶段和第 2 阶段数量略多,约占总数的 50%。根据上面对梅花鹿和小型鹿的分析,鹿群在无捕猎情况下,青、壮年鹿的死亡率低于幼龄个体和中老年个体;而捕猎压很高的种群,青壮年死亡率较高。图 6 所反映的梅花鹿种群,幼年个体死亡率较高,相当于个体数的 50%;中老年个体并未显示出相对于青壮年个体的明显优势。由此我们可以推测,第⑦层的梅花鹿群基本呈现自然状态,受人类干预不大。

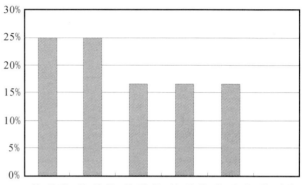

图 3 田螺山遗址第⑦层梅花鹿死亡年龄分布图

5. 小型鹿

小型鹿骨骼共 81 件,最小个体数为 8。其中保存较好可判断年龄共 7 个个体,年龄分布如表 7。

第⑧层、第⑦层和 K3 第⑦层中

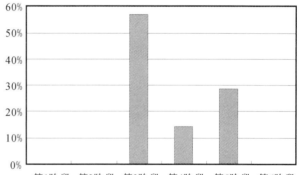

图 4 田螺山遗址第⑦层小型鹿死亡年龄分布图

的小型鹿数量都不多,但是从第⑦层和 K3 第⑦层两个数量相对较多的单位来看,小型鹿个体都集中在第 3 阶段,数量占到总数的一半以上。相当于幼年期的第 1、2 阶段和年龄较老的第 4~6 阶段数量都比第 3 阶段少得多。

据盛和林等人对黄麂的研究,鹿群在无捕猎情况下,2~4 龄麂(约相当于第 3 和第 4 阶段)正值生命力最旺盛时期,死亡率低于幼龄个体(第 1 和第 2 阶段)。而捕猎压力很高的种群,动物大多在青壮年时死去;由于黄麂的繁殖没有明显的季节性,全年均可繁殖,幼年麂的被捕率较低,因此种群主要由低龄个体组成,壮老年个体比例很低。1984/1985 年冬季对赣、浙、皖三省的调查资料表明,黄麂种群主要由 1~3 龄个体组成,占总数

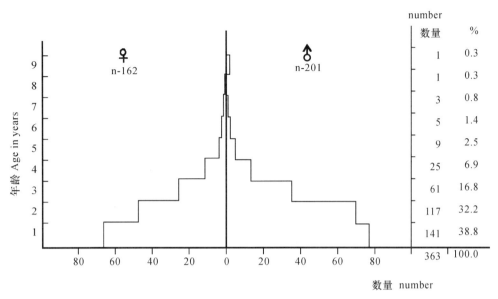

图 5　1984/1985 年黄麂狩猎期的年龄结构

的 87.8％,4～9 龄个体仅占 12.2％。也就是说,在赣、浙、皖丘陵地区,黄麂种群经受了较大的捕猎压,狩猎是野生黄麂死亡的主要原因[①]。

　　黄麂大约 2 岁时完成所有恒齿的萌出。狩猎期黄麂的死亡率以 3 岁以下的青年鹿为最多,4 岁以后迅速递减。田螺山小型鹿的死亡年龄结构与图二所表现的情况相似,都以青年个体为主,但略有不同。田螺山遗址的小型鹿死亡年龄多集中在临近成年的亚成年阶段,而 1984/1985 年的样本中 70％左右的 1 岁个体都被捕杀,达总个体数的 38.8％,是死亡率最高的阶段。二者的峰值稍稍错开。考虑到两组数据所处的年代问题,20 世纪 80 年代时人们的狩猎对黄麂的生存形成了很大的压力。结合前面对自然死亡群体的年龄结构分布,我们可以推测,面临狩猎压力越大的种群,其死亡率最高的阶段越向幼年阶段偏移。也就是说,田螺山遗址第⑦层和 K3 第⑦层时,遗址附近的小型鹿群承受着一定的捕猎压力,但远未达到近现代的水平。黄麂和獐的繁殖能力都很强,由此可见当时人们已经有较强的捕猎能力和比较成熟的捕猎技术,从而对鹿的生存产生了一定程度的威胁。遗址中出土的大量狩猎用的骨镞也证明了这一点。从晚期地层中小型鹿的出土情况来看,这时的狩猎压力并没有从根本上影响到种群的生存,间接反映了人们对整个自然环境的利用程度。

　　6. 其他动物

　　除以上几种主要动物,第⑦层还发现有貉、獾、野猫、熊、猴等几种野生动物。其中貉

---

①　徐宏发、周自力、盛和林:《黄麂习性的初步考察》,《野生动物》1990 年 2 期。

骨骼 3 件,最小个体数为 1;獾骨骼 4 件,最小个体数为 2;野猫骨骼 3 件,最小个体数为 1;熊髋骨 1 件,最小个体数为 1;猴骨骼 11 件,最小个体数为 2。

(五)第⑥层

本层动物骨骼总数为 1649 件,占骨骼总数的 19.1%。其中可鉴定标本数为 848,占全部可鉴定标本的 19.6%。共代表 41 个动物个体。动物种类与第⑦层和第⑧层大致相同。从统计数据看,各种动物的个体数比例与第⑦层相差不大。

表 8 田螺山遗址第⑥层主要动物种类的比较

	骨骼数量	总数量的百分比(%)	最小个体数(MNI)	占个体总数的百分比(%)
猪	43	2.6	3	7.3
水牛	73	4.4	4	9.8
大型鹿	117	7.1	5	12.2
中型鹿	328	19.9	13	31.7
小型鹿	122	7.4	8	19.5
其他	69	4.2	8	19.5

表 9 田螺山遗址第⑥层动物骨骼平面分布表

	T004	T103	T203	T204	T205	T301	T302	T303	T304	T305
数量	0	302	485	479	134	186	5	55	1	1
%	0	18.3	29.4	29.1	8.1	11.3	0.3	3.3	0	0

				T301
				T302
T003	T103	T203		T303
T004	T104	T204		T304
		T205		T305

第⑥层动物骨骼分布的范围明显大于第⑦层,除 T003、T004 和 T104 外,几乎遍及整个发掘区。分布的中心区位于 T203 和 T204 两个探方,各占本层骨骼总数的 30% 左右。以 T203 和 T204 为中心,向周围逐渐减少。T103 数量也较多,达 18.3%,其次为 T205 和 T301,都在 10% 左右。T302、T303、T304 和 T305 数量较少,只有几件至几十件

不等。

一些骨骼上有切割、磨制和敲击等人工痕迹，如 T205⑥：19，大型鹿掌骨或跖骨远端，有一周很深的切割痕，是骨器加工废料。

1. 猪

猪骨骼共 43 件，占第⑥层可鉴定标本数的 5.1%。最小个体数为 3，根据下颌骨只能判断出 2 个个体的年龄和性别，分别为 1 雄 1 雌。雌性个体牙齿磨蚀程度较重（T301⑥：7），左侧下颌骨，保存有 P2—M3 段，M3 表面磨成数个小釉质环，M2 呈前后两个大环，推测年龄为 3.5～4 岁。T103⑥：1 为一雄性个体的右侧下颌骨，保存 C—M1 段，年龄不详，估计已成年。

一枚雄性猪下犬齿（T205⑥：16）被从中剖开，并经过磨制，可能是为加工工具或装饰品。

2. 水牛

水牛骨骼共 73 件，占第⑥层可鉴定标本数的 8.6%。最小个体数为 4，没有保存较好的上、下颌骨和牙齿，无法判断年龄。1 件距骨上有切痕（T205⑥：64），由于位于关节处，可能是肢解痕迹。

3. 大型鹿

大型鹿骨骼共 117 件，占第⑥层可鉴定标本数的 13.8%。最小个体数为 5，其中 1 个个体属于第 2 阶段，3 个个体属于第 3 阶段，1 个个体属于第 5 阶段。与上面提到的小型鹿年龄结构分布规律类似，同样是青年个体的死亡率最高，估计也是人类的捕猎压力所致。但是总个体数太少，对于反映分布规律存在着一定的局限性。

4 件标本上有切锯、砍痕等加工痕迹，都位于四肢骨。由于炮骨骨体直、骨壁较厚，适于加工工具，3 件有加工痕迹的标本都是由炮骨加工而成。

T205⑥：19，大型鹿掌骨或跖骨远端，已愈合，经过灼烧。有一周很深的切割痕，是加工骨器留下的废料。T204⑥：5，大型鹿左侧跖骨近端，也是加工骨器的废料。首先用工具切割，至一定深度后砸断，断口参差不齐。

4. 中型鹿（梅花鹿）

第⑥层中型鹿的骨骼数量最多，共 328 件，占本层可鉴定标本数的 38.7%。最小个体数为 13；但由于带有牙齿的上下颌骨保存较差，可判断年龄的只有 5 个个体，年龄结构如下。

从仅有的 5 个个体看，第 1 阶段死亡的个体数量最多，这一分布情况与第⑦层基本相同。因此，第⑥层的梅花鹿与第⑦层的生存状态一致，鹿群基本呈现自然状态，受人类干预不大。

表 10 田螺山遗址第⑥层中型鹿死亡年龄分布表

年龄	第 1 阶段	第 2 阶段	第 3 阶段	第 4 阶段	第 5 阶段	第 6 阶段
个体数	2	1	1	0	0	1
比例(%)	40	20	20	0	0	20

表 11 田螺山遗址第⑥层小型鹿死亡年龄分布表

年龄	第 1 阶段	第 2 阶段	第 3 阶段	第 4 阶段	第 5 阶段	第 6 阶段
个体数	0	1	5	1	0	1
比例(%)	0	12.5	62.5	12.5	0	12.5

7 件有人工痕迹的标本,包括肢解痕迹和加工骨器留下的痕迹。前者多见于关节处,主要表现为细密的切痕。后者主要见于适于加工骨器的长骨和鹿角上。T205⑥:60,梅花鹿角残块,上下断口处都有砍痕。T203⑥:176,中型鹿炮骨远端,已愈合,有切割的痕迹。

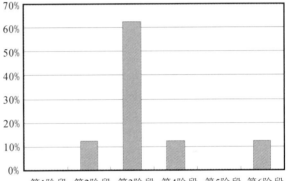

图 6 田螺山遗址第⑥层小型鹿死亡年龄分布图

5. 小型鹿

小型鹿骨骼数量与大型鹿相仿,共 122 件,占第⑥层可鉴定标本总数的 14.4%。最小个体数为 8,占本层个体总数的 19.5%。小型鹿群的死亡年龄结构分布如下。

从图表中可以看出,遗址第⑥层的小型鹿群中,青年鹿的死亡率最高,达到总数的 60%以上。幼年和中老年个体的死亡率比青年个体要低得多,与第⑦层反映的情况类似。也就是说,在第⑥层所代表的时期,田螺山遗址附近的小型鹿群仍然承受着较高的捕猎压力。

6. 其他哺乳动物

以上几种数量较多的动物之外,还有貉(MNI=1)、猴(MNI=2)、獾(MNI=2)、青鼬(MNI=1)、野猫(MNI=1)和花面狸(MNI=1)等几种动物,骨骼总数共 69 件。

(六)第⑤层

第⑤层是各个地层中动物骨骼数量最多的一层,共 3258 件,占 2004 年发掘哺乳动物骨骼总数的 37.8%。其中可鉴定标本 1557 件,占全部可鉴定标本的 36.0%。鉴定出的哺乳动物种类包括猪、水牛、麋鹿、水鹿、梅花鹿、黄鹿、獐、狗、豪猪、貉、猴、花面狸、獾、水獭、野猫、熊等,个体总数为 69,最能代表遗址的动物品种多样性。

表 12　田螺山遗址第⑤层主要动物种类的比较

	骨骼数量	占总数的比例（%）	最小个体数（MNI）	最小个体数占个体总数的百分比(%)
猪	109	3.3	7	10.1
水牛	78	2.4	2	2.9
大型鹿	164	5.0	6	8.7
中型鹿	608	18.7	17	24.6
小型鹿	313	9.6	22	31.9
狗	4	0.1	1	1.4
其他	149	4.6	14	20.3

表 13　田螺山遗址第⑤层动物骨骼平面分布表

	T004	T103	T203	T204	T205	T301	T302	T303	T304	T305
数量	3	139	575	479	232	525	1027	260	18	0
%	0.09	4.3	17.6	14.7	7.1	16.1	31.5	8.0	0.6	0

偶蹄目动物个体数在动物群中所占的比重从第⑦层到第⑤层变化不大,保持在 80% 左右。与第⑥层相比,动物种类和数量的变化主要集中在几种鹿科动物上。小型鹿的比重明显上升,达到总个体数的近 1/3,取代梅花鹿成为人们的主要狩猎对象。梅花鹿、大型鹿和水牛的比重有所下降,猪的比重增加,这一系列变化可能都与环境变化和人类活动有关。而且从水牛的变化可以推测,水牛在这时候还没有被驯养,不然不会出现这种比较大幅度的降低。

动物骨骼分布的最密集区向东北方向移动,从第⑥层最集中的 T203 和 T204 转移到了 T302。以 T302 为中心,向外递减,T203、T204 和 T301 的骨骼密度仅次于 T302,在 15％左右。T103、T205 和 T303 又次之,T004 和 T304 只有几件。

有加工痕迹的标本较少,只有 22 件。

1. 猪

猪骨骼共 109 件,是第⑤层可鉴定标本数的 7.0％;最小个体数为 7,是本层动物个体总数的 10.1％,与更早的几层相比有明显增加。7 个个体的牙齿萌出和磨蚀情况分别如下。

T204⑤：4,左侧下颌骨,保存有 dM1～dM3 段,年龄在 1 岁以下。

T303⑤：26,右侧下颌骨,保存有 P4－下颌支,M2 齿尖磨平,M3 未出,大约 14～16 月龄。

T302⑤：20,右侧下颌骨,保存有 M2～M3 段,M2 经过磨蚀已经开始露出齿质点,M3 已经开始萌出,但未露出牙床,大约 20～22 月龄。

T204⑤：3,右侧下颌骨,保存有 P3～M3 段,M2 露出少量齿质点,M3 已萌出。大约 2 岁。

T302⑤：185,左侧上颌骨,保存有 M1～M3 段。M3 稍有磨蚀,大约 24～26 月龄。

T303⑤：27,左侧下颌骨,保存有 M3～M3 牙齿后侧,M3 齿尖已经磨平,大约 28～30 月龄。

T204⑤：1,左侧上颌骨,保存有 M2～M3 段,大约 3～3.5 岁。

以上 7 个个体按照牙齿萌出和磨蚀的程度,可以将猪的年龄分为几个阶段,分别以 M2 的完全萌出、M3 的完全萌出、M3 嚼面的磨蚀状态为标志,具体年龄分布如表 14。

表 14　田螺山遗址第⑤层猪的死亡年龄分布表

年龄	1 岁以下	1—2 岁	2—3 岁	3 岁以上
个体数	1	2	3	1
比例(％)	14.3	28.6	42.9	14.3

年龄是判断是否为家猪的重要证据之一,家猪往往在青少年时被大量宰杀。从统计表中可以看出,猪的死亡年龄整体偏大,2 岁以下的青少年个体只占总数的 42.9％。绝大部分个体死于 1～3 岁,达到个体总数的 71.5％;而 2～3 岁是几个年龄段中个体数量最多的阶段。也就是说,田螺山遗址第⑤层的猪多死于青少年至青壮年的阶段,其年龄构成比例与上面提到的梅花鹿和黄麂等鹿类动物较为相似,因此,遗址中的猪可能以野生个体为主,是人们的主要狩猎对象之一。

2. 水牛

水牛骨骼共 78 件,是第⑤层骨骼可鉴定标本总数的 5.0%。没有保存较好的上下颌骨和牙齿,仅根据 2 件已经愈合的右侧桡骨远端(T301⑤:168 和 T303⑤:104)推断,最小个体数为 2,年龄应在 3.5 岁以上。

一件水牛左侧距骨(T302⑤:46)内侧有切痕,可能是肢解痕迹。

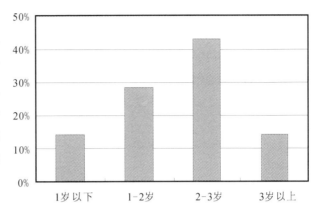

图 7　田螺山遗址第⑤层猪的死亡年龄分布图

3. 大型鹿

本层的大型鹿骨骼共 164 件,是可鉴定标本数的 10.5%。最小个体数为 6,是第⑤层动物个体总数的 8.7%。可以根据上下颌骨牙齿萌出和磨蚀情况判断年龄的只有 5 个个体,年龄分布如表 15。

尽管个体数较少,但是仍然能够看出,第⑤层的大型鹿死亡年龄主要集中在相当于青年期的第 3 阶段,向两侧递减。根据前文的分析,这一分布规律表明了鹿群在自然环境中承受了较大的捕猎压力。同时,第⑤层的大型鹿数量和比值相对于第⑥层有所下降,也印证了这种捕猎压力的存在。

4. 中型鹿(梅花鹿)

中型鹿骨骼数量最多,共 608 件,是第⑤层可鉴定标本数的 39.0%。最小个体数是 17,占第⑤层动物个体总数的 24.6%,仅次于小型鹿。但相对于第⑥层,这一比值有所降低。根据上下颌牙齿可以推断年龄的个体共 16 个,年龄结构如表 16、图 8。

表 15　田螺山遗址第⑤层大型鹿死亡年龄分布表

年龄	第 1 阶段	第 2 阶段	第 3 阶段	第 4 阶段	第 5 阶段	第 6 阶段
个体数	0	1	2	1	0	1
比例(%)	0	20	40	20	0	20

表 16　田螺山遗址第⑤层中型鹿死亡年龄分布表

年龄	第 1 阶段	第 2 阶段	第 3 阶段	第 4 阶段	第 5 阶段	第 6 阶段
个体数	3	2	5	2	3	1
比例(%)	18.75	12.5	31.25	12.5	18.75	6.25

表 17　田螺山遗址第⑤层小型鹿死亡年龄分布表

年龄	第 1 阶段	第 2 阶段	第 3 阶段	第 4 阶段	第 5 阶段	第 6 阶段
个体数	2	3	9	2	4	2
比例(%)	9.1	13.6	40.9	9.1	18.2	9.1

第⑤层青年鹿的死亡率最高,约占到总数的 1/3,幼年和中老年个体都少于青年个体,表明第⑤层的梅花鹿群承受着较高的捕猎压力。图表所显示的状况与第⑦层和第⑥层相比开始出现转折。此前幼年个体(即第 1 和第 2 阶段)的死亡比例较高,估计是缘于幼年个体身体较弱,被各种捕食者捕获的可能性较大。第⑤层时,第 3 阶段的比例明显增加,明显高于其他阶段。也就是说,梅花鹿所面临的捕猎压力明显增加,从早一阶段的自然型向后来的被捕猎型转变。第⑤层的骨骼数量在各地层中最多,在统计时更具有代表性和客观性。

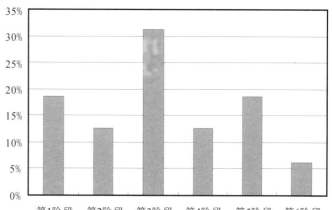

图 8　田螺山遗址第⑤层中型鹿死亡年龄分布图

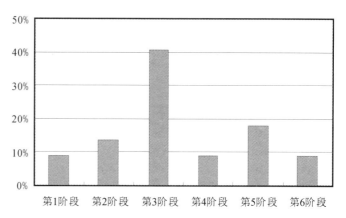

图 9　田螺山遗址第⑤层小型鹿死亡年龄分布图

5. 小型鹿

小型鹿的骨骼数量并不是最多,只有 313 件,是第⑤层可鉴定标本数的 20.1%。由于骨骼较小和不适于加工工具等因素,保存状况最为完整,最小个体数是第⑤层中最多的,共 22 个,占本层动物个体数的 31.9%。

与第⑤层的中型鹿年龄结构相同,小型鹿群中也是青年个体的死亡率高于老年和幼年个体,表明了鹿群生活在较强的捕猎压力之下。

6. 狗

狗骨的数量很少,只有 4 件,最小个体数为 1。这是田螺山遗址的地层中第一次发现狗的骨骼,估计是作为成熟驯化的品种引入的。

7. 其他动物

以上几种数量较多的动物之外,还有少数野生动物,包括熊(MNI＝1)、貉(MNI＝1)、猴(MNI＝4)、獾(MNI＝3)、野猫(MNI＝1)、水獭(MNI＝2)、花面狸(MNI＝1)和豪猪(MNI＝1)等几种动物,骨骼总数共 149 件。

(七)第④层

第④层动物骨骼总数为 1528 件,占骨骼总数的 17.7％。其中可鉴定标本数为 748,占全部可鉴定标本的 17.3％。动物种类与其他它几层大致相同,除猪、水牛、各种鹿科动物以外,还有少量食肉目动物和啮齿目动物,共 49 个个体。

与第⑤层的动物相比,猪的个体比值在持续增长,水牛和大型鹿变化不大。中型鹿再次成为动物群中个体数最多的一种动物,小型鹿的比例降低,二者的相对比例与第⑥层类似。狗共有 2 个个体,比第⑤层略有增加。总起来说,偶蹄目动物仍然是人们捕猎的主要对象。

骨骼分布的范围有所缩小,局限在东半部,西部的 T003、T004、T103 和 T104 都没有发现动物骨骼。此外,骨骼分布最密集的区域也发生了变化,从第⑤层时的 T303 南移到 T204 和 T304,向南北两侧递减。可能由于地层的分布不均匀,尽管 T303 三面所围绕的探方都有较多的骨骼出土,T303 却只出有很少的几块。

10 件标本上有人工加工痕迹,包括敲击痕、砍痕、切割痕和磨制痕迹等。T204④：56 是一件中型鹿的右侧股骨的远端,保留有很明显的加工痕迹,估计是取骨料时将关节部分切割掉而余下的废料。

表 18　田螺山遗址第④层主要动物种类的比较

	骨骼数量	占总数的比例(％)	最小个体数(MNI)	最小个体数占个体总数的百分比(％)
猪	60	3.9	7	14.6
水牛	19	1.2	1	2.1
大型鹿	37	2.4	4	8.3
中型鹿	344	22.5	17	35.4
小型鹿	119	7.8	10	20.8
狗	4	0.3	2	4.2
其他	35	2.3	7	14.6

表 19　田螺山遗址第④层动物骨骼平面分布表

	T004	T103	T203	T204	T205	T301	T302	T303	T304	T305
数量	0	0	110	423	192	19	290	8	486	0
%	0	0	7.2	27.7	12.6	1.2	19.0	0.5	31.8	0

			T301
			T302
T003	T103	T203	T303
T004	T104	T204	T304
		T205	T305

1. 猪

猪的骨骼共 60 件,是第④层可鉴定标本数的 8.0%。最小个体数是 7,是本层动物个体总数的 14.3%,比第⑤层又有明显增加。为使数据更完整,将观察到的 7 个个体的上、下颌骨牙齿萌出和磨蚀情况列举如下(表 20;图 10)。

表 20　田螺山遗址第④层猪的死亡年龄分布表

年龄	1 岁以下	1~2 岁	2~3 岁	3 岁以上
个体数	3	1	2	1
比例(%)	42.9	14.3	28.6	14.3

T205④:60,左侧下颌骨,保存联合部－dM3 段,牙齿基本没有磨蚀,年龄很小,可能只有 3~4 月龄。

T302④k:4,右侧上颌骨,保存 dM3~M1 段,M1 刚出,几乎未磨蚀,约 7~8 月龄。

T205④:3,左侧下颌骨,保存 M1~M2 段,M2 未萌出,约 9~10 月龄。

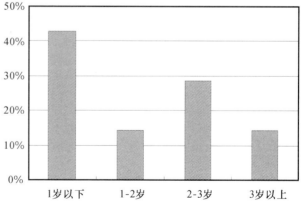

图 10　田螺山遗址第④层猪的死亡年龄分布图

T302④k:7,右侧下颌骨,保存 dM3~M3 段,M2 正在萌出,M1 已经磨蚀露出齿质点,大约 11 月龄~1 岁。

T204④：2，右侧上颌骨，保存 P1～M3 段，M3 齿尖磨平，露出个别齿质点，估计至少已有 2.5 岁。

T304④：6，右侧上颌骨，保存 P3～M3 段，M3 齿尖磨平，估计有 2.5～3 岁。

T302④k：6，左侧下颌骨，保存 P2～M3 段，牙齿磨蚀很严重，M3 齿冠磨至很低，M1、M2 齿冠几乎磨光，是一个老年个体。

第④层猪的特点是 1 岁以下的幼年个体死亡率较高，达到个体总数的 42.9％，可能与疾病、环境变化和人类活动等因素有关。绝大部分个体集中分布在 3 岁以下，占到了猪个体总数的 85.7％。

2. 水牛

水牛骨骼只有 19 件，占第④层可鉴定标本数的 2.5％。没有保存较好的颌骨和牙齿，根据四肢骨判断最小个体数为 1。

一件尺骨（T303④：1）经过长时间灼烧，烧至灰白色。

3. 大型鹿

大型鹿骨骼共 37 件，占第④层可鉴定标本数的 4.9，根据左侧肱骨远端得出最小个体数为 4。由于没有保存较好的颌骨和牙齿，因此无法了解其年龄结构。烧骨数量共 12 件，还有 2 件标本上分别由切割和砍的痕迹。

4. 中型鹿

中型鹿在第④层的骨骼中数量较多，共 344 件，占可鉴定标本数的 46.0％。由左侧肱骨远端得出最小个体数是 17，占动物个体总数的 35.4％，比值与第⑥层相仿，比第⑤层有很大程度的增加。但是根据上下颌骨可以判断年龄的个体只有 10 个，年龄结构分布如表 21 和图 11 所示。

第④层中型鹿的年龄构成所反映的情况与第⑤层非常相似，死亡率最高的部分仍然是青年鹿个体，达到总数的 40％，反映了鹿群所面临的较高的捕猎压力。

3 件标本上有取骨料留下的切割和砍的痕迹。

5. 小型鹿

小型鹿骨骼的数量和最小个体数都比第⑤层有明显减少。骨骼共 119 件，占第④层可鉴定标本数的 15.9％。最小个体数是 10，占动物个体总数的 20.8％，都能够看出年龄，具体分布情况如以下表 22 和图 12 所示。

从图表中可以看出，小型鹿群的年龄结构与前两期发生了明显变化，死亡年龄年轻化：一半的个体都分布在第 2 阶段，相当于少年时期。根据年龄峰值的分布情况来看，刚好介于第⑤～⑦层和 1984/1985 年的样本之间，也就是说，小型鹿群承受的狩猎压力可能介于二者之间。如前面提到的，亚成年个体是动物种群中生命力最旺盛的部分，过多年轻个体的死亡将会影响种群的发展。假如以这种趋势继续发展下去，小型鹿在田螺山

表 21　田螺山遗址第④层中型鹿死亡年龄分布表

年龄	第 1 阶段	第 2 阶段	第 3 阶段	第 4 阶段	第 5 阶段	第 6 阶段
个体数	0	1	4	1	2	2
比例(%)	0	10	40	10	20	20

表 22　田螺山遗址第④层小型鹿死亡年龄分布表

年龄	第 1 阶段	第 2 阶段	第 3 阶段	第 4 阶段	第 5 阶段	第 6 阶段
个体数	0	5	1	1	2	1
比例(%)	0	50	10	10	20	10

附近将有可能急剧减少甚至消失。第④层小型鹿的比率也反映了这一点,从第⑤层的 30% 左右降低到了 20% 左右。

烧骨数量较少,而且只有 1 件标本(T205④∶38)有制造工具留下的切锯痕迹,这与小型鹿骨不太适合加工工具有关。

6. 狗

狗骨骼的数量仍然较少,只有 4 件,最小个体数是 2,相对于第⑤层这一比率有了一定的提高。这些标本上都没有发现人工痕迹。

7. 其他动物

除以上几种数量较多的动物之外,还有少量野生动物,包括貉(MNI＝1)、猴(MNI＝3)、獾(MNI＝1)、水獭(MNI＝1)、小型猫科动物(MNI＝1)和小型啮齿类动物(MNI＝1)等,骨骼总数共 34 件。

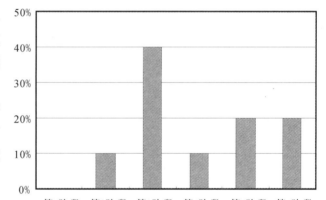

图 11　田螺山遗址第④层中型鹿死亡年龄分布图

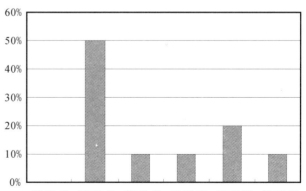

图 12　田螺山遗址第④层小型鹿死亡年龄分布图

(八)第③层

第③层动物骨骼总数为 1077 件,占骨骼总数的 12.5%。其中可鉴定标本数为 464,占全部可鉴定标本的 10.7%。共代表 31 个动物个体。动物种类与第⑦层和第⑧层大致相同。从统计数据看,各种动物的个体数比例与第⑦层相差不大(表 23、24)。

整个动物种类和各自比例的构成与第④层极其相似,中型鹿仍然是个体数最多的一种动物,偶蹄类动物是人们捕猎的主要对象。

骨骼分布最密集的区域向西北方向移动,自第④层的 T204 和 T304 转移到了 T103。其次是 T203,周围的其他探方只有很少的几块骨骼出土,特别是 T301～T304。总起来看,骨骼出土的范围没有遍及全部发掘区,基本集中在中部;南部和东部只有很少。

表 23　田螺山遗址第③层主要动物种类的比较

	骨骼数量	占总数的百分比(%)	最小个体数(MNI)	最小个体数占个体总数的百分比(%)
猪	43	4.0	4	12.9
水牛	12	1.1	1	3.2
大型鹿	20	1.9	2	6.5
中型鹿	210	19.5	12	38.7
小型鹿	73	6.8	6	19.4
其他	23	2.1	6	19.4

表 24　田螺山遗址第③层动物骨骼平面分布表

	T103	T104	T203	T204	T205	T301	T302	T303	T304	T305
数量	769	20	246	32	0	4	3	1	2	0
%	71.4	1.9	22.8	3.0	0	0.4	0.3	0.1	0.2	0

只有 2 件标本上见到加工痕迹,推测是取骨料时留下的。其中 T103③∶56 的痕迹较明显,为一小型鹿左侧掌骨,靠近两端处有切割痕迹,远端已切掉,骨干正中垂直也有切割痕迹,可能是废弃的骨料。

1. 猪

猪的骨骼共 43 件,是第③层可鉴定标本总数的 9.3%。最小个体数为 4,占本层动物个体总数的 12.9%,比第④层略有减少。其中可确定年龄的个体只有 3 个,具体情况如下。

T302③∶1,左侧下颌骨,保存 P4～M3 段,M2 刚出,在 1 岁左右。

T103③∶2,左侧下颌骨,只保存 M3 段,M3 萌出并开始磨蚀,大约 2 岁左右。

T103③∶1,左侧下颌骨,保存 P3～M3 后部,M1 齿冠磨至很低,M2,M3 齿质点连成一片,年龄至少在 3 岁以上,为一中年个体。

由于个体数量太少,无法对猪的年龄结构作出可信的推测。没有发现人工加工痕迹的标本。

2. 水牛

水牛骨骼仍旧很少,只有 12 件,占第③层可鉴定标本数的 2.6%。根据牛角和四肢骨判断,最小个体数是 1。

3. 大型鹿

大型鹿数量较少,只有 20 件,占第③层可鉴定标本数的 4.3%。根据右侧肱骨得出最小个体数是 2,只有 1 个个体可以判断年龄。T103③∶234,右侧上颌骨,保存有 P3～M3 段。M3 齿尖张开,估计处于青年阶段,即第 3 阶段。

4. 中型鹿

中型鹿骨骼是第③层中数量最多的一种,共 210,占可鉴定标本数的 45.3%。根据右侧跟骨得出的最小个体数是 12,但是颌骨保存较好能判断年龄的只有 7 个个体,年龄分布如下(表 25;图 13)。

表 25　田螺山遗址第③层中型鹿死亡年龄分布表

年龄	第 1 阶段	第 2 阶段	第 3 阶段	第 4 阶段	第 5 阶段	第 6 阶段
个体数	1	3	2	1	0	0
比例(%)	14.3	42.9	28.6	14.3	0	0

与第⑤层和第④层的中型鹿年龄结构略有不同,第③层的中型鹿少年个体的死亡率最高,达到 40% 以上,其次是青年个体,二者相加占到了个体总数的绝大部分,所反映的模式相当于处于图 12 和图 13 的过渡阶段。与此前的情况相比,少年个体的死亡率增加,这样势必会影响到整个种群的生存繁衍。尽管这时遗址的所有动物中,中型鹿在数量上仍占有很大的优势,这种相对程度的数量优势是建立在其他动物的个体数都很少的

前提下的,它们已经面临着很大的生存威胁。假如遗址按照这种速率继续发展下去,不只是数量已经明显减少的大型鹿和小型鹿,中型鹿的种群也将濒临灭亡。可能正是由于其他动物的数量减少,特别是个体数一般居第二位的小型鹿,致使中型鹿成为人们捕猎的众矢之的,从而造成了这种年龄结构。

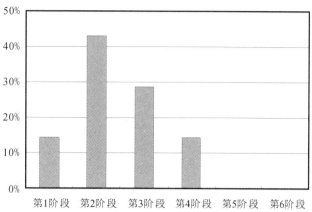

图 13　田螺山遗址第③层中型鹿死亡年龄分布图

5. 小型鹿

小型鹿的骨骼只有 73 件,占本层可鉴定标本数的 15.7%。最小个体数是 6,第 1、2、3 阶段分别有 2 个个体。相对于之前的年龄结构,这时各个年龄阶段的分布较为平均,但是只有年轻个体,没有发现壮年以上的个体。鉴于前面对小型鹿的分析,人们持续且大量的捕猎致使这一阶段的小型鹿群数量锐减,面临完全消失的危险。

6. 其他动物

除以上几种数量较多的动物之外,其他野生动物骨骼共发现 23 件,占第③层可鉴定标本数的 5.0%。种类有:豹(MNI=1)、猴(MNI=1)、水獭(MNI=2)、獾(MNI=1)和猫(MNI=1)。

三　讨论和比较

(一)动物组成

总起来看,田螺山遗址的哺乳动物种类以野生动物为主,其中,尤以偶蹄目动物数量为最多。各种偶蹄目动物中,梅花鹿(中型鹿)的数量在各层中始终最多。除在第⑤层中小型鹿的个体数(MNI=22)高于中型鹿(MNI=17),但是中型鹿骨骼的数量(608 件)几乎达到小型鹿(313 件)的 2 倍,可能是因为小型鹿的骨骼太小,不适合用来制作工具,中型鹿的骨骼反而由于利用程度高而比较破碎。2004 年发掘得到的动物骨骼都是手选的,个体很小的骨骼没有做到完全采集,因此在动物种类方面具有局限性,可能忽视了大量小型的哺乳动物,例如啮齿目和兔型目等。其余动物的数量及相互间的比例因不同地层而异,以下依次介绍。

1. 猪

相对于其他偶蹄目动物,猪的数量在各地层中一直较少,第③~⑧层共出土猪骨 297 件,每一层的个体数基本维持在总数的 10% 左右,第⑤层以下除第⑧层达到 16.7%,其余都在 10% 以下。但第⑧层的样本数很少,尚不能如实反映最早阶段的基本状况。第⑤层开始,无论是可鉴定标本数还是最小个体数在整个哺乳动物群中的比例都有了比较明显的提高。第⑤~③层中猪的个体数都在总数的 10% 以上,具体数值略有波动;其可鉴定标本数与骨骼数量最多的中型鹿的比值大约维持在 1:5.5 左右。

根据上文对各层猪的死亡年龄的统计,总体来看,猪的死亡年龄都偏大,相当一部分在 2 岁以上。一般来说,动物在接近成熟时体重达到稳定的最大值。此时宰杀能够最大程度地获取肉食,因此驯化动物一般表现为青年个体的数量优势。田螺山的猪只有第④层 1 岁以下的个体数量较多(3 个,分别为 3~4 月龄,7~8 月龄和 9~10 月龄),其余均以 2~3 岁个体为最多,而且没有显示出集中分布的阶段。

总体来讲,猪骨的保存状态比较残破,虽然有少数较完整的齿列,但却缺少对于鉴定种类有重要意义的完整头骨。仅从齿列和下颌骨及牙齿形态观察,没有发现下颌骨变形及齿列凌乱的现象,因此难以确定田螺山遗址出土猪的属性。上世纪 80 年代,学者们对河姆渡遗址动物群的研究表明,河姆渡遗址出土的猪科动物中同时包含有家猪(*Sus domesticus*)和野猪(*Sus scrofa*),其中家猪骨骼的数量少且残破,野猪则有保存较好的头骨和下颌骨。对家猪和野猪的判别主要是依靠头骨和下颌骨表现出的差异,根据各种测量数据的比较发现,河姆渡遗址的家猪头骨相对较短、吻部较短,而野猪则表现为吻部较长、额部低平等特征[①]。此外,遗址第四文化层出土陶猪一件,猪腹下垂,体态肥胖,四肢较短,前躯和后躯的比例(1:1)介于野猪(7:3)和现代家猪(3:7)之间,推测是圈养的结果[②]。从研究者的描述推测,河姆渡遗址的家猪尚处于驯化的早期阶段。

田螺山遗址出土的情况可能同河姆渡遗址类似,其中可以肯定的是,遗址中存在一定数量的野猪。通过对个别残存的猪头骨枕部与河姆渡遗址的野猪比较,发现二者形态、大小都非常相似,而且对个别下颌 M3 的测量也显示,一般在 40 毫米左右,个别甚至可以达到 45 毫米,符合《浙江余姚河姆渡新石器时代遗址动物群》中描述的"(野猪上下颌的 M3)延长而复杂",同样也可以解释上面提到的猪下颌所反映年龄的偏老化。即便有家猪存在,狩猎仍然是当时人们获取肉食的主要手段。由于初步研究中没有全面采集骨骼的测量数据,在下一阶段的研究中,将首先将测量数据补齐,着重从测量和形态两个角度研究。

---

① 魏丰等:《浙江余姚河姆渡新石器时代遗址动物群》,海洋出版社,1990 年。
② 浙江省博物馆自然组:《河姆渡遗址动植物遗存的鉴定研究》,《考古学报》1978 年 1 期。

2. 水牛

水牛骨骼在各层中都很少,且一般保存破碎,尤其缺乏头骨和上下颌骨等对鉴定种类和年龄、性别有决定性作用的部位,因此暂时无法判断田螺山遗址水牛的种类。

表 26 反映了水牛的骨骼数量和最小个体数在遗址各层中的地位。从表中可以看出,水牛的可鉴定标本数整体呈现为下降趋势;第⑥～⑧层的最小个体数尚维持在 8% 左右,第⑥层甚至高达 9.8%。以第⑤层为转折,个体数一般低于 3%。

一般来说,判断遗址中的一个物种是否为家养动物有几个标准,包括该物种的形态和体型的变化,在动物群中的比例,以及其他与动物有关的文化遗物证据等。田螺山遗址出土的水牛遗骨数量很少,不似一般家畜在动物群中的比值;受标本条件限制,目前对于水牛体型和年龄性别结构情况尚不清楚;遗址中也没有发现与水牛相关的文化遗物。更重要的是,无论是可鉴定标本数还是最小个体数,都整体呈现下降趋势,这几乎不可能出现在驯化物种上。综合以上考虑,田螺山的水牛很可能是当时人们捕获的野生品种。

表 26　田螺山遗址各层水牛骨骼分布情况

	NISP	NISP/总 NISP（%）	MNI	MNI/总 MNI（%）
K3－7	26	10	2	8.7
第⑧层	8	4.9	1	8.3
第⑦层	21	3.1	2	5.7
第⑥层	73	4.4	4	9.8
第⑤层	78	2.4	2	2.9
第④层	19	1.2	1	2.1
第③层	12	1.1	1	3.2

河姆渡遗址中的圣水牛曾经被认为是世界上最早的家养水牛[1]。一些学者经过研究指出,跨湖桥遗址、河姆渡遗址和罗家角遗址等出土的圣水牛(*Bubalus mephistopheles*)都是本土的野生水牛。现生家养水牛(*Bubalus bubalis*)是由原生于南亚的野生沼泽水牛(*Bubalus aree*)驯化而来的,与圣水牛在形态上有着很明显的区别。跨湖桥等遗址中圣水牛的死亡年龄结构也与驯化品种(出自南亚哈拉帕 Harappa)有所不同,甚至在整个新石器时代一直保持这种状态,没有显示出驯化的特征[2]。

---

[1]　魏丰等:《浙江余姚河姆渡新石器时代遗址动物群》,海洋出版社,1990 年。
[2]　刘莉、陈星灿、蒋乐平:《跨湖桥遗址的水牛遗存分析》,见浙江省文物考古研究所、萧山博物馆编《跨湖桥》,文物出版社,2004 年。

表 27 水牛在跨湖桥遗址中的数量分布情况①

	早期		中期		晚期	
可鉴定标本数(NISP)	90	27.86%	196	38.97%	479	42.05%
最小个体数(MNI)	4	12.9%	8	19.51%	12	16.22%

圣水牛在跨湖桥遗址的哺乳动物中占有相当可观的比例,如表27所示。综合可鉴定标本数和最小个体数来看,跨湖桥遗址出土的水牛在全部动物中所占的比例是早期少,中、晚期明显增多,和鹿科在各期中的比例呈大体相同的发展趋势②。在狩猎—采集社会,人们有可能倾向于捕猎个体较大的动物,以获得更多的肉食资源,这将导致大型动物在动物群中的比例较高③。因此在跨湖桥、河姆渡和田螺山等遗址中,梅花鹿、麋鹿、水鹿和水牛等中到大型偶蹄目动物的数量在所有哺乳动物中占有非常重要的地位。

从比例来看,跨湖桥遗址的水牛无论是可鉴定标本数还是最小个体数的比例,都明显高于田螺山遗址,其中可鉴定标本数的差别尤其大,表26、表27的数据明确证实了这一点。河姆渡遗址出土的圣水牛尽管较完整,但数量也不多,除"数以百枚"的牙齿外,头骨和四肢骨共91件④,相对于整个动物群的骨骼数量,仅仅是很小一部分。此外,跨湖桥遗址与河姆渡遗址和田螺山遗址的其他哺乳动物种类十分相似,也就是说,在这段时间中该地区的环境并没有发生太大的变化,那么,造成这一差别的就是人类的活动。可能是人类的捕猎活动影响了水牛的繁衍,从而导致它们在栖息地逐渐消失。于是在河姆渡文化兴盛的时代,人们将捕猎重心转向了各种中到大型鹿科动物,如梅花鹿、水鹿和麋鹿。

3. 鹿科动物

鹿科动物是田螺山遗址哺乳动物群中的主要组成部分,其中尤以梅花鹿和数种小型鹿为主,具体数据上文都一一表述。

大型鹿的情况与水牛比较相似,保存破碎,不易统计其年龄结构。只是第⑤层数量略多,数据显示出鹿群承受着较大的捕猎压力。在第⑥层及以下的地层中,大型鹿的最小个体数一般占到整个哺乳动物群中的10%以上,第⑤层开始,则降低到8%左右,第③层更是降到了6.5%。

中型鹿(梅花鹿)的比例比较稳定,基本维持在30%以上(第⑧层的动物个体较少,不

① 刘莉、陈星灿、蒋乐平:《跨湖桥遗址的水牛遗存分析》,见浙江省文物考古研究所、萧山博物馆编《跨湖桥》,文物出版社,2004年。
② 浙江省文物考古研究所、萧山博物馆编:《跨湖桥》,文物出版社,2004年,261~263、267页。
③ 浙江省文物考古研究所、萧山博物馆编:《跨湖桥》,文物出版社,2004年,261~263、267页。
④ 根据《浙江余姚河姆渡新石器时代遗址动物群》中对圣水牛的描述中计算得来。

具有典型性,不计算在内),在鹿科动物中数量也是最多的。第⑤层中型鹿的个体比例略有降低,达 24.6%,低于小型鹿的 31.9%。

中型鹿的年龄结构变化反映了遗址中人们的狩猎活动在不同时期对鹿群施加的不同作用及其产生的后果。前面提到,一般人们会倾向于选择捕猎体型较大的动物以获取尽量多的肉食。遗址周围的水牛已经在长期的被捕猎过程中越来越少,麋鹿和水鹿等个体较大的鹿类资源当时在遗址周围似乎并不丰富(可能是自然分布的原因或是人类长时间的捕猎所致),那么,体型其次的梅花鹿很自然而然成为了人们的主要捕猎对象。

第⑥~⑧层,中型鹿群中未成年的个体死亡率最高,成年个体和中老年个体的死亡率略低。研究表明,鹿群在无捕猎情况下,青、壮年鹿的死亡率低于幼龄个体和中老年个体;而捕猎压力很高的种群,青壮年死亡率较高。也就是说,这时人们的捕猎活动可能或多或少得影响到了中型鹿,但没有从根本上对中型鹿产生致命的威胁。参照小型鹿的状况,以及考虑到梅花鹿在生态环境中所处的地位,这可能还与附近山丘丛林中很少有大型食肉类动物有关,它们所面临的天敌和威胁较少。

第⑤层开始,中型鹿的年龄结构发生变化,未成年个体的死亡率降低,青年个体的死亡率明显升高,表明其面临的捕猎压力增大。第④层则呈现非常典型的被捕猎模式。第③层中死亡率的最高峰偏于年轻化,转换为生命力最旺盛的亚成年个体。小型鹿出现这种情况的时间甚至更早。同时,动物的数量也明显下降。也就是说,人类的捕猎活动影响到了整个动物群体。

小型鹿的骨骼数量和个体数一般都仅次于中型鹿。第⑤层例外,虽然小型鹿的骨骼数量只有中型鹿的一半左右,但由于保存较完整,个体数超过梅花鹿达到总数的 31.9%。

鉴于在生物链中所处的位置,小型鹿面临的威胁比中型鹿要多得多,是许多中小型食肉类动物的猎物。第⑦~⑤层的小型鹿都是青年个体的死亡率显著高于未成年和中老年个体,体现出所承受的捕猎压力。第④层,死亡率的峰值向未成年方向移动,亚成年个体的死亡率显著提升,表明捕猎压力增大。第③层小型鹿的数量已经很少,6 个个体均匀分布在幼年—亚成年—青年阶段,没有中老年个体,可见动物的生存已经出现危机。这一过程中,遗址周围的环境没有发生太大的变化,那么,压力很可能出自人们的狩猎。

田螺山遗址和跨湖桥遗址的鹿科动物中,都以体格中等的梅花鹿为最多,大型鹿的数量都很少。不同的是,田螺山遗址的小型鹿数量非常多,仅次于梅花鹿;而跨湖桥遗址仅次梅花鹿的是水牛,形成了水牛—梅花鹿和梅花鹿—小型鹿这两组主要捕食对象的差别,也从另一角度证明了人们乐于首先捕食体型较大的动物。可见,河姆渡文化时期,宁绍平原一带的自然资源已经不如新石器时代早期丰富,这期间人类的活动是一个重要因素。人类在适应环境发展自己的同时,也对环境产生了破坏作用,甚至导致了一些动物种群的濒临灭亡。

表 28　跨湖桥遗址鹿科动物的分布情况

		早期		中期		晚期	
麋鹿	NISP	4	1.24%	5	0.99%	34	2.99%
	MNI	2	6.45%	2	4.88%	5	6.76%
梅花鹿	NISP	54	16.72%	121	24.06%	233	20.46%
	MNI	5	16.13%	10	24.39%	22	29.73%
鹿科小型	NISP	2	0.62%	4	0.8%	10	0.88%
	MNI	1	3.23%	1	2.44%	1	1.35%
鹿科其他	NISP	38	11.76%	36	7.16%	145	12.73%

4. 狗和其他动物

田螺山遗址中出土了一定数量的食肉目动物,除狗外,其余都是来自于当地的野生环境。

狗在田螺山遗址的出现比较突然,仅仅存在于第⑤层和第④层,而且数量很少,只有1～2个个体。狗是作为一种成熟的驯化物种进入田螺山,但是它的来源究竟是哪里,是什么人为了什么原因将它引进的,尚无从得知。

(二)环境与气候

田螺山遗址地处宁绍平原姚江谷地北侧低丘环绕的一片小盆地中部,海拔很低,一般仅2～3米。北面有一条四明山的支脉——翠屏山。遗址距最近海岸30～40千米,河姆渡文化时期可能更近些。遗址周围环绕着一系列起伏的低山丘陵,覆盖有发达的植被,适宜动物生存。

田螺山的动物群主要是由一些喜温湿环境的动物组成,它们的栖息地包括了从河湖两岸的湿地、沼泽、芒丛,到低山丘陵的常绿阔叶林和灌丛。而田螺山附近丰富的自然资源恰好为它们提供的良好的生存环境。

从第⑧层至第③层,动物群的种类没有发生大的变化,也就是说在这一阶段,田螺山地区没有发生明显的气候变化。当时生存于田螺山附近的动物,绝大部分种类至今仍能在浙江一带见到。水鹿目前已在浙江地区绝迹,仅分布于我国南部诸省山区,北限青海果洛和玉树两州南部、四川西部和西北部,贵州北部,湖南和江西南部,南至台湾省[①]。由于水鹿性机警,喜栖息于山间林地,因此有可能是越来越频繁的人类活动导致了水鹿在

①　盛和林:《中国鹿科动物》,《生物学通报》1992年5期。

这一地区的绝迹。

动物的迁徙习性决定了通过动物复原古环境时无法做到十分精确,只能得到一个粗略的框架。真正客观的环境复原工作还需要其他的方法来补充。

(三)经济类型及生产方式

上文的分析表明,田螺山遗址的哺乳动物群主要是由野生动物组成,包括野生水牛、野猪和各种鹿科动物,它们分布于遗址周围的山地、平原、沼泽等。从遗址发掘得到的动物遗存看,当时的数量一定相当可观;加上大量的鱼类、鸟类和龟鳖等爬行类,这些资源已经足以养活遗址的居民了。从这些线索来看,田螺山居民过着一种以狩猎采集为主的经济生活。

值得注意的是,经过长时间的发展,人类的捕猎活动已经对遗址附近的动物群产生了很大的影响,最明显的就是改变了物种种群的结构。严酷的捕猎压力大大增加了青年个体的死亡率,使得种群变成了以年轻个体为主的结构。从第⑧层到第⑤层,尽管面临着捕猎压力,遗址周围的生态仍能够保持平衡,表现为第 3 阶段高死亡率的结构模式维持了很长时间。从第④层开始,高死亡率年轻化,向相当于少年期的第 2 阶段移动,也就是说尽管黄麂和獐的繁殖力很强,但是捕猎压力已经超过了鹿种群的承受能力。如果继续无限制发展下去,这个种群将会很快消失。第③层的梅花鹿群也出现了这种情况,也就是说田螺山周围的环境由于人类的超强度捕猎正在恶化。第③层动物绝对数量的锐减,可能便是人口增加和过度开发自然资源的结果。

与早期的遗址相比,这种捕猎压力则反映在动物种类的变化,从跨湖桥遗址的水牛—梅花鹿为主要捕猎对象,转而向田螺山的梅花鹿—小型鹿组合发展,特别田螺山上部地层多种动物都出现匮乏现象。集中捕猎大型动物是一种更为经济的狩猎模式,即通过尽量少的能量消耗来获得更多的食物。这种从大中型猎物向中小型猎物的转变表明遗址周围的大型猎物资源已经显著减少,人们不得已转而采用较为费力的狩猎模式。由于环境的变化不大,那么这种资源的缺失主要是人类长时间的集中捕猎造成的,破坏了生态平衡,导致了物种的濒危以至于灭绝。

四　总　结

田螺山遗址的动物骨骼保存情况比较好,初步研究的 8618 件哺乳动物骨骼中,经过鉴定有野猪(*Sus scrofa*)、猪(*Sus* sp.)、水牛(*Bubalus* sp.)、麋鹿(*Elaphurus davidianus*)、水鹿(*Cervus unicolor*)、梅花鹿(*Cervus nippon*)、黄麂(*Muntiacus reevesi*)、獐(*Hydropotes inermis*)、狗(*Canis familiaris*)、獾(*Arctonyx collaris*)、花面狸(*Paguma* larvata)、青鼬(*Martes fiavigula*)、水獭(*Lutra lutra*)、猴(Cercopithccidae)、猫(*Felis sp.*)、黑熊(*Selenarctos thibetanus*)和豹(*Panthera sp.*)等多种动物,反映了一种亚热带地区林地与灌丛、湿地共存的多样性环境,为当时的人们提供了丰富的食物资源。

所有动物中,尤以各种鹿科动物为最多,构成了人们狩猎的主要目标。其次为猪和水牛。根据已有的研究材料推测,水牛为当地的野生种类,所有猪骨中相当一部分也可以确定是野猪。由此可见,田螺山居民的经济生活以狩猎—采集为主。

人类长时间且目标明确的狩猎活动对野生动物的生存产生了强烈影响,一方面导致大型动物(如水牛)的显著减少,另一方面不断促使鹿科动物种群内部的年龄结构向年轻化发展,破坏了自然的动态平衡,将不利于种群的持续性发展。

附表1 田螺山遗址2004年出土主要哺乳动物数量统计

	K3第⑦层	第⑧层	第⑦层	第⑥层	第⑤层	第④层	第③层	总数
猪	9	8	23	43	109	60	43	295
水牛	26	8	21	73	78	19	12	237
大型鹿	31	9	72	117	164	37	20	450
中型鹿	53	20	190	328	608	344	210	1753
小型鹿	41	11	81	126	313	119	73	764
狗	0	0	0	0	4	4	0	8
貉	0	0	1	1	1	3	0	6
黑熊	0	0	1	0	1	0	0	2
水獭	1	0	0	0	5	1	2	9
青鼬	0	0	0	1	0	0	0	1
獾	4	1	4	5	8	5	2	29
花面狸	0	0	0	1	1	0	0	2
豹	0	0	0	0	0	0	1	1
猫	1	1	4	1	2	1	3	13
猕猴	0	3	11	16	29	10	2	71
豪猪	0	0	0	0	1	0	0	1
其他	95	102	276	937	1934	925	709	4978
总数	261	163	684	1649	3258	1528	1077	8620

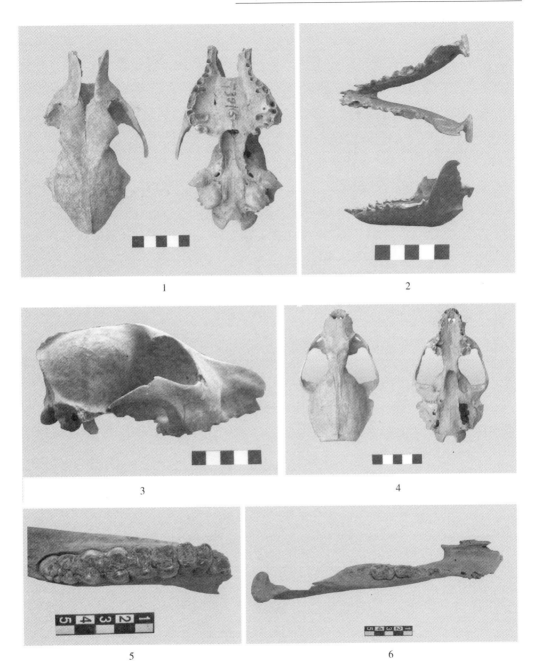

附图一　田螺山遗址出土部分哺乳动物骨骼

1、2. 狗头骨（T301⑤）　　3. 獾下颌骨　　4. 水獭头骨（K3⑥：3）

5. 猪左侧下颌骨（T103⑧：136）　　6. 猪右侧下颌骨（T105⑤：1）

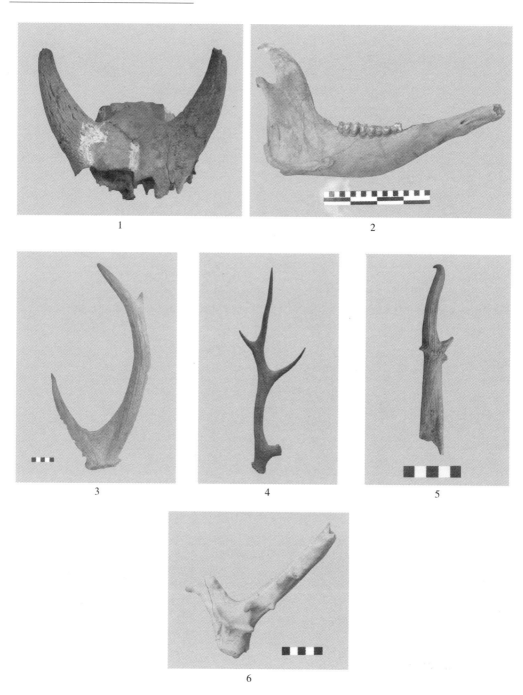

附图二　田螺山遗址出土部分哺乳动物骨骼

1. 水牛头骨　　2. 水牛下颌骨（K3⑦：165）　　3. 水鹿左角（T301⑦：163）

4. 梅花鹿左角　　5. 黄鹿右角（K3⑦：136）　　6. 麋鹿角（残块）

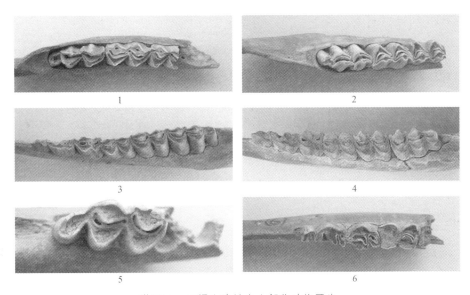

附图三　田螺山遗址出土部分动物牙齿
1. T104⑥：327, 第 2 阶段末期　2. T104⑥：352, 第 3 阶段早期　3. T005⑦：19, 第 3 阶段
4. T103⑥：129, 第 4 阶段　5. T105③：78, 第 5 阶段　6. T104⑥：323, 第 6 阶段

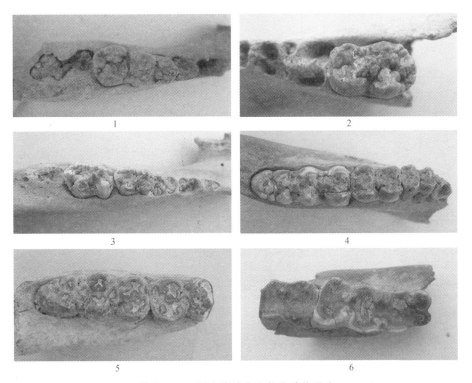

附图四　田螺山遗址出土部分动物牙齿
1. T203⑦：3, 3～4 月龄　2. T105③：71, 6～7 月龄　3. T105⑤：1, 约 12 月龄
4. T103⑧：136, 约 24 月龄　5. T301⑥：82, 约 36 月龄　6. T304⑤：86, 大于 48 月龄

田螺山遗址 K3 鱼骨坑内的鲤科鱼类咽齿

中岛经夫[1]　中岛美智代[2]　孙国平[3]　中村慎一[4]

(1、2. 琵琶湖博物馆　3. 浙江省文物考古学研究所　4. 金泽大学)

一　前言

“咽齿”在鱼类中是很普遍的。尤其对于鲤科鱼类来说,咽齿在分类学上是非常重要的器官[1]。鲤科由 200 属 2500 种构成,是最大的淡水鱼科[2]。作为鱼类最大科的鲤科完全可以凭咽齿定义,其共同特征为“颌及口中不带任何齿,只有发达的咽齿系列”。其中“在稚鱼期前就能确定齿的排列及个数”的只有鲤科鱼类[3],并且咽齿的形状、排列、个数也是区分种属的关键[4]。此外,齿乃最坚硬的组织,因此它可以作为化石及遗存长期存留,也是具有历史记录的研究材料。

通过研究分析这些带有生物学特性的咽齿,可以了解到很多鲤科鱼类及其相关信息。也就是说,能够了解到很多有关鲤科鱼类自身及其栖息环境、历史性变迁等方面的具体内容。通过研究咽齿还可以知道有关鲤科鱼类的系统进化[5]、其栖息环境——淡水

---

①　Berg,L. S. ,1912, *Faune de la Russie*,etc. Poissons. Mus. Zool. De L'Acad. Imp. Sci. ,3：18—336.

②　Nelson,J. S. ,1994,*Fishes of the World*. Wiley,New York.

③　Nakajima,T. ,1987,Development of pharyngeal dentition in the cobitid fishes，Misgurunus anguillicaudatus and Cobitis biwae,with a consideration of evolution of cypriniform dentitions. *Copeia*,1987(1)：208—213.

④　Chu,Y. —T. ,1935, Comparative studies on the scales and on the pharyngeals and their teeth in Chinese cyprinid,with particular reference to taxonomy and evolution. Biol. *Bull. St. Johns Univ.* 2,225pp. Shanhai.

⑤　A. Vasnecov, V. V. , 1939, Evolution of the pharyngeal teeth in Cyprinidae. *A la memoire de A. N. Severtzoff*, 1：439—491 (in Russian with English abstract)

B. Nakajima,T. ,1990,Morphogenesis of the pharyngeal teeth in the Japanese dace,*Tribolodon hakonensis* (Pisces：Cyprinidae). *J. Morph.* ,205：155—163.

C. Nakajima,T. and Yue,P. —Q. ,1995,Morphological change in development of the pharyngeal teeth in Mylopharyngodon piceus. *Chin. J. Oceanol. Limnol.* ,13(3)：271—277.

D. 除上述文献以外,还有其他文献。

系列的历史性变迁①,以及鲤科鱼类环境因素之一的人类的生活行为②等。

　　本文将通过分析从田螺山遗址鱼骨坑内出土的鲤科鱼类咽齿,揭示当时生活在田螺山人们的生活方式。首先,依据咽齿鉴定坑内鲤科鱼类的种属,然后推算坑内的鲤科咽齿数量和鲤科以外的鱼齿数量,再算出坑内鱼类的构成比率。还根据咽齿的大小推定鲤鱼的体长,并分析当时被捕获的鱼类的体长分布的特点及其成因。在这些研究的基础上,推测当时居住在田螺山村落的人们的生活情况以及人类同鱼类的关系。

二　材料与方法

(一)田螺山遗址出土的标本

　　田螺山遗址中有一个宽 600、长 800、深 400 毫米的出土鱼骨等较密集的坑(K3 鱼骨坑)。考古发掘者将坑内较大的咽齿及鱼骨等分选出来,肉眼看不到的则用 2.5、0.9、0.45 及 0.28 毫米的筛网进行水洗。全部分成 12 个托盘保存。水洗出来的鱼骨等放在 4 个托盘内,其他 8 个托盘里盛放的则是大致拣选出的各种鱼骨等(表 1)。

表 1　田螺山鱼骨坑鱼齿检出情况一览表

	托盘编号		盛放物品	鱼齿种类
1	YTDK3H1		使用 2.5 毫米网浮选出的资料	没有鱼齿
2	YTDK3H1		使用 0.9 毫米网浮选出的资料	没有鱼齿
3	YTDK3H1		使用 0.45 毫米网浮选出的资料	既有鲤科咽齿,也有其他鱼齿
4	YTDK3H1		使用 0.28 毫米网浮选出的资料	没有鲤科咽齿,只有其他鱼齿
5	DK3H1		鱼脊椎骨等	没有鱼齿
6	DK3H1		鸟骨	没有鱼齿
7	DK3H1		鱼骨等	没有鱼齿
8	DK3H1	2006·9(8)	鱼肋骨等	没有鱼齿
9	DK3H1	2006·9(7)	鱼骨等	没有鱼齿
10	DK3H1	2006·9(10)	大部分是鱼肋骨	既有鲤科咽齿,也有其他鱼齿
11	DK3H1	2006·9(8)	鱼骨等	既有鲤科咽齿,也有其他鱼齿
12	DK3H1	2006·8(1)	鱼骨等	既有鲤科咽齿,也有其他鱼齿

---

①　A. 中島経夫,山崎博史(1992)「東アジアの化石コイ科魚類の時空分布と古地理学的重要性」『瑞浪市化石博物館研究報告』19,p. 543—557.

　　B. Nakajima,T.,1994,Succession of cyprinid fauna in Paleo—lake Biwa. *Arch. Hydrobiol. Beih. Ergebn. Limnol*,44:433—439.

②　Nakajima,T.,2005,Significance of freshwater fisheries during the Jomon and Yayoi periods in western Japan based on analysis of the pharyngeal tooth remains of cyprinid fishes. Grier,C. et al. ed. *"Beyond Affluent Foragers"* pp. 45—53,Oxford Press,Lonson.

发掘者挑选出的、肉眼可见的并附着咽骨的咽齿及单独咽齿标本在鉴定研究中作为"A资料"，我们对A资料中的3256枚咽齿标本进行了整理分析。测量了A资料中的292枚鲤Cyprinus carpio的A2齿的尺寸并推定了体长。

我们还用实体显微镜逐一检查12个托盘内是否含有咽齿及其他鱼齿，通过显微镜检查出的咽齿标本在鉴定研究中作为"B资料"，我们对检查出的咽齿进行鉴定，然后和A资料相加，推算出坑内的鱼齿总数。

(二)鉴定种属所用的现生鱼类标本

通过研究分析，我们了解到A资料中的咽齿分别为鲌属Culter、鲤属Cyprinus、鲫属Carassius的咽齿。因此将鱼骨坑出土的标本同这三属的现生鱼类标本的咽骨及咽齿做了详细比较并鉴定其种属。

对鲤科鱼类咽齿做鉴定时对比了收藏在中国科学院水生生物研究所(IHCAS)、日本国立科学博物馆(NMST－P)和琵琶湖博物馆(LBM)里的现生标本。所采用的现生鱼类标本分别见于表2(鲌属)、表3(鲤属)、表4(鲫属)。

表2　比较所用的现生鲌属Culter标本

	种类	标本编号	采集地
翘嘴鲌	Cluter alburnus	IHCAS29903150002044 0122	中国上海
翘嘴鲌	Cluter alburnus	IHCAS29903150002044 0508	中国上海
翘嘴鲌	Cluter alburnus	IHCAS06050107	中国河南
翘嘴鲌	Cluter alburnus	LBM1210013829	中国湖北
翘嘴鲌	Cluter alburnus	LBM1210013830	中国湖北
翘嘴鲌	Cluter alburnus	LBM1210013831	中国湖北
翘嘴鲌	Cluter alburnus	LBM1210048360	中国浙江
达氏鲌	Culter dabryi dabryi	IHCAS29903150002126 008420	中国江西
达氏鲌	Culter dabryi dabryi	IHCAS29903150002126 008424	中国江西
达氏鲌	Culter dabryi dabryi	IHCAS29903150002126 008482	中国江西
兴凯鲌	Culter dabryi shinkaiensis	IHCAS29903150002299	中国黑龙江
程海鲌	Culter mongolicus elongates	IHCAS29903150002112 647222	中国云南
程海鲌	Culter mongolicus elongates	IHCAS29903150002112 647241	中国云南
程海鲌	Culter mongolicus elongates	IHCAS29903150002112 647243	中国云南
程海鲌	Culter mongolicus elongates	IHCAS29903150002112 647258	中国云南
程海鲌	Culter mongolicus elongates	IHCAS29903150002112 647263	中国云南
程海鲌	Culter mongolicus elongates	IHCAS29903150002112 647265	中国云南
蒙古鲌	Culter mongolicus mongolicus	LBM1210013827	中国湖北
蒙古鲌	Culter mongolicus mongolicus	LBM1210013828	中国湖北
蒙古鲌	Culter mongolicus mongolicus	IHCAS29903150002086 581016	中国四川
蒙古鲌	Culter mongolicus mongolicus	IHCAS29903150002086 586025	中国四川
蒙古鲌	Culter mongolicus mongolicus	IHCAS29903150002086 586088	中国四川

（续表 2）

种类		标本编号	采集地
蒙古鲌	*Culter mongolicus mongolicus*	IHCAS29903150002086 586090	中国四川
邛海鲌	*Culter mongolicus qianhaiensis*	IHCAS29903150002294	中国四川
拟尖头鲌	*Culter oxycephaloides*	IHCAS29903150002161 5498	中国四川
拟尖头鲌	*Culter oxycephaloides*	IHCAS29903150002161 5499	中国四川
拟尖头鲌	*Culter oxycephaloides*	IHCAS29903150002161 581015	中国四川
拟尖头鲌	*Culter oxycephaloides*	IHCAS29903150002161 586027	中国四川
拟尖头鲌	*Culter oxycephaloides*	IHCAS29903150002161 586092	中国四川
尖头鲌	*Culter oxycephalus*	IHCAS29903150002296 636116	中国安徽
尖头鲌	*Culter oxycephalus*	IHCAS29903150002117 8171265	中国湖北
海南鲌	*Culter recurbiceps*	IHCAS29903150002064 310324	中国广西
海南鲌	*Culter recurbiceps*	IHCAS29903150002166 587352	中国广西
海南鲌	*Culter recurbiceps*	IHCAS29903150002166 587077	中国广西

表 3　比较所用的现生鲤属 Cyprinus 标本

种类		标本编号	采集地
异龙中鲤	*Cyprinus (Mesocyprinus) yilongensis*	IHCAS12212032	中国云南
三角鲤	*Cyprinus (Mesocyprinus) multitaeniata*	IHCAS12212033	中国广西
洱海鲤	*Cyprinus (Cyprinus) barbatus*	IHCAS12212144	中国云南
鲤	*Cyprinus (Cyprinus) carpio*	LBM1210032994	日本滋贺
杞麓鲤	*Cyprinus (Cyprinus) chillia*	IHCAS12212120	中国云南
春鲤	*Cyprinus (Cyprinus) longipectoralis*	IHCAS12212139	中国云南
大头鲤	*Cyprinus (Cyprinus) pellegrini*	IHCAS12212141	中国云南
云南鲤	*Cyprinus (Cyprinus) yunnanensis*	IHCAS12212149	中国云南

表 4　比较所用的现生鲫属 Carassius 标本

种类		标本编号	采集地
黑鲫	*Carassius carassius*	LBM1210013782	荷兰
黑鲫	*Carassius carassius*	LBM1210013783	荷兰
黑鲫	*Carassius carassius*	LBM1210013784	荷兰
日本金鲫	*Carassius* sp. A	LBM1210042630	日本宫城
日本金鲫	*Carassius* sp. A	LBM1210042634	日本福岛
日本金鲫	*Carassius* sp. A	LBM1210043146	日本千叶
日本金鲫	*Carassius* sp. A	LBM1210042632	日本福岛
日本金鲫	*Carassius* sp. A	LBM1210047773	日本福岛
鲫	*Carassius auratus auratus*	IHCAS12212266	中国浙江
鲫	*Carassius auratus auratus*	IHCAS12212286	中国辽宁
鲫	*Carassius auratus auratus*	LBM1210047577	中国台湾
伯格氏鲫（日本大金鲫）	*Carassius auratus buerigeri*	NMST－P61704　Ⅳ－1	日本高知

（续表 4）

种类		标本编号	采集地
伯格氏鲫（日本大金鲫）	*Carassius auratus buerigeri*	NMST－P61704　Ⅳ－2	日本高知
伯格氏鲫（日本大金鲫）	*Carassius auratus buerigeri*	NMST－P61704　Ⅳ－3	日本高知
伯格氏鲫（日本大金鲫）	*Carassius auratus buerigeri*	NMST－P61704　Ⅳ－4	日本高知
伯格氏鲫（日本大金鲫）	*Carassius auratus buerigeri*	NMST－P61704　Ⅳ－5	日本高知
日本长鲫	*Carassius auratus* subsp. 1	NMST－P SK184 Ⅰ－1	日本长野
日本长鲫	*Carassius auratus* subsp. 1	NMST－P SK184 Ⅰ－2	日本长野
日本长鲫	*Carassius auratus* subsp. 1	NMST－P SK184 Ⅰ－3	日本长野
日本长鲫	*Carassius auratus* subsp. 1	NMST－P SK184 Ⅰ－4	日本长野
日本长鲫	*Carassius auratus* subsp. 1	NMST－P SK184 Ⅰ－5	日本长野
银鲫	*Carassius auratus gibelio*	IHCAS12212178	中国黑龙江
银鲫	*Carassius auratus gibelio*	IHCAS12212181	中国黑龙江
长背鲫	*Carassius auratus grandoculis*	LBM1210013627	日本滋贺
长背鲫	*Carassius auratus grandoculis*	LBM1210046716	日本滋贺
长背鲫	*Carassius auratus grandoculis*	LBM1210046723	日本滋贺
长背鲫	*Carassius auratus grandoculis*	LBM1210046721	日本滋贺
长背鲫	*Carassius auratus grandoculis*	LBM1210046720	日本滋贺
朗斯多夫氏鲫（日本银鲫）	*Carassius auratus langsdorfii*	LBM1210013631	日本滋贺
朗斯多夫氏鲫（日本银鲫）	*Carassius auratus langsdorfii*	LBM1210013630	日本滋贺
朗斯多夫氏鲫（日本银鲫）	*Carassius auratus langsdorfii*	LBM1210013629	日本滋贺
居维叶氏鲫（荷色鲫）	*Carassius cuvieri*	LBM1210013901	日本滋贺
居维叶氏鲫（荷色鲫）	*Carassius cuvieri*	LBM1210013620	日本滋贺

（三）齿总数的推定方法

　　要得知 B 资料的总数，必须将表 1 中 12 个托盘的全部资料都放于显微镜下做仔细检查。但是由于时间限制，所有资料未能全部用显微镜检查。因此从各托盘中先取少量做检查，对检查出鱼齿的托盘再进一步做任意抽样检查，由此推定鱼齿的总数。

　　对各托盘进行少量检查的结果：从 3、4、10、11、12 号托盘里检查出鲤科鱼类咽齿及其他鱼齿（鲤科鱼类以外的鱼齿）。然后再对这 5 个托盘中的资料进行抽样检查推算其鱼齿的总数。5 个托盘中，量少的约 10％，量多的约 1％进行了抽样检查（见表 1）。

（四）鲤鱼 A2 齿的测量方法及体长推定方法

　　鲤鱼 A2 齿的测量是先用实体显微镜（Leica MZ APO）和数码相机（Nikon Dxm1200C）制作 A2 齿的数码图像，再用 Nikon Imaging Software 测量 A2 齿的内外径（Mesio－lataral Diameter：MLD）和前后径（Antero－posterior Diameter：APD）。内外径是与齿后缘（l_1）平行，测量从内侧端到外侧缘（l_2）。前后径则是对 l_2 测量了垂直方向

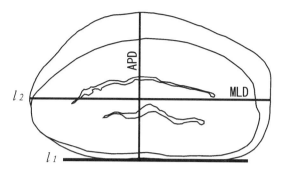

图 1　鲤 Cyprinus (Cyprinus) carpio A2 齿的测量部位，前后径(APD)和内外径(MLD)

的最大径(图 1)。

鲤鱼的体长是根据 A2 齿的大小推定的，采用 A2 齿尺寸和鲤鱼体长之间的回归式[1]推定体长。

$$BL_{MLD}=18.2+57.6xMLD$$

$$BL_{APD}=33.0+81.4xAPD$$

$$BL=(BL_{MLD}+BL_{APD})/2$$

BLMLD 是根据内外径(MLD)推定体长，BLAPD 则是根据前后径(APD)推定体长，取平均值算出推定体长 BL。上述回归式是用琵琶湖的野生种鲤鱼制作而成的。

(五)制作数码图像

现生鱼类咽骨标本是使用乙醇(Ethnol)脱水后，浸在丙酮(Acetone)里，然后风干。从遗址中出土的咽骨及咽齿标本是让其自然干燥后，再拍摄数码图像。

数码图像是由实体显微镜(Leica MZ APO)和数码相机(Nikon Dxm1200C)拍摄的。还有一部分现生标本的数码图像是使用扫描型电子显微镜(JSM－5800)拍摄的。

(六)咽齿及咽骨的用语

鲤科鱼类咽齿通常排列为 1～3 列。从最里面起分别称为"A 列"、"B 列"、"C 列"。"A 列"又称"主列"，其他齿列称为"副列"。A 列齿即主列齿比副列齿大并且齿数也多。每列齿从前往后按顺序编号。譬如 A2 齿是指 A 列前边的第二个齿，B1 齿是指 B 列前边的第 1 个齿(图 2)。

齿的机能面称为"咀嚼面"(Grinding surface)。像鲫属咽齿那样，被磨掉的齿的下面又会形成与原来的咀嚼面不同的机能面，这被称为"二次性咀嚼面"(Secondary grinding surface)(图 3)。有的咀嚼面有沟，此沟叫作"咀嚼面沟"(Groove of grinding surface)(见图 2)。鲤 *Cyprinus carpio* 的 A2 齿有 1～5 条咀嚼面沟，随着成长，沟数也增多。稚鱼(Juvenile)和幼鱼(Young)只有 1～2 条，成鱼一般有 2～4 条[2]。

咽骨有三个面：一个是"有孔面"(Pitted surface)。又称其为"前方·背侧·外侧面"(Antero－dorso－lateral surface)。另外两个面分别是指"后方·腹侧·内侧面"(Postero－ventro－mesial surface)和"生齿面(Dentigerous surface)三个面。生齿面朝着背侧。

---

①　中島経夫，中島美智代，内山純蔵，瀬口眞司(2008)「動物遺存体の調査」『入江内湖遺跡』p.146－182，滋賀県教育委員会·財団法人滋賀県文化財保護協会，大津。

②　小寺春人(1982)「コイ咽頭歯の形態分化に関する研究」『鶴見歯学』8(2)，p.179－212.

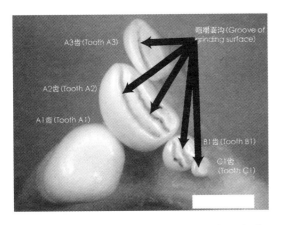

图 2 鲤 Cyprinus (Cyprinus) carpio 左侧咽齿系列,表示咀嚼面(Grinding surface)及其咀嚼面沟(Groove of grinding surface),排列为 A 列、B 列、C 列三列齿。每列从前往后按顺序编号,比例尺为 5 毫米

咽骨在生齿面附近向背侧屈曲。因此,咽骨的两个顶端又分别叫作"前端"(Anterior tip)和"背侧端"(Dorsal tip)。把屈曲部前边称作"前腕"(Anterior limb),后边称作"后腕"(Posterior limb)。咽骨有"前角"(Anterior angle)和"后角"(Posterior angle)两个隅角。前腕和后腕在前角处会合。后方·腹侧·内侧面为肌肉付着部,并且前腕为腹侧面(Ventral surface),后腕为后方面(Posterior surface)(图 4)。

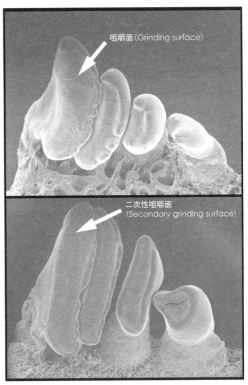

图 3 黑鲫 Carassius carassius (上) LBM1210013782 和朗斯多夫氏鲫 Carassius auratus langsdorfi(下) LBM1210013630 的左侧咽齿系列,黑鲫各齿的咀嚼面(Grinding surface)没有受到咬耗,可是朗斯多夫氏鲫受咬耗而形成二次咀嚼面(Secondary grinding surface)

三　结果

(一)鲤科鱼类咽齿的记载

鲤科 Cyprinidae

鲴鱼亚科 Cultrinae

鲌属 *Culter* Basilewsky

翘嘴鲌(白条子)*Culter* alburnus Basilewsky

A 资料中附着咽骨的咽齿,左侧 38 枚,右侧 26 枚;单独齿,左侧 3 枚,右侧 1 枚。总

共检查出 68 枚标本(表 5)。

　　齿式:2.4.5(4)—5(4).4.2。本标本的咽骨特征是前腕部细长。前角部突出,且背侧·外侧面的前角部附近较宽(图 5)。

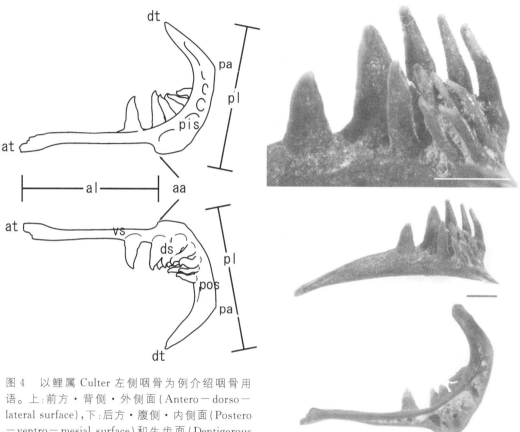

图 4　以鲤属 Culter 左侧咽骨为例介绍咽骨用语。上:前方·背侧·外侧面(Antero—dorso—lateral surface),下:后方·腹侧·内侧面(Postero—ventro—mesial surface)和生齿面(Dentigerous surface)。表示前角(aa: Anterior angle),前腕(al: Anterior limb),前端(at: Anterior tip),生齿面(ds: Dentigerous surface),背侧端(dt: Dorsal tip),后角(pa: Posterior angle),后腕(pl: poterior limb),有孔面(pis: Pitted surface),后方面(pos: Posterior surface),腹侧面(vs: ventral surface)

图 5　从鱼骨坑内出土的翘嘴鲌 Culter alburnus 的左侧咽骨遗存(标本编号 D3001),A 列 5 齿、B 列 4 齿、C 列 2 齿的所有齿都在,咽齿系列(中),咽齿系列的扩大(上),咽骨的前方·背侧·外侧面视(下),比例尺分别为 2 毫米

　　同现生鲌属 *Culer* 的比较

　　现生鲌属 *Culer* 的 9 个亚种都栖息在中国[①]。其中咽骨前角突出且较宽的为翘嘴鲌 *Culter alburnus*(图 6A)和达氏鲌 *Culter dabryi dabryi*(图 6B)。咽骨前角部分较宽的有拟尖头鲌 *Culter oxycephaloides*(图 6C)、蒙古鲌 *Culter mongolicus mongolicus*(图

―――――――――

　　① 罗云林、陈银瑞:《中国动物志硬骨鱼纲鲤形目(中卷)》鲌亚科,科学出版社,1998 年,112～199 页。

6F)。其他种(图 6D,E),前角不发达,咽骨较窄。*Culter dabryi dabryi* 同本标本一样有较宽的咽骨,可是直到后角部附近全部都很宽这一点与本标本不同,并且前腕部也较粗。因此确定本标本为翘嘴鲌(白条子)*Culter alburnus* 。

表 5　田螺山鱼骨坑检出的翘嘴鲌 Culter alburnus 咽齿

	编号	齿种类	推定齿式	齿数
左侧咽骨	D3001	A1、A2、A3、A4、A5、B1、B2、B3、B4、C1、C2	5.4.2—	11
	D3002	A2、A3、A4、B2、B3、C1	4.4.2—	6
	D3003	A2、A3、A4、B1、B2、B3、B4、C1、C2	5.4.2—	9
	D3004	A1、A2、B1、B2	5.4.2—	4
	D3005	A1、B1、B2、B3、B4、C2	4.4.2—	6
	D3006	B1、B2、B3、B4、C1、C2	4.4.2—	6
	D3007	A1、A2、A4、A5、B1、B2、B3、B4、C2	5.4.2—	9
	D3008	A1、A2、A5、B1、B2、B3、B4、C1、C2	5.4.2—	9
	D3009	A1、A2、A3、A4、B1、B2、B3、C1、C2	4.4.2—	9
	D3010	A2、A3、B2、B3、B4	4.4.2—	5
	D3011	A2、A3、B1、B2、B3、B4	4.4.2—	6
	D3012	A1、A2、A3、A4、B1、B2、B3、B4、C2	5.4.2—	9
	D3013	A3、A5、B1、B2、B3、B4	5.4.2—	6
	D3014	A1、A4、B1、B2、B3、B4、C1、C2	5.4.2—	8
	D3015	A1、A2、A3、A4、B1、B2、C1	5.4.2—	7
	D3016	A2、B1、B2、B3、C1、C2	5.4.2—	6
	D3017	A1、B2、B3	4.4.2—	3
	D3018	A2、A3、B1、B2、C1	4.4.2—	5
	D3019	A1、A2、A3、B1、B2、B3	4.4.2—	6
	D3020	A1、B1、B2、C1、C2	4.4.2—	5
	D3021	B4	4.4.2—	1
	D3022	A1、A2、A3、A4、A5	5.4.2—	5
	D3023	A1、A2、A4、A5、B2、B3、B4、C2	5.4.2—	8
	D3024	A1、A3、B1、B2、B3、B4、C1、C2	5.4.2—	8
	D3025	A1、A2、A3、A4、B1、B2、B3、B4、C1	4.4.2—	9
	D3026	A1、A2、B1、B2、B3、B4、C1	5.4.2—	7
	D3027	A1、A4、B1、B4、C2	4.4.2—	5
	D3028	A3、A4、B1、B3、C2	5.4.2—?	5
	D3029	A1、A2、B1、B2、B3、C2	5.4.2—	6
	D3030	A1、A2、A3、A4、B3、B4、C2	4.4.2—	7
	D3031	A1、A2. A3、B1、B2、B3	4.4.2—?	6
	D3032	A2、A3、A4、B2、B3、B4、C1	4.4.2—?	7
	D3033	A1、A2		2
	D3034	A3、A4		2
	D3035	A3、B2		2

（续表 5）

	编号	齿种类	推定齿式	齿数
	D3036	A1、A2、A3、B1、B2、B3、B4、C1	4.4.2—	8
	D3037	A4、B4		2
	D3068	A2、A3、A4、B1、B2、B3、C1、C2	5.4.2—	8
	左侧咽骨标本数合计　38 枚　齿数合计			233
右侧咽骨	D3041	A1、A2、A3、A4、A5、B1、B2、B3、B4、C1、C2	—2.4.5	11
	D3042	A1、A2、A3、A4、A5、B1、B2、B3	—2.4.5	8
	D3043	A1、A3、A4、B2、B3、B4、C2	—2.4.4	7
	D3044	A1、A2、A4、B2、B3、B4、C1、C2	—2.4.4	8
	D3045	A1、A2、A3、B1、B2、B3、B4	—2.4.5	7
	D3046	A2、A3、B1、B2、B3、C1	—2.4.5	6
	D3047	A1、A2、A3、B1、B2、B3、C1	—2.4.4	7
	D3048	A1、A3、A4、A5、B1、B2、B3、B4、C1、C2	—2.4.5	10
	D3049	A1、A5、B1、B2、B3、B4、C1	—2.4.5	7
	D3050	A1、A2、A3、A4、B1、B2、B3	—2.4.4	7
	D3051	A1、A2、A3、B1、B2、B3、C2	—2.4.4	7
	D3052	B1、B2、B3、B4、C2	—2.4.5	5
	D3053	A5、B4	—2.4.4	2
	D3054	A1、B1、B2	—2.4.5	3
	D3055	A2、B1、B2、B3、B4、C1、C2	—2.4.4?	7
	D3056	A1、A2、A3、A4、A5、B1、B2、B3	—2.4.5	8
	D3057	A2、A3、A4、A5、B4	—2.4.5?	5
	D3058	A2、A4、A5、B3、B4、C1、C2	—2.4.5?	7
	D3059	B4	—2.4.5	1
	D3060	A1	—2.4.5	1
	D3062	A2、A3、A4、B2、B4	—2.4.4	5
	D3063	A1、A2、B1、B2		4
	D3064	A1、A2、A3、B1、B2、C1、C2	—2.4.4	7
	D3065	A1		1
	D3066	A1、A3、A4、B1、B3、C1、C2	—2.4.4	7
	D3067	A5		1
	右侧咽骨标本数合计　26 枚　齿数合计			149
单独齿	D3038	左 A2		1
	D3039	左 A3		1
	D3040	左 A2		1
	D3061	右 A1		1
	标本数合计　4 枚　齿数合计			4
	标本数共计　68 枚　齿数共计			386

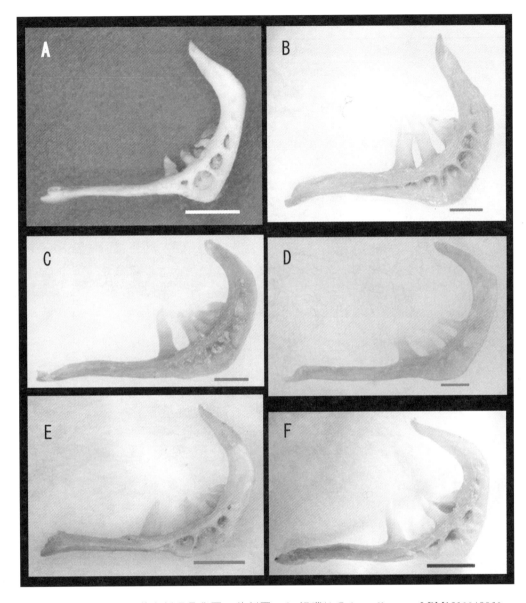

图 6　现生鲌属 *Culter* 的左侧咽骨背面·外侧面。A：翘嘴鲌 *Culter alburnus*、LBM1210048360，比例尺为 5 毫米。B：达氏鲌 *Culter dabryi dabryi*、IHCAS29903150002126 008482，比例尺为 2 毫米。C：拟尖头鲌 *Culter oxycephaloides*、IHCAS29903150002161 5498，比例尺为 2 毫米。D：海南鲌 *Culter recurviceps*、IHCAS29903150002166 587352，比例尺为 1 毫米。E：尖头鲌 *Culter oxycephalus*、IHCAS29903150002117 8171265，比例尺为 5 毫米，F：蒙古鲌 *Culter mongolicus mongolicus*、IHCAS29903150002112 586088，比例尺为 5 毫米

鲤亚科 Cyprininae

鲤属 *Cyprinus* Linnaeus

鲤 *Cyprinus* (*Cyprinus*) *carpio* Linnaeus

A 资料中附着咽骨的咽齿,左侧 140 枚,右侧 146 枚;单独齿 48 枚;牙胚 48 枚。总共检查出 382 枚标本(表6)。

齿式:1.1.3－3.1.1。由持有块状且圆滑咀嚼面的 A1 齿、咀嚼面沟朝内外方向走行的 A2、A3、B1、C1 齿构成,为鲤属 *Cyprinus* 特有的咽齿系列。A2 齿咀嚼面沟的条数大部分是三条,偶尔也有二或四条的。A2 齿的前方侧面鼓起(图7)。

图 7　从鱼骨坑内出土的鲤 *Cyprinus*（*Cyprinus*）*carpio* 的左侧咽骨遗存(标本编号 D0010)。A1 齿、A2 齿、A3 齿、B1 齿、C1 齿的所有齿都在。比例尺为 5 毫米

表 6　田螺山鱼骨坑检出的鲤鱼 Cyprinus (Cyprinus) carpio 咽齿

	齿种类	标本数	齿数
左侧咽骨	A1、A2、A3、B1、C1	34	170
	A1、A2、A3、B1	27	108
	A1、A2、A3、C1	2	8
	A1、A2、A3	3	9
	A1、A2、B1、C1	26	104
	A1、A2、B1	22	66
	A1、A2、C1	1	3
	A1、A2	7	14
	A1、A3、B1、C1	1	4
	A1、B1、C1	3	9
	A1、B1	1	2
	A2、A3、B1、C1	2	8
	A2、A3、B1	1	3
	A2、A3	2	4
	A2、B1、C1	2	6
	A2、B1	2	4
	A2	4	4
	合计	140	526
右侧咽骨	A1、A2、A3、B1、C1	37	185
	A1、A2、A3、B1	24	96
	A1、A2、A3、C1	1	4
	A1、A2、A3	2	6
	A1、A2、B1、C1	25	100
	A1、A2、B1	21	63

（续表 6）

	齿种类	标本数	齿数
右侧咽骨	A1、A2、C1	2	6
	A1、A2	11	22
	A1、A3、B1、C1	0	0
	A1、B1、C1	4	12
	A1、B1	2	4
	A2、A3、B1、C1	6	24
	A2、A3、B1	1	3
	A2、A3	0	0
	A2、B1、C1	2	6
	A2、B1	4	8
	A2	4	4
	合计	146	543
单独齿	左 A1	15	15
	右 A1	15	15
	左 A2	8	8
	右 A2	10	10
	合计	48	48
牙胚	左 A2	20	20
	右 A2	28	28
	合计	48	48
	共计	382	1,165

同现生鲤属 *Cyprinus* 的比较

　　现生鲤属 *Cyprinus* 分中鲤亚属 *Mesocyprinus* 和鲤亚属 *Cyprinus* 两个亚属，16 个种、亚种主要分布在中国南部地区[①]。其中，鲤 *Cyprinus* (*Cyprinus*) *carpio* 广泛分布于日本列岛至欧洲。而 *Cyprinus* (*Cyprinus*) *carpio* 和绳文鲤 *Cyprinus* (*Cyprinus*) sp. 则共同栖息在当时的日本列岛[②]。

　　本标本咀嚼面沟主要是三条，不同于咀嚼面沟是一条的 Mesocyprinus 亚属（图 8A，B）。从 *Cyprinus* 亚属 A2 齿的外形以及 A1 齿和 A2 齿的相对大小（图 8C－H）确定它为 *Cyprinus* (*Cyprinus*) *carpio*（图 8D）而不是其他种。

鲫属 Carassius Jarocki

鲫 Carassius auratus auratus（Linnaeus）

---

　①　罗云林、乐佩琦：《中国动物志硬骨鱼纲鲤形目（下卷）》鲤亚科，科学出版社，2000 年，391～433 页。

　②　Nakajima，T．，Tainaka，Y．，Uchiyama，J．，and Kido，Y．，1998，Pharyngeal tooth remains of the genus *Cyprinus* includingan extinct species，from the Akani Bay Ruins．*Copeia*，1998：1050－1053。

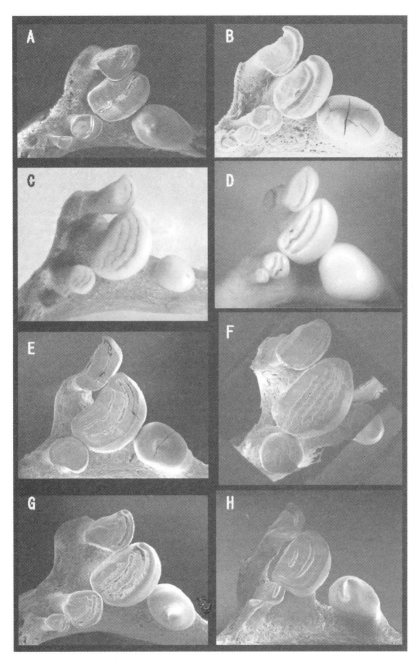

图 8　现生鲤属 *Cyprinus* 的咽齿系列。A：异龙中鲤 *Cyprinus（Mesocyprinus）yilongensis*、IH-CAS12212032。B：三角鲤 *Cyprinus（Mesocyprinus）multitaeniata*、IHCAS12212033。C：洱海鲤 *Cyprinus（Cyprinus）barbatus*、IHCAS12212144。D：鲤 *Cyprinus（Cyprinus）carpio*、LBM1210032994。E：春鲤 *Cyprinus（Cyprinus）longipectoralis*、IHCAS12212139。F：大头鲤 *Cyprinus（Cyprinus）pellegrini*、IHCAS12212141。G：云南鲤 *Cyprinus（Cyprinus）yunnanensis*、IHCAS12212149。H：杞麓鲤 *Cyprinus（Cyprinus）chillia*、IHCAS12212120

A 资料中附着咽骨的咽齿标本,左侧 1431 枚,右侧 1373 枚;单独齿标本,右侧 2 枚。共检查出 2806 枚标本(表 7)。

齿式:4—4。A2、A3、A4 齿前后侧扁,A1 齿呈圆锥形为鲫属 *Carassius* 咽齿系列。A3 齿的后方咀嚼面边缘不明显向前方弯曲。A1 齿前后径较小,基本上与 A2 齿的内外经等同。A1 齿的 2 次咀嚼面前后径与内外径几乎等同或者略小(图 9)。

表 7　田螺山鱼骨坑检出的鲫鱼 *Carassius auratus* 咽齿

		齿种类	标本数	齿数
左侧咽骨	带齿	A1、A2、A3	1	3
		A1、A2	675	1,350
		A1	290	290
		A2	152	152
	脱齿		312	0
		合计	1,430	1,795
右侧咽骨	带齿	A1、A2、A3	2	6
		A1、A2	624	1,248
		A1	296	296
		A2	147	147
	脱齿		307	0
		合计	1,376	1,697
单独齿	右 A2		2	2
	合计		2	2
		共计	2,808	3,494

同现生鲫属 *Carassius* 的比较

鲫属 *Carassius* 主要有分布在新疆和中亚以西的黑鲫 *Carassius. carassius*,分布在东亚的 *Carassius auratus*。在中国有鲫 *Carassius. auratus auratus* 和银鲫 *Carassius. auratus gibelio* 两个亚种[①]。在日本列岛有分布在日本东部的日本金鲫 *Carassius* sp. A 和分布在以日本西部为中心的 *Carassius. auratus* 四个亚种以及分布在日本列岛琵琶湖的居维叶氏鲫 *Carassius cuvieri*。

黑鲫 *Carassius. carassius*(图 10A)及日本金鲫 *Carassius* sp. A (图 10B)的 A3 齿后方咀嚼面边缘明显向前方凹陷,因此和本标本(见图 9)不相符。*Carassius. auratus* 的六个亚种(图 10C—G)和居维叶氏鲫 *Carassius cuvieri*(图 10H)的 A1 齿与本标本一致。可是居维叶氏鲫 *Carassius cuvieri* 的珐琅质层薄,与本标本不相符。从形态学上鉴定其为 *Carassius auratus* subsp.。分布在当

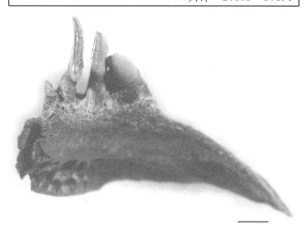

图 9　从鱼骨坑内出土的鲫 *Carassius auratus auratus* 右侧的咽骨遗存(标本编号 D1003)。A1 齿、A2 齿、A3 齿在,A4 齿已破损脱落。比例尺为 2 毫米

① 罗云林、乐佩琦:《中国动物志硬骨鱼纲鲤形目(下卷)》鲤亚科,科学出版社,2000 年,391～433 页。

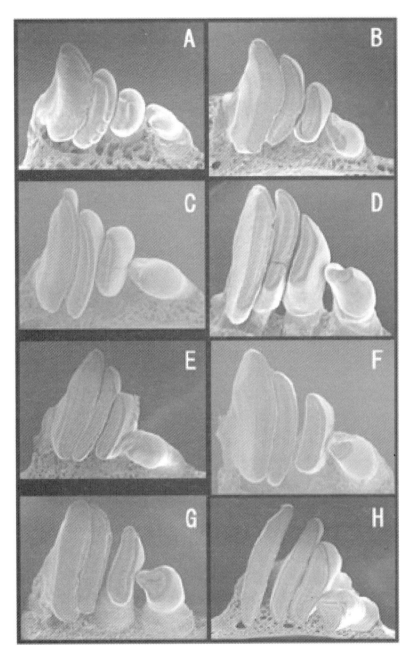

图10　现生鲫属 *Carassius* 右侧咽骨及其咽齿。A：黑鲫 *Carassius carassius*、LBM1210013782。B：日本金鲫 *Carassius* sp. A，LBM1210042630。C：伯格氏鲫 *Carassius auratus buerigeri*、NMST－P61704 IV－5。D：日本长鲫 *Carassius auratus* subsp. 1，NMST－P SK184 I－1。E：长背鲫 *Carassius auratus grandoculis*、LBM1210013627。F：鲫 *Carassius auratus auratus*、LBM1210047577。G：朗斯多夫氏鲫 *Carassius auratus langsdrfii*、LBM1210013630。H：居维叶氏鲫 *Carassius cuvieri*、LBM1210013620

今中国的 *Carassius auratus* 有两个亚种,分布在日本的 *Carassius auratus* 有两个亚种。*Carassius auratus auratus* 以外的亚种分布地域非常有限。长江流域没有分布。与此相对,鲫 *Carassius auratus auratus* 包括浙江省在内,在中国分布广泛。因此,确定本标本为鲫 *Carassius auratus auratus*。

(二)鱼骨坑内的鱼类的构成比率

1. 根据最小个体数算出鲤科鱼类的构成

为了知晓鱼骨坑内的三种鲤科鱼类的构成比率,根据 A 资料分别算出三种鱼的最小个体数。三种鱼的最小个体是由 A 资料咽齿标本中生齿面保存完好的咽骨数算出的。

翘嘴鲌 *Culter alburnus* 左侧咽骨有 38 个,右侧咽骨有 27 个,所以最小个体数为 38 个个体(见表 5)。鲤 *Cyprinus*(*Cyprinus*)*carpio* 左侧咽骨有 140 个,右侧咽骨有 146 个,因此最小个体数为 146 个个体(见表 6)。鲫 *Carassius auratus auratus* 左侧咽骨有 1431 个,右侧咽骨有 1373 个,因此最小个体数为 1431 个个体(见表 7)。

根据三种鱼的最小个体数比例,可以知道坑内的翘嘴鲌 *Culter alburnus*、鲤 *Cyprinus*(*Cyprinus*)*carpio*、鲫 *Carassius auratus*、*auratus* 三种鱼的构成比例为 2.4%、9.0%、88.6%。鲫 *Carassius auratus auratus* 所占比例最大。

2. 从各托盘中检查出的鱼齿

B 资料的各托盘内存在大量鲤科鱼类的脊椎骨、肋骨,还有其他鱼的各个部位的骨头,以及鸟骨、啮齿类的头骨等。这些鱼骨等都没有被火烧过的痕迹。

检查出齿的 5 个托盘里的所有资料的总容量、抽样检查用容量以及检查出的齿数等都整理归纳于表 8 中。另外还检查出鲫 *Carassius auratus auratus*、鲤 *Cyprinus*(*Cyprinus*)*carpio*、翘嘴鲌 *Culter alburnus* 三种鱼的咽齿和鲤科鱼类以外的鱼齿。托盘中其他鱼(主要是鳢鱼 *Channa* spp.)附着颚骨、锄骨、咽骨的齿全部都已脱落。从各托盘中检查出的鱼齿详情如表 9 所示。

3. 坑内的鱼齿的推定总数及鱼齿的构成比较

B 资料中检查出的鲤科鱼类咽齿和其他鱼齿的总数,都是通过对各托盘进行任意抽样检查资料的比例以及从 B 资料中检查出的齿数来推定得出的。其结果是推定所有托盘中鲤科鱼类咽齿有 7975 枚,推定鲤科以外的鱼齿有 11500 枚(见表 8)。

鲤科以外的鱼,颚及其他骨头上的齿已经全部脱落,这说明那些齿都脱落到水洗筛选的托盘内了,推定总数 11500 是鲤科以外的鱼齿总数。鲤科咽齿的数量,除 B 资料外(除托盘内的咽齿外),还有 A 资料中已经检查出的齿,把这些从 A 资料中检查出的齿也必须加上。

表 8　田螺山鱼骨坑检出鱼齿的各托盘容量及检查资料的容量、比例、鱼齿数量

托盘编号	全容量（克）	检查资料的容量（克）	检查资料的比例(%)	检查出的齿数		托盘中鱼齿的推定数	
				鲤科咽齿	其他鱼齿	鲤科咽齿	其他鱼齿
3	215.7	23.3	10.8	9	162	83	1,500
4	172.3	17.2	10.0	0	112	0	1,120
10	1,838.9	185.1	10.1	12	17	119	168
11	6,639.4	71.5	1.1	36	6	3273	545
12	9,484.0	116.6	1.2	54	98	4500	8,167
					推定总数	7975	11,500

表 9　田螺山鱼骨坑检出鱼齿的托盘抽样检查情况一览表

托盘编号	齿的内容		齿数	标本数
3	其他鱼齿		162	162
	鲤科咽齿	总数	9	
		翘嘴鲌 Culter alburnus		9
4	其他鱼齿		112	112
	鲤科咽齿		0	0
10	其他鱼齿		17	17
	鲤科咽齿	总数	12	12
		鲤 Cyprinus (Cyprinus)carpio 右侧 C1 齿		2
		鲫 Carassius auratus auratus 左侧 A3		2
		鲫 Carassius auratus auratus 右侧 A3		1
		鲫 Carassius auratus auratus 右侧 A2		2
		鲫 Carassius auratus auratus 左侧 A1		2
		鲫 Carassius auratus auratus 右侧 A1		3
11	其他鱼齿		6	6
	鲤科咽齿	总数	36	36
		翘嘴鲌 Culter alburnus		4
		鲤 Cyprinus (Cyprinus)carpio 左侧 A3 齿		1
		鲤 Cyprinus (Cyprinus)carpio 右侧 A3 齿		1
		鲫 Carassius auratus auratus 左侧 A4		8
		鲫 Carassius auratus auratus 右侧 A4		5
		鲫 Carassius auratus auratus 左侧 A3		7
		鲫 Carassius auratus auratus 右侧 A3		6
		鲫 Carassius auratus auratus 左侧 A2		1
		鲫 Carassius auratus auratus 右侧 A2		2
		鲫 Carassius auratus auratus 左侧 A1		1

（续表 9）

托盘编号	齿的内容		齿数	标本数
12	其他鱼齿		98	98
	鲤科咽齿	总数	54	53
		翘嘴鲌 *Culter alburnus*		4
		鲫 *Carassius auratus auratus* 左侧 A4		4
		鲫 *Carassius auratus auratus* 右侧 A4		6
		鲫 *Carassius auratus auratus* 左侧 A3		12
		鲫 *Carassius auratus auratus* 右侧 A3		10
		鲫 *Carassius auratus auratus* 左侧 A2		3
		鲫 *Carassius auratus auratus* 右侧 A2		5
		鲫 *Carassius auratus auratus* 左侧 A1		3
		鲫 *Carassius auratus auratus* 右侧 A2		5
		鲫 *Carassius auratus auratus* 左侧 A1、A2		1

从 A 资料中检查出的咽齿：翘嘴鲌 *Culter alburnus* 是 386 枚齿（见表 5）、鲤 *Cyprinus（Cyprinus）carpio* 是 1165 枚齿（见表 6）、鲫 *Carassius auratus auratus* 是 3490 枚齿（见表 7）。托盘中的推定数与这些相加后，咽齿的总数为 13020 枚。鲤科鱼类咽齿的总数高出其他鱼齿总数。

4. 鱼骨坑内的鱼的构成

此坑内鲤科鱼类每个个体拥有的咽齿数：鲫 *Carassius auratus auratus* 是 8 枚齿、鲤 *Cyprinus（Cyprinus）carpio* 是 10 枚齿、翘嘴鲌 *Culter alburnus* 是 22 枚齿。这三种鱼的构成比例分别为 88.6％、9.0％、2.4％。由此可见，坑内的鲤科鱼类一个个体的平均齿数是 8.52（8×0.886＋10×0.090＋22×0.024＝8.52）。鲤科鱼类的咽齿总数约有 13,000 枚。因此坑中鲤科鱼类的总个体数应该为 1526 个体。

与此相对，乌鳢（*Channa argus*）一个个体约有 1,200 枚齿（表 10：中岛，未发表）。鲤科鱼类以外的鱼，假设只有鳢鱼的话，坑内鲤科鱼类以外的齿的总数是 11,500 枚，所以鲤科以外的鱼大约只有 10 个个体。

鱼骨坑中鲤科鱼类比其他鱼多出 150 倍左右。由此可见，鲤科鱼类三种（鲫、鲤、翘嘴鲌）和鲤科以外的鱼的构成比例为 88.1％、8.9％、2.3％、0.7％（图 11）。因此可以认为鱼骨坑内大部分是鲫，偶有被捕的鲤、翘嘴鲌及其他鱼（鳢鱼等）。

表 10　乌鳢 1 个体(体长 550 厘米)的齿数

部位	左侧齿数	右侧齿数	合计齿数
齿骨(下颌)	72	84	156
主上颌骨	178	185	363
前上颌骨	62	58	120
口盖骨	154	123	277
咽骨	99	101	200
犁骨			33
蝶形骨			63
共计			1,212

(三)鱼骨坑内鲤鱼的体长分布

测量结果和推定体长

A2 齿尺寸最大前后径为 5.07 毫米 (D0125)、最小前后径为 1.66 毫米(D0100)。由此推定的体长是 165.6～443.8 毫米。另外 A2 齿的咀嚼面沟多的有三条,也有个别的是两条或四条。从咀嚼面沟的条数的特征可以判断它不是幼鱼的齿(表 11)。

把推定的体长每隔 50 毫米制作成出现频度图(图 12)。通过这个出现频度图能够清楚地看到鱼骨坑内的鲤鱼体长大部分为 350～450 毫米,没有体长 150 毫米以下的。

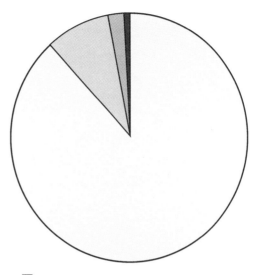

□　鲫 *Carassius auratus auratus*

　　鲤 *Cyprinus(Cyprinus)carpio*

　　翘嘴鲌 *Culter alburnus*

■　鲤科以外的鱼类

图 11　鱼骨坑内鱼的构成比率

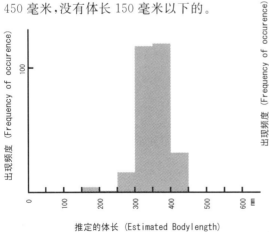

图 12　根据鱼骨坑内的鲤 *Cyprinus (Cyprinus) carpio* A2 齿推定体长分布

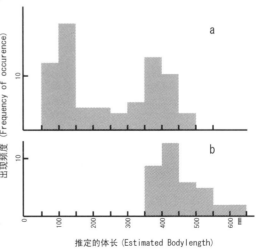

图 13　从日本弥生遗址(a:朝日遗址)和绳文遗址(b:入江内湖遗址)出土的鲤 *Cyprinus (Cyprinus) carpio* 的体长分布

表11　田螺山鱼骨坑检出的鲤鱼A2齿的尺寸和推定体长(长度单位:毫米)

编号	咀嚼面沟条数	MLD	APD	BLMLD	BLAPD	BL
D0001	3	6.01	4.51	364.2	400.3	382.2
D0002	2.5	5.84	4.04	354.4	362.0	358.2
D0003	3	6.08	4.05	368.3	363.0	365.6
D0004	3	6.75	4.60	406.5	407.4	406.9
D0005	3	5.47	3.85	332.8	346.2	339.5
D0006	3	5.53	3.75	336.5	338.4	337.4
D0007	3.5	5.70	3.86	346.3	347.5	346.9
D0008	3	6.22	3.97	376.4	356.4	366.4
D0009	3	7.30	4.38	438.4	389.4	413.9
D0010	3	5.82	3.99	353.1	357.4	355.3
D0011	3	6.91	4.33	416.1	385.2	400.6
D0012	2.5	5.95	3.69	360.4	333.6	347.0
D0013	3	6.30	3.73	380.5	336.8	358.7
D0014	3	6.03	3.87	365.3	348.0	356.6
D0015	2.5	4.32	3.02	266.7	278.6	272.6
D0016	2.5	5.80	3.49	351.9	316.6	334.3
D0017	3	4.90	3.55	300.2	321.8	311.0
D0018	3	5.46	3.67	332.6	331.9	332.2
D0019	3	6.46	4.52	389.9	401.3	395.6
D0020	3	5.15	3.53	314.6	320.0	317.3
D0021	3	5.83	4.07	353.7	364.3	359.0
D0022	3	6.83	4.41	411.4	391.8	401.6
D0023	3	6.14	4.08	371.6	365.3	368.4
D0024	2.5	5.46	3.69	332.6	333.3	332.9
D0025	3	6.26	4.35	378.4	386.8	382.6
D0026	3	5.61	3.77	341.2	340.0	340.6
D0027	3	6.53	4.31	394.2	383.9	389.1
D0028	3	5.42	3.79	330.3	341.5	335.9
D0029	3	6.16	4.06	372.8	363.8	368.3
D0030	3	6.26	4.40	378.4	391.3	384.8
D0031	3	6.94	4.73	417.9	417.8	417.8
D0032	3	6.08	4.12	368.0	368.2	368.1
D0033	2	6.59	4.55	397.2	403.6	400.4
D0034	3	5.95	4.08	360.9	365.4	363.1
D0035	3	6.14	4.88	371.4	430.4	400.9
D0036	3	4.85	3.44	297.1	313.2	305.1
D0037	3	4.72	2.91	289.9	270.1	280.0
D0038	3	6.12	4.28	370.6	381.6	376.1
D0039	2.5	4.40	3.15	271.4	289.5	280.4

（续表 11）

编号	咀嚼面沟条数	MLD	APD	BLMLD	BLAPD	BL
D0040	3	5.10	3.60	311.7	326.4	319.0
D0041	4	6.63	4.45	399.7	395.2	397.4
D0042	3	6.35	4.24	383.6	378.1	380.8
D0043	3	5.70	4.04	346.3	361.8	354.1
D0044	3	7.01	4.46	421.7	396.0	408.8
D0045	3	5.35	3.79	325.9	341.7	333.8
D0046	3	5.22	3.70	318.5	334.1	326.3
D0047	3	4.95	3.36	302.8	306.8	304.8
D0048	3	6.05	3.93	366.4	352.5	359.4
D0049	3	6.55	3.90	395.4	350.2	372.8
D0050	3	6.91	4.48	415.7	398.0	406.8
D0051	3	6.84	4.43	412.1	393.7	402.9
D0052	3	6.17	4.12	373.5	368.1	370.8
D0053	3	6.64	4.19	400.4	373.9	387.1
D0054	3	6.96	4.71	418.5	416.3	417.4
D0055	3	6.24	4.01	377.2	359.2	368.2
D0056	3	6.17	3.84	373.1	345.2	359.2
D0057	3	5.73	3.91	347.9	351.3	349.6
D0058	3	5.25	3.87	320.1	348.2	334.2
D0059	3	4.91	3.33	301.0	304.1	302.5
D0060	3	5.58	3.67	339.1	331.9	335.5
D0061	3	6.37	4.09	384.8	365.8	375.3
D0062	3	6.83	4.82	411.2	425.4	418.3
D0063	3	5.60	3.59	340.5	325.3	332.9
D0064	3	5.93	3.71	359.6	334.9	347.2
D0065	3	5.76	3.92	349.5	352.1	350.8
D0066	2.5	5.40	3.50	329.1	317.9	323.5
D0067	2.5	5.68	3.70	344.9	334.1	339.5
D0068	2	3.86	2.64	240.4	247.6	244.0
D0069	3	5.88	4.04	356.6	361.8	359.2
D0070	3	5.34	3.36	325.7	306.3	316.0
D0071	3	5.26	3.50	321.2	317.8	319.5
D0072	3	6.65	4.20	401.1	375.2	388.2
D0073	3	5.94	3.76	360.2	339.3	349.7
D0074	3	5.90	3.56	358.0	322.9	340.5
D0075	3	5.94	3.75	360.1	338.5	349.3
D0076	3	5.79	3.83	351.7	345.1	348.4
D0077	3	5.58	3.97	339.2	355.9	347.6
D0078	3	5.36	3.46	326.8	314.7	320.8

（续表 11）

编号	咀嚼面沟条数	MLD	APD	BLMLD	BLAPD	BL
D0079	3	6.24	3.88	377.4	348.5	363.0
D0080	3	6.87	4.76	413.5	420.4	416.9
D0081	3	5.81	3.55	352.4	321.8	337.1
D0082	3	5.77	3.76	350.2	338.9	344.6
D0083	3	6.66	4.33	401.7	385.2	393.5
D0084	3	5.83	3.68	353.8	332.5	343.2
D0085	3	6.70	4.41	403.7	391.6	397.7
D0086	3	6.06	4.06	366.8	363.6	365.2
D0087	3	6.35	4.25	383.8	378.8	381.3
D0088	3	5.17	3.54	315.6	321.5	318.5
D0089	3	5.55	3.51	337.8	318.9	328.4
D0090	3	5.71	3.79	346.6	341.1	343.9
D0091	2.5	6.11	4.03	370.0	361.3	365.6
D0092	3	5.80	3.83	352.3	344.9	348.6
D0093	3	6.76	4.47	407.2	397.2	402.2
D0094	3	6.02	4.10	364.6	367.0	365.8
D0095	3	6.45	4.10	389.3	367.0	378.1
D0096	3	6.03	4.23	365.1	377.3	371.2
D0097	2	3.12	1.83	197.7	182.2	190.0
D0098	2.5	5.42	3.58	330.3	324.0	327.1
D0099	3	5.52	3.66	336.1	330.9	333.5
D0100	2	2.52	1.66	163.5	167.8	165.6
D0101	2	3.17	2.04	200.5	198.9	199.7
D0102	3	6.08	3.85	368.3	346.5	357.4
D0103	3	5.72	3.73	347.1	336.7	341.9
D0104	3	6.44	4.23	388.9	377.6	383.3
D0105	3	5.42	3.63	330.4	328.4	329.4
D0106	3	5.21	3.87	318.2	348.1	333.1
D0107	3	5.06	3.71	309.4	334.6	322.0
D0108	2.5	4.43	2.70	273.1	253.1	263.1
D0109	3	6.15	4.27	372.2	380.8	376.5
D0110	3	6.28	4.43	379.7	393.4	386.6
D0111	3	5.80	4.15	352.2	371.1	361.6
D0112	3	5.08	3.11	310.6	286.3	298.5
D0113	3	6.54	4.27	394.4	380.9	387.7
D0114	3	5.53	3.87	336.5	348.3	342.4
D0115	3	5.17	3.25	315.8	297.2	306.5
D0116	3	6.95	4.66	418.2	412.6	415.4
D0117	3	5.90	4.01	357.5	359.4	358.4

（续表 11）

编号	咀嚼面沟条数	MLD	APD	BLMLD	BLAPD	BL
D0118	3	5.06	3.51	309.3	318.3	313.8
D0119	3	7.05	4.65	424.1	411.2	417.7
D0120	3	5.24	3.55	319.9	322.0	320.9
D0121	3	5.86	4.27	355.7	380.5	368.1
D0122	3	6.02	4.01	364.4	359.0	361.7
D0123	3	5.91	3.90	358.4	350.0	354.2
D0124	3	5.74	4.08	348.7	365.4	357.0
D0125	3	7.37	5.07	442.2	445.5	443.8
D0126	3	6.19	3.73	374.3	336.5	355.4
D0127	3	6.42	3.91	387.8	351.1	369.4
D0128	3	6.66	4.00	401.3	358.6	379.9
D0129	3	6.79	4.19	409.0	374.2	391.6
D0130	3	6.55	4.23	395.0	377.7	386.3
D0131	3	5.85	4.12	355.1	368.3	361.7
D0132	3	7.11	4.82	427.2	425.4	426.3
D0133	3	6.39	4.35	385.7	386.8	386.3
D0134	3	6.03	4.11	365.3	367.6	366.5
D0135	3	5.90	4.45	357.6	395.4	376.5
D0136	3	6.39	3.95	386.0	354.5	370.2
D0137	3	6.21	4.49	375.7	398.4	387.1
D0138	3	5.40	3.64	329.1	329.3	329.2
D0139	3	7.41	4.72	444.5	416.8	430.7
D0140	3	5.26	3.57	321.1	323.8	322.4
D0141	3	4.84	2.95	296.9	273.4	285.2
D0142	4	6.81	4.69	410.0	414.9	412.5
D0143	3	6.09	4.08	368.7	365.0	366.8
D0144	3	6.97	4.42	419.5	392.4	406.0
D0145	3	5.70	4.09	346.2	366.2	356.2
D0146	3	6.56	3.89	395.6	349.7	372.6
D0147	3	6.33	3.98	382.6	356.9	369.7
D0148	3	5.43	3.66	330.9	330.7	330.8
D0149	2	4.87	3.37	298.3	307.0	302.7
D0150	3	5.34	3.43	325.4	311.8	318.6
D0151	3	5.86	3.98	355.7	357.2	356.4
D0152	3	5.61	3.82	341.3	343.8	342.5
D0153	3	5.92	3.75	358.8	338.6	348.7
D0154	2	4.69	3.01	287.9	278.3	283.1
D0155	2	4.47	2.83	275.2	263.5	269.4
D0156	3	5.88	3.67	356.6	332.1	344.3

（续表 11）

编号	咀嚼面沟条数	MLD	APD	BLMLD	BLAPD	BL
D0157	3	5.50	4.16	334.6	371.8	353.2
D0158	3	6.96	4.29	418.8	382.1	400.4
D0159	2.5	5.54	3.56	336.9	322.9	329.9
D0160	3	6.60	4.54	398.2	402.3	400.2
D0161	3	4.98	3.67	304.7	331.9	318.3
D0162	3	5.35	3.89	326.0	349.4	337.7
D0163	3.5	6.74	4.30	406.4	382.6	394.5
D0164	2	4.52	3.02	278.6	278.6	278.6
D0165	3	5.74	3.75	348.4	338.1	343.2
D0166	3	5.37	3.64	327.4	329.0	328.2
D0167	3	5.32	3.65	324.1	329.8	326.9
D0168	2.5	4.86	3.28	297.9	300.3	299.1
D0169	2	5.31	3.39	323.6	309.2	316.4
D0170	3	6.31	3.67	381.4	332.1	356.7
D0171	3	6.03	3.89	365.0	349.8	357.4
D0172	3	6.50	4.23	392.5	377.1	384.8
D0173	3	5.05	3.39	308.9	308.6	308.7
D0174	3	6.15	3.75	371.9	338.4	355.2
D0175	3	5.06	3.41	309.2	310.2	309.7
D0176	3	6.55	4.60	394.9	407.2	401.1
D0177	3	5.64	3.80	342.9	342.3	342.6
D0178	3	6.13	3.93	371.1	352.5	361.8
D0179	3	5.30	3.49	323.1	317.1	320.1
D0180	3	5.06	3.25	309.6	297.4	303.5
D0181	3	6.08	4.12	367.9	368.4	368.2
D0182	3	5.15	3.44	314.6	313.1	313.9
D0183	3	6.16	4.26	372.6	379.9	376.3
D0184	3	5.05	3.72	309.0	335.8	322.4
D0185	2	4.44	2.79	273.6	260.1	266.8
D0186	3	5.96	3.96	361.0	355.6	358.3
D0187	2	4.21	2.96	260.6	273.8	267.2
D0188	3	5.94	3.99	360.3	358.1	359.2
D0189	3	6.00	3.93	363.6	352.8	358.2
D0190	3	5.48	3.73	333.5	336.8	335.2
D0191	2.5	5.54	3.53	337.0	320.2	328.6
D0192	3	6.35	4.08	383.6	365.3	374.5
D0193	2.5	5.22	3.74	318.6	337.7	328.2
D0194	3.5	6.85	4.39	412.5	390.6	401.5
D0195	3	6.36	4.08	384.4	365.0	374.7

（续表 11）

编号	咀嚼面沟条数	MLD	APD	BLMLD	BLAPD	BL
D0196	3	5.05	3.61	308.9	326.6	317.7
D0197	3	5.22	3.51	318.4	318.9	318.7
D0198	3	5.82	3.85	353.1	346.6	349.8
D0199	2.5	6.09	3.78	368.8	340.8	354.8
D0200	3	5.88	3.92	356.8	351.7	354.2
D0201	3	6.54	4.32	394.4	384.2	389.3
D0202	3	4.80	3.16	294.7	290.3	292.5
D0203	3	5.79	3.77	351.7	340.2	345.9
D0204	3	5.93	3.77	359.3	339.5	349.4
D0205	3	5.80	3.77	351.8	340.2	346.0
D0206	3	6.25	4.00	377.7	358.6	368.1
D0207	3	5.30	3.45	323.5	313.6	318.5
D0208	3	5.04	3.40	308.3	309.6	309.0
D0209	3	6.84	4.20	412.1	374.7	393.4
D0210	3	5.71	3.94	346.5	353.6	350.0
D0211	3	4.75	3.03	291.5	279.9	285.7
D0212	2.5	5.12	3.24	313.1	296.5	304.8
D0213	2.5	5.18	3.46	316.5	314.2	315.4
D0214	3	5.02	3.46	307.2	314.5	310.9
D0215	3	5.44	3.76	331.1	338.8	334.9
D0216	2.5	5.47	3.26	332.9	298.2	315.5
D0217	3	5.81	4.05	352.3	363.0	357.7
D0218	2.5	6.93	4.44	417.0	394.4	405.7
D0219	3	5.14	3.86	313.9	347.1	330.5
D0220	3	5.99	3.77	363.0	339.8	351.4
D0221	3	5.84	3.97	354.4	356.5	355.4
D0222	2.5	5.61	3.64	341.1	329.4	335.2
D0223	3	5.44	3.61	331.2	326.7	329.0
D0224	3	5.34	3.64	325.2	329.3	327.3
D0225	3	5.09	3.36	311.4	306.4	308.9
D0226	3	5.93	4.37	359.2	388.5	373.9
D0227	3.5	6.82	4.26	410.4	379.4	394.9
D0228	3	5.96	4.32	361.1	384.6	372.8
D0229	3	6.27	4.28	379.0	381.3	380.1
D0230	2	6.44	4.23	388.7	377.2	382.9
D0231	2.5	5.64	3.81	342.9	343.2	343.1
D0232	3.5	5.70	3.75	346.4	337.8	342.1
D0233	2.5	5.88	3.87	356.6	347.6	352.1
D0234	3	6.67	4.59	402.0	406.9	404.5

（续表 11）

编号	咀嚼面沟条数	MLD	APD	BLMLD	BLAPD	BL
D0235	3	5.44	3.61	331.3	327.2	329.3
D0236	3	5.62	3.80	341.5	342.0	341.7
D0237	3	6.68	4.40	402.8	391.4	397.1
D0238	2	2.78	1.92	178.4	188.9	183.7
D0239	3	5.66	3.46	344.0	314.2	329.1
D0240	3	5.60	3.64	340.3	329.4	334.9
D0241	3	5.74	3.68	348.4	332.4	340.4
D0242	3	6.11	4.12	370.1	368.7	369.4
D0243	3	6.52	4.41	393.7	392.1	392.9
D0244	3	6.10	3.93	369.3	353.1	361.2
D0245	2.5	5.16	3.41	315.2	310.2	312.7
D0246	3	6.58	4.09	397.0	366.0	381.5
D0247	2.5	5.07	3.30	309.9	301.4	305.7
D0248	3	6.48	3.89	391.4	349.5	370.5
D0249	3	6.28	4.16	379.6	371.8	375.7
D0250	3	5.66	3.79	344.2	341.4	342.8
D0251	3	5.90	3.45	357.5	313.6	335.6
D0252	3	5.68	3.63	344.9	328.8	336.8
D0253	3	5.56	3.57	338.2	323.6	330.9
D0254	4	6.25	3.75	377.9	338.0	358.0
D0255	3	5.19	3.31	317.0	302.3	309.6
D0256	3	7.62	4.80	456.7	423.4	440.1
D0257	3	5.48	3.45	333.6	313.6	323.6
D0258	3	6.31	4.04	381.4	361.5	371.5
D0259	3	5.40	3.43	329.2	312.4	320.8
D0260	3	6.34	4.38	383.2	389.6	386.4
D0261	3	6.17	3.81	373.5	343.1	358.3
D0262	3	5.49	3.67	334.0	331.5	332.8
D0263	3	5.28	3.66	321.9	330.8	326.3
D0264	2.5	6.13	4.01	371.2	359.6	365.4
D0265	3	6.55	4.28	395.3	381.3	388.3
D0266	3	5.55	3.41	337.7	310.8	324.2
D0267	2	4.16	2.72	257.6	254.5	256.1
D0268	3	5.14	3.41	313.8	310.8	312.3
D0269	3	6.06	3.85	367.1	346.6	356.9
D0270	3	5.83	3.87	353.9	348.0	350.9
D0271	3	6.20	3.91	374.8	351.5	363.2
D0272	3.5	6.53	4.14	393.9	370.2	382.1
D0274	3	6.38	4.02	385.4	360.4	372.9

(续表 11)

编号	咀嚼面沟条数	MLD	APD	BLMLD	BLAPD	BL
D0275	3	6.19	4.06	374.2	363.7	369.0
D0276	3	5.92	3.90	359.0	350.5	354.7
D0277	3	6.00	3.79	363.5	341.3	352.4
D0278	3	5.81	3.67	352.8	331.6	342.2
D0279	3	5.68	3.48	345.3	316.5	330.9
D0280	3	5.04	3.38	308.3	307.8	308.1
D0281	3	5.31	3.62	324.0	328.0	326.0
D0282	2.5	5.31	3.40	323.8	309.4	316.6
D0283	3	6.08	4.16	368.2	371.7	370.0
D0284	3	6.04	4.28	366.1	381.4	373.7
D0285	3	7.24	4.70	434.9	415.8	425.3
D0286	3	7.32	4.91	439.5	432.4	436.0
D0287	3	5.51	3.38	335.4	308.1	321.8
D0288	2	4.36	2.82	269.2	262.4	265.8
D0289	3.5	7.23	4.40	434.4	390.8	412.6
D0290	3	6.87	4.54	413.5	402.6	408.1
D0291	3	5.77	3.99	350.4	357.3	353.9
D0292	4	6.20	4.46	375.2	395.9	385.5
D0293	3	5.63	3.73	342.0	336.3	339.2

四　讨论

(一)鲤鱼的体长分布

　　此次研究分析的结果表明,田螺山遗址的鱼骨坑内的鲤鱼体长分布与日本列岛绳文时代遗址中出土的鲤鱼体长分布极其相似。从绳文时代早期后叶直到后期初叶的入江内湖遗址(cal. 4300 B. C. ～2000 B. C.)中出土的鲤鱼体长高峰值是 350～450 毫米[1](图13a)。鲤鱼一般 2～3 年就可长至体长 300 毫米,达到性成熟[2]。可以推测田螺山遗址出土的鲤鱼和入江内湖遗址出土的鲤鱼,两者都是长到 2～3 年的时候,在五六月份的产卵期间被捕获的。另外日本列岛的其他几个绳文遗址中也没有发现体长 150 毫米以下的

---

[1]　中島経夫,中島美智代,内山純蔵,瀬口眞司(2008)「動物遺存体の調査」『入江内湖遺跡』,p.146－182,滋賀県教育委員会・財団法人滋賀県文化財保護協会,大津。

[2]　中村守純(1969)「日本のコイ科魚類」『資源科学研究所資源科学シリーズ4』資源科学研究所,東京。

鲤鱼。把这种没有 150 毫米以下鲤鱼的体长分布叫做"绳文型"①。

日本列岛弥生时代中期的朝日遗址(cal. 370 B. C. ～90B. C.)中出土的鲤鱼体长分布和田螺山遗址中出土的鲤鱼体长分布不同。朝日遗址的鲤鱼 50～150 毫米是第 1 个高峰值,350～400 毫米是第 2 个高峰值②(图 13b)。鲤鱼在孵化的当年秋天基本上就可以长到 150 毫米③。日本的有关利用水田进行人工养殖鲤鱼方面的民族学报告中也称:秋天从水田中抓捕的鲤鱼,尺寸最大的为 150 毫米,平均 100 毫米左右④。由此可以看出朝日遗址中的鲤鱼是秋天被捕的。因为在秋天正常情况下很难大量捕获这样尺寸的鲤鱼,因此可以推测曾经在日本列岛的弥生时期很可能进行过原始性的人工养殖鲤鱼⑤。并且,从其他几个弥生遗址中也出土有 150 毫米以下的鲤鱼。说明在弥生时期日本列岛的西半部有可能广泛进行过原始性人工养殖鲤鱼。把这种有很多 150 毫米以下鲤鱼的体长分布叫做"弥生型"⑥。

所谓"原始性人工养殖鲤鱼"是指抓捕产卵期已经成熟的鲤鱼放入能够进行人工管理的水体中(譬如水田、水塘、灌溉渠和环壕等)。鲤鱼在这个人工管理的水体中产卵,孵化的仔稚鱼吃天然饵食,到了秋天便可以长大到 150 毫米左右。然后再放掉水体中的水,由此轻易地获得大量 50～150 毫米的鲤鱼⑦。像这样的原始性人工养殖鲤鱼所需要的技术就是对水进行控制。水田稻作,对水进行控制是必不可少的条件。所以"原始性人工养殖鲤鱼"是作为水田稻作的副产品应运而生的⑧。

田螺山遗址中的鲤鱼体长分布为绳文型。没有出土 150 毫米以下的鲤鱼。由此说明没有进行过原始性人工养殖鲤鱼。伴随水田稻作,作为控制水的副产物才开始人工养殖鲤鱼这一假说反过来考虑的话,没有开始人工养殖鲤鱼,说明当时的田螺山在水田稻作过程中,对水控制方面的技术还不够发达。

---

①　中島経夫(2009)「コイ科魚類の咽頭歯と考古学 – フナやコイを対象とする縄文・弥生時代の淡水漁撈」『考古学研究』56(1),p. 56－66.

②　Nakajima,T. ,Nakajima,M. and Yamazaki,T. ,2008,Evience for fish cultivation during the Yayoi Period in western Japan. *International Journal of Osteoarcheology*,Published online in Wiley InterScience.

③　中村守純(1969)「日本のコイ科魚類」『資源科学研究所資源科学シリーズ4』資源科学研究所,東京。

④　安室知(1989)「漁撈から幼魚へ – 稲作民の食糧自給性の視点から」『長野県民俗の会会報』12,p. 34－94.

⑤　Nakajima,T. ,Nakajima,M. and Yamazaki,T. ,2008,Evience for fish cultivation during the Yayoi Period in western Japan. *International Journal of Osteoarcheology*,Published online in Wiley InterScience.

⑥　中島経夫(2009)「コイ科魚類の咽頭歯と考古学 – フナやコイを対象とする縄文・弥生時代の淡水漁撈」『考古学研究』56(1),p. 56－66.

⑦　Nakajima,T. ,Nakajima,M. and Yamazaki,T. ,2008,Evience for fish cultivation during the Yayoi Period in western Japan. *International Journal of Osteoarcheology*,Published online in Wiley InterScience.

⑧　Nakajima,T. ,Nakajima,M. and Yamazaki,T. ,2008,Evience for fish cultivation during the Yayoi Period in western Japan. *International Journal of Osteoarcheology*,Published online in Wiley InterScience.

(二)鲫鱼的利用

鱼骨坑内的鱼大部分是鲫鱼。约 192 升(600×800×400 毫米³)容量的坑内至少有鲫鱼 1400 个体。这与在日本列岛绳文、弥生遗址中所看到的"为了做食品加工而把没用的头部骨头部分统一扔入坑内"[①]的现象不一样。各种部位的骨头大量被发现,这说明这些鲫鱼不是被扔掉的,而是因加工所需才放入坑内的;并且所有的骨头及齿都没有被火烧过的痕迹,这说明了鲫鱼在坑内没有直接被进行过烹调、干燥及熏制等。

像这样在坑内放置食品的加工方法,能够想象的恐怕只有发酵。从出土的鱼骨保存完好这一点来看,应该不是像乳酸发酵那样 ph 呈现为酸性的发酵。虽然从咽齿遗存无法完全推断,但是可以推测很有可能是为制作鱼酱而大量捕获鲫鱼的。

日本列岛的考古遗址中广泛出土鲫属咽齿遗存[②],然而在日本列岛的东半部和西半部鲫属的出土量不一样,鲫鱼的种类也不一样[③]。日本东部出土的鲤科鱼类中鲫属所占比例较少,所出土的鲫鱼为日本金鲫 *Carassius* sp. A。相反,日本西部出土的鲤科鱼类大部分为鲫属,其种类是 *auratus* 系鲫鱼(朗斯多夫氏鲫 *Carassius auratus langsdorfii*、长背鲫 *Carassius auratus grandoculis*、居维叶氏鲫 *Carassius cuvieri*)[④]。日本金鲫的咽齿和 *auratus* 系鲫鱼的咽齿有不同之处,所以可以明显区分[⑤](见图 10)。此次田螺山遗址出土的鲫鱼也是 *auratus* 系鲫鱼 *Carassius auratus auratus*,也曾大量被利用过,这与日本列岛西半部的绳文时期的鲫鱼利用方法非常相似。虽然只根据一个遗址就下此结论有些轻率。但不能否定从长江流域开始,直到日本列岛西半部都曾有过广泛利用 *aura-*

---

① A. 内山純蔵,中島経夫(1998)「動物遺存体 II」『琵琶湖開発事業関連埋蔵文化財発掘調査報告書 2』『赤野井湾遺跡』,p. 28—57,滋賀県教育委員会・財団法人文化財保護協会,大津。
B. Nakajima,T., 2005, Significance of freshwater fisheries during the Jomon and Yayoi periods in western Japan based on analysis of the pharyngeal tooth remains of cyprinid fishes. Grier,C. et al. ed. "*Beyond Affluent Foragers*" pp. 45—53,Oxford Press,Lonson.
② 宮本真二,中島経夫(2006)「縄文時代以降における日本列島の主要淡水魚の分布変化と人間活動」『動物考古学』23,p. 39—53。
③ 中島経夫(2006)「河崎の柵擬定地から出土したコイ科魚類咽頭歯遺体の分析」岩手県文化振興事業団埋蔵文化財調査報告書第 474 集『河崎の柵擬定地発掘調査報告書　床上浸水対策特別対策事業関連発掘調査』第 3 分冊,縄文時代編,p. 312—318,財団法人岩手県文化振興事業団埋蔵文化財センター,盛岡。
④ A. Nakajima,T., 2005, Significance of freshwater fisheries during the Jomon and Yayoi periods in western Japan based on analysis of the pharyngeal tooth remains of cyprinid fishes. Grier,C. et al. ed. "*Beyond Affluent Foragers*" pp. 45—53,Oxford Press,Lonson.
B. 山崎健(2007)「動物遺存体の同定」『入江内湖遺跡 I』,p. 329—341,滋賀県教育委員会・財団法人滋賀県文化財保護協会,大津。
⑤ 中島経夫(2006)「河崎の柵擬定地から出土したコイ科魚類咽頭歯遺体の分析」岩手県文化振興事業団埋蔵文化財調査報告書第 474 集『河崎の柵擬定地発掘調査報告書　床上浸水対策特別対策事業関連発掘調査』第 3 分冊,縄文時代編,p. 312—318,財団法人岩手県文化振興事業団埋蔵文化財センター,盛岡。

tus 系鲫鱼的文化；并且在这个地区水田稻作很早就开始实行，在日本列岛上亦是最早采纳水田稻作的地区。

特别要感谢中国科学院水生生物研究所的何舜平博士和刘焕章博士在借用该所所藏现生鱼类标本时给予的极大帮助，日本国立科学博物馆的篠原现人博士在借用该博物馆所藏现生鱼类标本时提供的很多帮助；中国社会科学院考古研究所张静教授、中国科学院水生生物研究所刘焕章博士在校对本文时赐予宝贵意见。同时也向本稿的中文翻译室田潔枝女士以及为本文绘图的木下健吾先生致谢。

田螺山遗址的硅藻、花粉和寄生虫卵分析

金原正明[1]　　郑云飞[2]

（1. 日本奈良教育大学　2. 浙江省文物考古研究所）

一　材料和地层

从田螺山遗址 T103 探方西壁采取 18 点土壤样品进行硅藻、花粉和寄生虫卵分析，试图复原当时的环境和植被。土样采集点的表土面海拔 2.3 米，从上到下分别为现代耕作灰色粉沙（2.3～2.2 米，土样 1）、褐灰色粉沙（2.2～1.4 米，土样 2～4）、灰褐色粉沙（1.4～1.2 米，土样 5）、灰褐色细沙（1.2～1.0 米，土样 6）、黑色黏土（1.0～0.4 米，土样 7～9）、黑灰沙土（0.4～0.2 米，土样 10）、黑褐色粗粉沙（⑤层，0.2～0 米，土样 11）、褐灰色细粉沙（⑥层，0～－0.2 米，土样 12）、灰褐色粗粉沙（⑦层，－0.2～－0.8 米，土样 13～15）、黑色黏土（⑧层－0.8～－1.0 米，土样 16）、灰色粉沙（－1.0～－1.4 米，土样 17～18）。

黑褐色粗粉沙（⑤层）、褐灰色细粉沙（⑥层）、灰褐色粗粉沙（⑦层）、黑色黏土（⑧层）等属于河姆渡文化层，其中黑色黏土层和河姆渡遗址的第四文化层相当。

二　硅藻分析

1. 方法

1）从土样中采取 1 立方厘米的分析样品。2）加入 10％的过氧化氢，加温反应，放置一个晚上。3）倾弃上清液，用水洗去细粒胶体和药剂（5～6 次）。4）用微量移液管吸取残留物，均匀滴在盖玻片上，并干燥。5）用封片剂制成玻片。6）镜鉴和计数在生物显微镜下放大 600～1500 倍进行。计数的硅藻个数达 200 个，数量少的土样，进行全面调查。

2. 结果

（1）分类群

土壤中的硅藻有 Euhalobous－Mesohalobous(喜盐－中喜盐性种)46 类群、Mesoha-
lobous－Oligohalobous (中喜盐－嫌盐性种)2 类群、Oligohalobous(嫌盐性种)125 类群
(表略)。以硅藻总数为基数计算出各种硅藻的百分率如图 1 所示。图中的硅藻生态习
性根据 Lower(1974)和渡边(2005)等人的分类,陆地硅藻根据小杉(1986)的分类,海水
和汽水指示种群根据小杉(1998)的分类,淡水种群根据安藤的分类。主要硅藻类群如显
微照片所示。下面一些硅藻是土壤中的主要类群(图 2)。

嫌盐性种群（Oligohalobous）

Gomphonema parvulum、*Surirella ovata*、*Navicula elginensis*、*Eunotia minor*、*Aul-
acoseira spp.*、*Nitzschia frustulum*、*Pinnularia microstauron*、*Aulacoseira hungarica*、
Navicula kotschyi、*Navicula pupula*、*Navicula venta*、*Nitzschia palea*、*Nitzschia um-
bonata*、*Amphora montana*、*Hantzschia amphioxys*、*Navicula confervacea*

中喜盐性种群（Mesohalobous）

Achnanthes brevipes

中喜盐—喜盐性（Mesohalobous－Euhalobou）

Nitzschia granulate、*Cyclotella striata－stylorum*、*Coscinodiscus marginatus*

(2)硅藻类群的特征和变化

根据硅藻类群的构成和变化看,从下到上大致可以划分为 6 个带。下面对这 6 个分
带进行一些叙述(图 1)。

T103－DⅠ带(土样 17 和 18)

以中喜盐性种群的海水沙质滩涂(Sand flat in saline water)指示种群的 *Achnanthes
brevipes*、喜盐性—中喜盐性的海水泥质滩涂（Mud flat in saline water）的指示种群
Nitzschia granulate,以及海湾(Innerbay)环境指示种群 *Cyclotella striata－stylorum* 占
优势。

T103－DⅡ带(土样 11～16)

中喜盐性以及喜盐性的硅藻种群显着减少,嫌盐性种群的流水性种(Rheophilous)
Gomphonema parvulum、流水不定性种 *Nitzschia palea*、*Nitzschia umbonata* 以及陆生
硅藻(Terrestirial)*Amphora montana*、*Hantzschia amphioxys*、*Navicula confervacea* 等
比例升高。

T103－DⅢ带(土样 9～10)

嫌盐性种减少,中喜盐—喜盐性的海水泥质滩涂环境指示种群 *Nitzschia granu-
late*、海湾环境指示种群 *Cyclotella striata － stylorum*、外洋(Outerbay)环境指示种群
Coscinodiscus marginatus 比例升高。

T103－DⅣ带(土样 6～8)

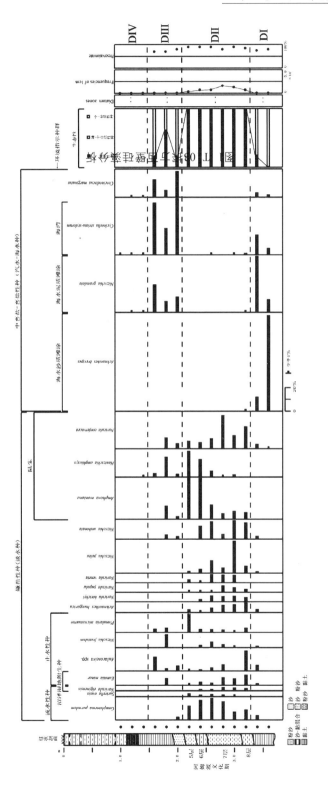

图1　T103探方西壁硅藻分析

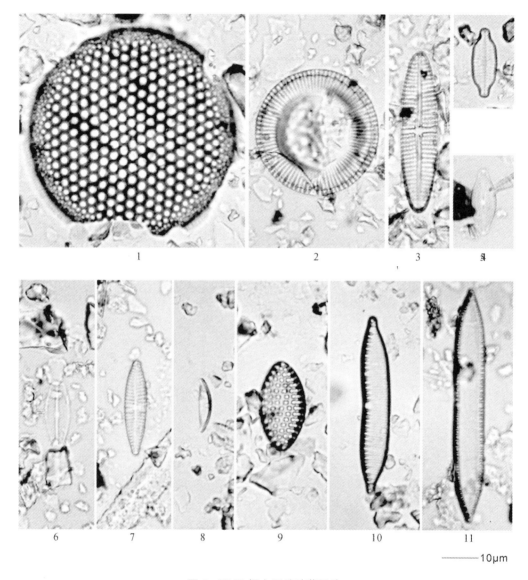

————10μm

图 2 T103 探方西壁硅藻照片

1. *Coscinodiscus marginatus* 2. *Cyclotella striata—stylorum* 3. *Achnanthes brevipes* 4. *Navicula elginensis*
5. *Navicula confervacea* 6. *Navicula pupula* 7. *Gomphonema parvulum* 8. *Amphora montana*
9. *Nitzschia granulata* 10. *Hantzschia amphioxys* 11. *Nitzschia umbonata*

　　硅藻数量极其稀少,有中喜盐—喜盐性种 *Nitzschia granulate*、*Cyclotella striata—stylorum*、*Coscinodiscus marginatus*。

　　T103—DⅤ带(土样 2~5)

　　几乎没有硅藻。

　　T103—DⅥ带(土样 1)

嫌盐性硅藻出现、以流水不定性种 *Navicula pupula*、沼泽湿地附生(Marsh)环境指示种群 *Navicula elginensis* 占优势。

3. 根据硅藻分析对地层沉积环境的推测

(1)T103－DⅠ带(土样 17、18)

海水沙质滩涂和海水泥质海涂硅藻指示种群占优势,伴生着海湾环境指示种群,表明属于面对海湾的滩涂环境,当时海平面-1 米左右。

(2)T103－DⅡ带(⑤、⑥、⑦、⑧层,土样 11～16)

嫌盐性流水流水种群、陆生硅藻等比例升高,表明有淡水河流,是一种河边湖岸的环境。此时海侵停滞,出现了海退,没有出现海水影响现象,海平面下降约 1 米,海平面在-2 米以下。

(3)T103－DⅢ带(土样 9～10)

海湾环境指示种群占优势,伴生海水泥质海涂、外洋等环境指示种群,表明当时是一个海湾,周围有海涂,外洋硅藻随潮汐进入。此时海侵有所发展,海平面比本地层高 2 米左右,海拔约 2 米,最下面的土样 11 为黑色沙层可能是由于海侵侵蚀形成的堆积层。

(4)T103－DⅣ带(土样 6～8)

硅藻极其稀少,但有中喜盐—喜盐性种出现,表明是一种汀线附近的环境。土样 8 为灰褐色细沙质,可能是海平面下降后,由潮汐带来的泥沙堆积而成。

(5)T103－DⅤ带(土样 2～5)

几乎没有硅藻,表明是较为干燥的陆地环境,此时期由于海退,海拔约 0 米。

(6)T103－DⅥ带(土样 1)

流水不定性种群占优势,伴生有沼泽湿地附生环境指示种群,表明是一种水草繁茂的流动水域环境。

三　花粉和寄生虫分析

1. 方法

1)从土样中取 1 立方厘米的分析样品。2)加入十二水磷酸三钠溶液煮 15 分钟。3)水洗后用孔径 0.5 毫米的筛子除去沙砾,用沉淀法除去细沙。4)加入 25%氢氟酸后放置 30 分钟。5)水洗后用冰乙酸进行脱水处理,然后加入醋酸酐(醋酸酐 9：浓硫酸 1)煮沸 1 分钟。6)再次加入冰醋酸脱水处理。7)残留物用番红染色后用封入剂制成玻片。8)用生物显微镜放大 300～1000 倍进行镜检,根据鉴定结果,把花粉分类为科、亚科、属、亚属、节以及种等,跨几个分类群的花粉用横线(—)相连,稻属花粉参考中村(1974、1977)的文献,并根据现代标本的断面形状、大小、表面纹饰、萌发孔等特征进行鉴定,但由于个体变化较大、也有一些种群具有相似特征,这里暂且把它们叫做稻属类型。

2. 结果

(1)分类群

土壤中可见树木花粉(Arboreal pollen)29 个类群,草本花粉(Nonarboreal pollen)21 个类群,蕨类植物孢子(Fern spore)两种形态一个类群计 56 种(表略)。为了复原周围的植被,花粉数量能够计数到 200 粒的土样以花粉总数为基数计算出每种花粉的百分数,如图 3 所示;100 个花粉以上,200 个花粉未满的为了表示出趋势也表示在图上作为参考。主要类群的花粉如图 4 所示。

树木花粉

冷杉属(*Abies*)、云杉属(*Picea*)、铁杉属(*Tsuga*)、松属复数维管束亚属(*Pinus* subgen. *Diploxylon*)、松属单维管束亚属(*Pinus* subgen. *Haploxylon*)、杉科(Taxodiaceae)、红豆杉科 — 三尖杉科 — 柏科(Taxaceae — Cephalotaxaxeae — Cupressaceae)、柳属(*Salix*)、核桃属(*Juglans*)、枫杨属(*Pterocarya*)、化香树属(*Platycarya*)、桤木属(*Alnus*)、桦木属(*Betula*)、榛属(*Corylus*)、鹅耳枥属 — 铁木属(*Carpinus* — *Ostrya*)、栗属(*Castanea*)、栲属(*Castanopsis*)、水青冈属(*Fagus*)、栎属白栎亚属(*Quercus* subgen. *Lepidobalanus*)、栎属青冈亚属(*Quercus* subgen. *Cyclobalanopsis*)、榆属 — 榉树属(*Ulmus* — *Zelkova*)、朴树属 — 糙叶属(*Celtis* — *Aphananthe*)、野桐属(*Mallotus*)、冬青属(Ilex)、槭树属(*Acer*)、无患子属(*Sapindus*)、白蜡树属(*Fraxinus*)、枫香属(*Liquidombar*)。

树木花粉—草本花粉

桑科 — 荨麻科(Moraceae — Urticaceae)、豆科(Leguminosae)、接骨木属—荚蒾属(*Sambucus* — *Viburnum*)。

草本花粉

香蒲属 — 黑三棱属(*Typha* — *Sparganium*)、慈菇属(*Sagittaria*)、禾本科(Gramineae)、稻属(*Oryza* type)、莎草科(Cyperaceae)、蓼属蓼节(*Polygonum* sect. *Persicaria*)、荞麦属(*Fagopyrum*)、藜科 — 苋科(Chenopodiaceae — Amaranthaceae)、石竹科(Caryophyllaceae)、十字花科(Cruciferae)、菱属(*Trapa*)、小二仙草属 — 狐尾草属(*Haloragis* — *Myriophyllum*)、芹亚科(Apioideae)、荇菜(*Nymphoides*)、败酱科(Valerianaceae)、盒子草(*Actinostemma*)、舌状花亚科(Lactucoideae)、菊亚科(Asteroideae)、蒿属(*Artemisia*)。

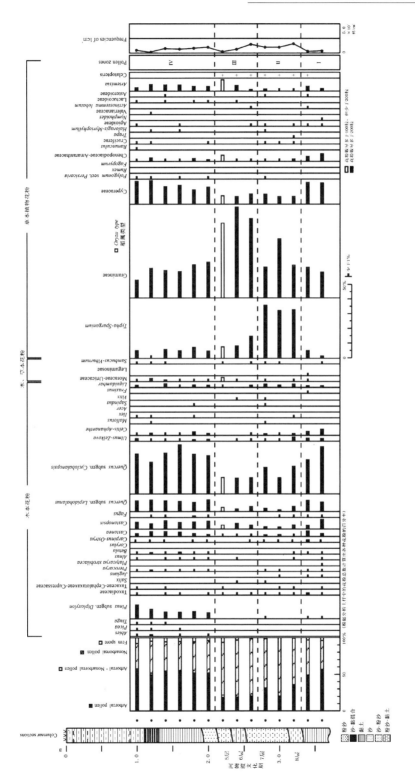

图3 T103探方西壁孢粉分析

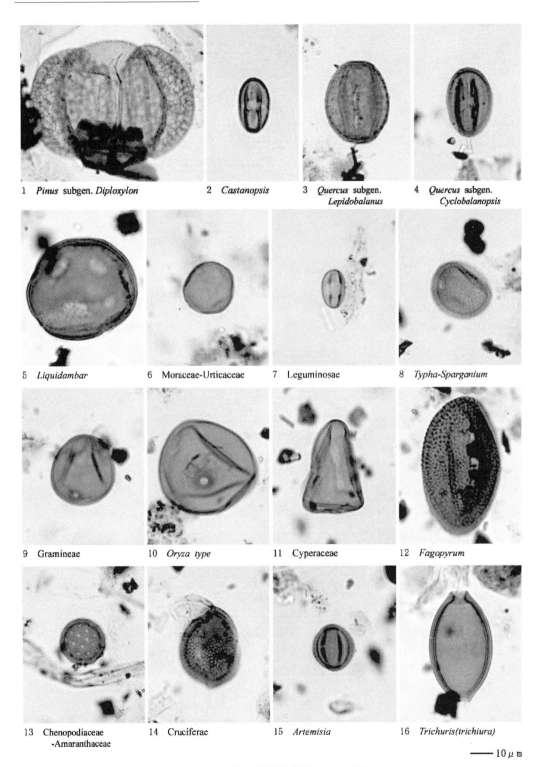

1　*Pinus* subgen. *Diploxylon*　2　*Castanopsis*　3　*Quercus* subgen. *Lepidobalanus*　4　*Quercus* subgen. *Cyclobalanopsis*

5　*Liquidambar*　6　Moraceae-Urticaceae　7　Leguminosae　8　*Typha-Sparganium*

9　Gramineae　10　*Oryza type*　11　Cyperaceae　12　*Fagopyrum*

13　Chenopodiaceae -Amaranthaceae　14　Cruciferae　15　*Artemisia*　16　*Trichuris(trichiura)*

—— 10μm

图 4　T103 探方西壁孢粉及寄生虫照片

蕨类植物孢子

单沟孢子(Monolate type spore)、三条沟孢子(Trilate type spore)、水蕨(*Celatopteris*)。

（2）花粉类群特征和变化

根据花粉类群的构成和变化,从下到上可划分为 6 个花粉带,下面就这 6 个花粉带进行叙述。

T103－PⅠ带(17～18)

树木花粉中栎属青冈亚属的百分率较高,伴有栲属、白栎亚属;草本花粉以禾本科和莎草科较多,伴有藜科—苋科和蒿属花粉。

T103－PⅡ带(土样 14～16)

草本花粉比例上升,香蒲—黑三棱、禾本科增加,一些土样中还有菱角花粉。

T103－PⅢ带(土样 11～13)

草本花粉比例很高,特别是禾本科花粉特别多,并伴有香蒲—黑三棱、莎草科花粉,树木花粉的比例较低,其中以栎属青冈亚属的花粉为多。

T103－PⅣ带(土样 5～10)

树木花粉比例增加,以栎属青冈亚属花粉占优势,伴有栎属白栎亚属、松属复数维管亚属、栲属、栗属。草本花粉中包括稻属在内的禾本科和莎草科花粉较多,还有香蒲—黑三棱、蒿属花粉。

T103－PⅤ带(土样 2～4)

树木花粉中栎属青冈亚属和松属复数维管亚属有所增加,草本花粉中莎草科有所减少。

T103－PⅥ带(土样 1）)

包括稻属在内的禾本科花粉占优势,十字花科的比例较高。树木花粉的比例极低,有栎属青冈亚属和松属复数维管亚属花粉。

3. 根据花粉分析推测堆积环境

（1）T103－PⅠ带(土样 17～18)

遗址周围森林以栎属青冈亚属树木为主,为栲树照叶树林,并伴生有栎属白栎亚属落叶阔叶树木。在湿地栖息着禾本科和莎草科等植物,在一些高燥的地方分布着藜科—苋科、蒿属等植物。

（2）T103－PⅡ带(⑦、⑧层、土样 14～16)

分布着香蒲—黑三棱和禾本科植物。从香蒲—黑三棱花粉中存在着四合体看,这些花粉属于香蒲花粉,当时可能是一种栖息着大型的湿地植物浅塘、湿地的环境,周围分布着栎属青冈亚属的照叶树林。

（3）T103－PⅢ带(⑤、⑥、⑦层、土样 11～13)

禾本科特别多,伴有香蒲—黑三棱、莎草科花粉,此时湿地面积扩大,周围有栎属青冈亚属的照叶树林。

(4)T103-PⅣ带(土样5~10)

栎属青冈亚属树木为主,为栲树照叶树林,栎属白栎亚属、松属复数维管亚属、栗属等二次林有所增加,周围森林面积有所扩大。松属复数维管亚属上部有增加趋势。周围分布着稻属等禾本科、莎草科、香蒲—黑三棱等草本植物,意味着周围可能有水田分布。

(5)T103-PⅤ带(土样2~4)

在草本植物中,莎草科数量减少,可能此时环境相对干燥。稻属以及荞麦花粉的出现,意味着这个时期可能有水田和旱地。

(6)T103-PⅥ带(土样1)

稻属等禾本科数量很多,意味着是水田,并有十字花科植物的旱作,森林面显著减少。

四　寄生虫卵分析

1. 方法

在花粉分析过程中我们还进行了寄生虫卵(Helminth eggs)分析,发现了鞭虫卵(Trichuris)和毛线虫卵两个类群(见图4;图5)。下面进行一些介绍。

2. 结果

从土样11到17(⑤、⑥、⑦、⑧层)都发现了鞭虫卵,土样14中发现了毛线虫卵。土样14出现峰值,密度达$2.7×10^2$个/立方厘米。

3. 根据寄生虫卵对堆积环境的推测

土样尽管发现鞭虫卵但密度并

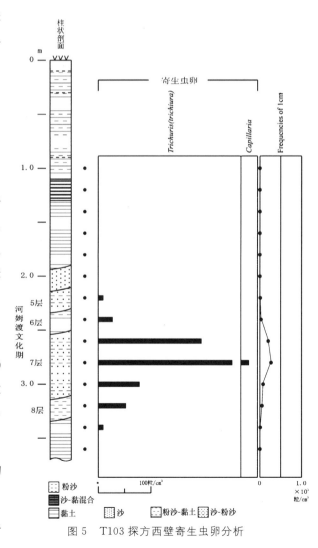

图5　T103探方西壁寄生虫卵分析

不高,可能是在与⑤、⑥、⑦、⑧层相当时期,由周围定居地的污染所致。在⑦层14号土样中,寄生虫卵密度达到峰值,当时可能是人口最为集中的时期。

五　考察

1. 田螺山遗址与海平面的变动

从田螺山遗址 T103 西壁土样的硅藻分析可以看到,下层土样 17、18 黏土是在海涂环境中堆积而成,在田螺山村落出现以前,由于海侵,海平面升高到了海拔−1米。河姆渡文化时期的⑤、⑥、⑦、⑧层,没有海水影响,海平面下降到海拔−2米以下。从寄生虫卵分析看,是村落形成、定居和人口密集的时期。上部的黑灰色沙土和黑灰色黏土是一个海湾的环境,这一时期发生了较大海侵,海平面至少上升到海拔2米左右。黑灰砂土形成于海侵初期,由于潮汐等水流冲刷而成。从以上分析结果看,田螺山村落形成河边的淡水区域。黑色黏土最上部的8~6号土样是灰褐色粉沙,喜盐性(海水种群)和中喜盐性的硅藻数量很少,土样7号为灰褐色泥沙层,可能是海退时汀线附近的堆积,这个时期海平面退缩到目前海拔的约0米左右。

如上所述,田螺山遗址是在海侵期的海侵停滞阶段以及小海退期形成的。可以推测包括田螺山遗址在内,河姆渡文化遗址可能都是在淡水域的边缘等同样的生态环境下形成的。

2. 河姆渡文化时期的环境和植被

从下层土样 17、18 灰色黏土到河姆渡文化时期的⑤、⑥、⑦、⑧层(土样 11~16),遗址周围分布着照叶树林。下层土样 17、18 灰色黏土时期为滩涂环境,栖息着禾本科、莎草科等植物;⑤、⑥、⑦、⑧层(土样 11~16)河姆渡文化时期为河边湿地、浅水湖塘环境,香蒲、禾本科植物繁茂,其中禾本科植物可能是芦苇等大型植物。从土样 10(⑤层以上)黑灰色黑灰沙土开始,是上层海湾成陆过程,此时期是以栎属青冈亚属为主体的照叶树林,栎属白栎亚属、松属复数维管束亚属、栗属等二次林面积增加,面积不大但有水田分布。

六　总结

田螺山遗址是在海侵过程中,海侵高峰期到来以前由于海侵停滞或出现小海退时期在淡水河边形成的,遗址所在的河边区域分布湿地,香蒲、禾本科等大型水生植物繁茂,周边山地分布着以栎属青冈亚属为主体的照叶树林。在海侵的高峰期被淹没，沉入海湾的海水之中，生态环境和跨湖桥相似。这可能是河姆渡文化和跨湖桥文化时期村落生态环境的共同点。田螺山遗址中发现了许多橡子储藏坑，出土了菱角等种实以及炭化米和动物骨骸，说明田螺山先民为了生计不仅采集坚果、捕食动物，而且从淡水环境是村落形成的必要条件看，田螺山先民有水田稻作的可能性很高。

参考文献

① 中村纯(1973)「花粉分析」古今书院，p. 82－110.

② 中村纯(1974)「イネ科花粉について，とくにイネ(Oryza sativa)を中心として」『第四紀研究』13，p. 187－193.

③ 中村纯(1977)「稲作とイネ花粉」『考古学と自然科学』第 10 号，p. 21－30.

④ Hustedt, F. (1937? 1938) Systematische und ologishe Untersuchungen uber die DiatomeenFlora von Java, Bali und Sumatra nach dem Material der Deutschen Limnologischen Sunda－Expedition. *Arch. Hydrobiol, Suppl.* 15, pp. 131－506.

⑤ Lowe, R. L. (1974) Environmental Requirements and pollution tolerance of fresh? water diatoms. 333p. , National Environmental Reserch. Center.

⑥ K. Krammer・H. Lange－Bertalot (1986－1991) Bacillariophyceae・1－4.

⑦ Asai, K. & Watanabe, T. (1995) Statistic Classification of Epilithic Diatom Species into Three Ecological Groups relaiting to Organic Water Pollution (2) Saprophilous and saproxenous taxa. *Diatom*, 10, pp. 35－47.

⑧ 安藤一男(1990)「淡水産珪藻による環境指標種群の設定と古環境復原への応用」『東北地理』42，p. 73－88.

⑨ 小杉正人(1988)「珪藻の環境指標種群の設定と古環境復原への応用」『第四紀研究』27，p. 1－20.

⑩ 浙江省文物考古研究所:《跨湖桥——浦阳江流域考古报告之一》，文物出版社，2004 年。

浙江田螺山遗址及河姆渡文化环境背景探讨

莫多闻[1] 孙国平[2] 史辰羲[1] 李明霖[1] 王淑云[1] 郑云飞[2] 毛龙江[1,3]

(1. 北京大学城市与环境学院 2. 浙江省文物考古研究所 3. 南京信息工程大学大气科学院)

河姆渡文化自 20 世纪 70 年代被发现并命名后[1]，长期以来受到国内外各个领域学者的关注，并取得了诸多的研究成果[2]。在之后发掘的宁波慈湖[3]、小东门[4]、奉化名山后[5]、余姚鲞架山[6]、鲻山[7]、田螺山等众多遗址中，田螺山遗址是为数不多的属于河姆渡文化早期的一处重要遗址[8]。田螺山遗址发现于 2001 年，在 2004 年和 2006 年进行了两次考古发掘，为进一步深入研究河姆渡文化早期的文化面貌及其与环境的关系提供了条件。本文依据对区域环境条件的考察结果和遗址剖面沉积样品的一些实验室分析数据，拟对田螺山遗址河姆渡文化时期的环境背景及其与人类活动的关系做一概略分析。同时对宁绍地区新石器文化演进的历史与环境背景的关系也做初步探讨。

一 研究区概况

田螺山遗址位于余姚市三七市镇相岙村，北纬 30°01′，东经 121°22′，距余姚 24、宁波

---

① 浙江省文物管理委员、浙江省博物馆:《河姆渡遗址第一期发掘报告》,《考古学报》1978 年 1 期,39～94 页。

  王海明:《河姆渡遗址与河姆渡文化》,《东南文化》2000 年 7 期,15～23 页。

② A. 刘军:《河姆渡陶器研究》,《东方博物》,杭州大学出版社,1997 年,1～9 页。

  B. 严文明:《河姆渡野生稻发现的意义》,《河姆渡文化研究》,杭州大学出版社,1998 年,32～36 页。

  C. 潘欣信:《河姆渡聚落建筑浅析》,《南方文物》1999 年 1 期,25～27 页。

  D. 蔡保全:《杭州湾两岸新石器时代文化与环境》,《厦门大学学报(哲社版)》2001 年 3 期,126～133 页。

  E. 黄渭金:《河姆渡遗址石器初探》,《河姆渡文化新论——海峡两岸河姆渡文化学术研讨会论文集》,海洋出版社,2002 年,72～83 页。

③ 宁波市文物考古研究所:《宁波慈湖遗址发掘简报》,《浙江省文物考古研究所学刊》,科学出版社,1993 年,104～118 页。

④ 王宁远:《宁波慈城小东门遗址发掘简报》,《东南文化》2002 年 9 期,17～30 页。

⑤ 名山后遗址考古队:《奉化名山后遗址第一期发掘的主要收获》,《浙江省文物考古研究所学刊》,科学出版社,1993 年,119～123 页。

⑥ 孙国平、黄渭金:《余姚市鲞架山遗址发掘报告》,《史前文化》,三秦出版社,2000 年,385～427 页。

⑦ 孙国平:《宁绍地区史前文化遗址地理环境特征及相关问题探索》,《东南文化》2002 年 3 期,16～23 页。

⑧ 浙江省文物考古研究所等:《浙江余姚田螺山新石器时代遗址 2004 年发掘简报》,《文物》2007 年 11 期,4～24 页。

23 千米,西南距河姆渡遗址 7 千米(图 1)。遗址所在区域位于杭州湾南岸的宁绍地区,区域地貌情况如图 2 所示。遗址地处翠屏山山地丘陵同四明山山地之间的姚江谷地。姚江谷地近东西走向(或北西西一南东东走向),南北宽 6～8、东西长 35 千米左右。姚江谷地为冲积海基湖积平原,地面海拔 3 米左右,往东逐渐降低。姚江谷地中还分布着几座低矮小山丘。姚江谷地北侧是慈南山低山丘陵,该低山丘陵近东西走向,长 40 千米左右。山地宽度以中部(田螺山遗址以北一带)最宽,约 14 千米,往东往西变窄。山地高度也是中部最高,往东往西逐渐降低。慈南山以北是向北突出的弧形冲积海积平原,与西部的萧(山)绍(兴)平原一起,构成杭州湾的南岸。姚江谷地以南是四明山低山丘陵,与曹娥江以西的会稽山构成浙江中部山地丘陵。姚江谷地以西连接绍兴平原,以东连接宁波平原。姚江在余姚附近折向东(南东东)流,穿过姚江谷地,在宁波附近与奉化江汇合后称甬江,流向北东,在镇海附近入海。区域内属亚热带海洋性季风气候,阳光充沛,温暖湿润,四季分明,雨热同季。年平均气温 16.2℃,日照 2061 小时,无霜期 227 天,降水量 1361 毫米,自然条件优越。田螺山遗址即位于姚江谷地中部北侧,慈南山南麓的一个小谷地中,周围有东山、鸡鸣山、后黄山所环抱,形成一个坐北朝南的小盆地。

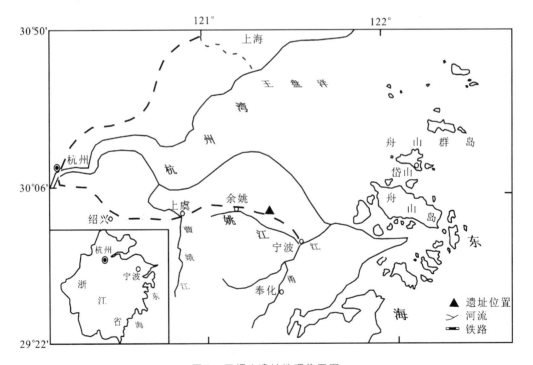

图 1 田螺山遗址地理位置图

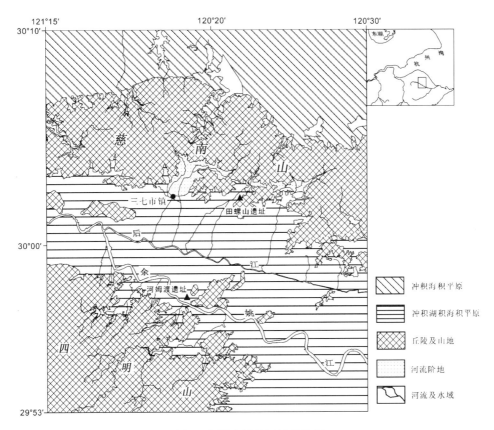

图 2　田螺山遗址区域地貌图

二　遗址剖面特征

　　浙江考古所经过钻探后认为,遗址总面积约 3 万平方米[①]。发掘区处在整个遗址范围的西北部。地层堆积厚度在 220 厘米左右,依据发掘者的划分从上向下可分为 9 个层次(图 3):①表土层,上层①a 带黄斑灰色粉沙,层厚 10 厘米;下层①b 颜色略浅,灰黄色粉沙,层厚 6 厘米;②淤泥层,可分为两层,上层②a 青灰色粉沙,质硬,潮湿,层厚 20 厘米;下层②b 灰黑色沙质粉沙,层厚 5 厘米;③文化层,略发绿色的灰褐色沙质粉沙,夹杂大量锈斑,包含物以灰褐色泥质陶、红褐色夹沙陶类遗物为主,大量有植物茎秆印痕的烧土块,层厚 45 厘米;④文化层,深灰褐色沙质粉沙,夹少量锈斑,遗存同第③层相近,层厚 18 厘米;⑤文化层,青灰褐色沙质粉沙,出土了大量骨、牙等动物遗存和生活器具的碎片,骨器、石器也大量出现,层厚 52 厘米;⑥文化层,深灰色粉沙,动植物遗存和器物减少,出

---

　①　浙江省文物考古研究所等:《浙江余姚田螺山新石器时代遗址 2004 年发掘简报》,《文物》2007 年 11 期,4～24 页。

土了保存良好的早期木构建筑遗迹,柱坑开口多打破⑦、⑧层,层厚25厘米;⑦深灰色沙质粉沙层,斑杂状,除陶片外,还包含橡子、菱角等有机制遗存,层厚10厘米;⑧深灰黑色粉沙层,遗存同⑦层相近,但保存更好,层厚20厘米;⑨青灰色黏土质粉沙层,层厚10厘米,未见底。

北京大学考古文博学院对遗址文化层采集的样品进行了系列的^{14}C年代测定。考虑到木炭样品的^{14}C年代结果和样品被埋藏的年代之间可能存在一定可能存在一定差别。所以本文主要采用文化层中橡子、菱角和稻等植物遗存的^{14}C年代数据(表1),据此文化层的年代约为距今7000～5500年。

表1 浙江田螺山遗址^{14}C年代测定表①

地层	样本物质	^{14}C年代/aBP	校正年代/aBP
第③层	橡子	5300±40	6092±70
第⑥层	菱角	5790±40	6591±53
第⑧层	稻	5840±40	6652±60
第⑨层	小树枝	5890±30	6713±30

注:BP为距1950年的^{14}C年代,^{14}C年代,计算所用半衰期为5568年。北京大学考古文博学院科技考古与文物保护实验室测定。

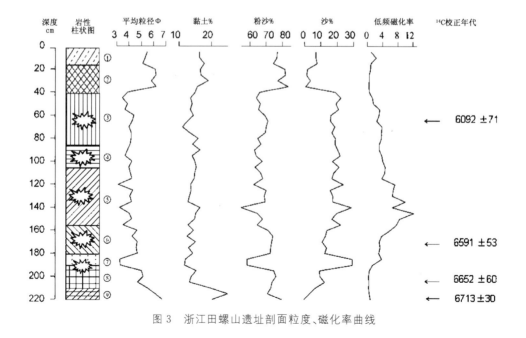

图3 浙江田螺山遗址剖面粒度、磁化率曲线

---

① 浙江省文物考古研究所等:《浙江余姚田螺山新石器时代遗址2004年发掘简报》,《文物》2007年11期,4～24页。

三　采样与实验分析

在野外调查的基础上,结合 2006 年考古发掘对田螺山遗址剖面进行了系统采样。遗址剖面虽然有人类活动的扰动,不能准确反映当时的自然环境,但还是可以体现某些自然环境的信息。而且由于人类活动遗物和遗迹的存在,更能保证环境信息与人类活动的共时性。根据对遗址剖面沉积特征的观察,文化层的形成除了古人类活动的作用外,还有当时地表水流参与的沉积过程。所以对这些沉积样品的分析结果还是能够一定程度上反映当时自然环境的特征。

1. 粒度、磁化率测定结果及其环境意义

沉积物的粒度和磁化率特征是重建沉积环境和介质动力条件的基本方法,对古气候也有一定指示意义。在 2006T305 探方南壁剖面的①～⑥层和 2006T104 探方北壁剖面的⑦～⑨层以 5 厘米间隔连续采样,共采集粒度和磁化率样品 47 个。为保证遮光度处于正常范围,在原样中取 0.15～0.25 克样品进行前处理,处理好的样品由 Mastersizer2000 激光粒度仪分析,测量范围为 0.01～2000 微米,多次重复测试误差小于 1%。前处理步骤如下:加入过量浓度为 30% 的 H_2O_2 去除样品中的有机物;加去离子水至 100 毫升煮沸使过量的 H_2O_2 分解;冷却后加入 1:3 的盐酸 5 毫升去除样品中的碳酸钙,并煮沸使其充分反应;静止 24 小时后用虹吸法抽去清液,反复 2～3 次至 PH 值中性;再加入 10 毫升浓度为 0.05mol/L 的偏磷酸钠分散剂,添加去离子水至 150 毫升加热沸腾 5 分钟以上。

图 3 为浙江田螺山遗址剖面沉积物粒度和磁化率分析结果。从图 3 可以看出,剖面粒度以粉沙为主,约占总含量的 55%～85%,其次为沙,约占总含量的 0～30%,黏土的含量一般低于 20%。粒度参数如平均粒径介于 3.1～6.7Φ 之间,第⑨层样品的平均粒径为 6.4Φ 左右,属于细粉沙范畴。第⑧层样品的平均粒径为 5.1Φ 左右,为中粉沙。第⑦层是一个沙质粉沙层,其平均粒径为 3.3Φ。第⑥层样品的平均粒径变细,在 4.5Φ 左右,属于粗中粉沙。第⑤层出现了明显的波动,较⑥层也变粗,样品平均粒径介于 3.2～4.2Φ 之间,属于粗粉沙与细沙范畴。第③、④层波动较小,平均粒径在 4Φ 左右,属于粗粉沙。沉积物粗细变化反映当时水动力条件的差异。文化层之下的第⑨层和文化层之上的第②层物质较细,颜色呈青灰色,表明当时可能受海水顶托影响,沉积于水体较为停滞的环境。第⑧层至第③层物质较粗,为文化层,可能除人类活动的扰动外,也反映陆相水流沉积为主的环境。

为获得较好综合分析结果,采用与粒度分析相同的平行样品做磁化率分析。每个样

品经研磨后取足量装入体积为 8 立方厘米的磁化率样品盒,使用英国 Bartington MS-2 型磁化率仪测试,每个样品测量 6 次,取其平均值。

剖面低频磁化率值范围分布在 $0.42\times10^{-8}\,m^3kg^{-1}\sim12.29\times10^{-8}\,m^3kg^{-1}$。磁化率变化幅度较大(图 3)。从磁化率垂向曲线上可以看出,剖面的第⑨层和第⑧层,磁化率为相对的低值,为还原环境;第⑦层和第⑥层磁化率值表现为逐渐增大,第⑤层磁化率出现一个明显的峰值,在 150 厘米处达到最大,之后开始逐渐降低,第④层和第③层磁化率表现为降低,第②层磁化率值达到低谷,表现为明显的还原环境,其沉积层对应为黑褐色的淤泥层。总体上而言,磁化率的峰值对应于文化层,一方面与文化层中的文化遗物有关,另一方面表明人类生存的环境为一个陆相沉积的环境,沉积物氧化程度较高。而磁化率低值可能反映沉积物偏还原环境,表明可能受海水影响,水体较为停滞、水位较高等环境特征。

2. 黏土矿物组成的环境意义

不同气候和水文条件下形成的黏土矿物具有不同的组合特征,所以黏土矿物分析是古环境研究的传统方法。黏土矿物的前处理步骤如下:首先加入 30% 的双氧水去除有机质,直到不发生气泡为止。加入蒸馏水搅拌后静置 15～16 个小时后,样品均呈现良好的分散性,满足提取黏土矿物的条件。所有样品除去除有机质外均没有进行其他前处理。对处理好的样品采用沉速分离法提取粘土矿物。将收取的黏土悬浮液在离心机中脱水,并将离心脱水收集到的黏土保留一部分备份,其余粘土分别制成定向片、乙二醇处理片和 600℃ 加热片。

黏土矿物 X 衍射半定量分析的基本原理是:某一种矿物在混合物中的含量比例越高,则它的衍射峰强度就越强。因此,可以根据某些特定衍射峰的强度比来测定混合物中各种黏土矿物的相对含量。使用 XPert Pro MPD 仪器对制成的黏土定向片、乙二醇处理片、600℃ 加热片进行 X 衍射半定量分析,测定黏土矿物种类和含量百分比。具体测定条件为铜靶 CuKα 辐射,Ni 滤片,管流管压 40kV,电流 40mA。黏土矿物测定由北京大学地球与空间科学学院王和锦老师完成。

图 4 为田螺山遗址剖面沉积样品的黏土矿物含量曲线。从图 4 可以看出,伊利石含量变化范围为 13%～78%,蒙脱石含量分布在 0～40%,高岭石含量变化范围 0～21%,绿泥石含量变化范围 6%～12%,其中第③～⑥层其值为 0。距今 6500～6000 年间,高岭石和蒙脱石含量为峰值,可能代表这一时期的气候是最为暖湿的时期。刘会平、王开发对沪杭苏地区若干文化遗址的孢粉进行分析后也得到马家浜文化中晚期为气候最为暖湿的时期[①]。

---

① 刘会平、王开发:《沪杭苏地区若干文化遗址的孢粉—气候对应分析》,《地理科学》1998 年,19(4),368～373 页。

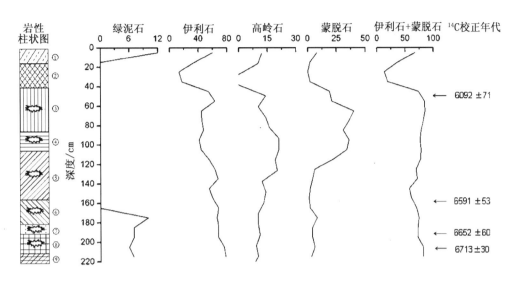

图 4　浙江田螺山遗址剖面黏土矿物含量曲线

3. 微量元素硼的含量与古盐度重建

通过黏土矿物组合和微量元素 B 的含量可以定性重建沉积物沉积时的盐度特征。样品的微量元素 B 由河北省地质调查院区调所使用 1 米光栅发射光谱仪测定。图 5 为田螺山遗址剖面 B 含量和古盐度曲线。从图 5 可以看出,硼含量的变化范围在 30ppm～90ppm,其峰值分别对应于第⑦、⑧、⑨层和第①、②层,而低谷对应了第③～⑥层,其值在 30ppm～35ppm。古盐度变化在 4.3‰～10.5‰,古盐度曲线出现明显的两个峰值,大峰值对应第⑦、⑧、⑨层,其古盐度高达 8.6‰～10.5‰,次峰出现在第②层,其古盐度达到 6.5‰。第③～⑥层的古盐度对应谷值,古盐度低于 4.3‰。需要说明的是根据黏土矿物组合和硼元素含量虽然可以定量计算古盐度,但其结果只有定性的参考意义。为了更好地了解地层是否受到海水影响,我们在田螺山遗址附近姚江漫滩沉积物、甬江入海口和距离入海口 2 千米以北的潮滩沉积物取样,进行古盐度复原,得到的古盐度分别为 8.6‰、8.8‰、9.8‰。三者的差别比预计的小,原因可能是甬江入海口和镇海附近潮滩都受到了陆地水的淡化,而姚江近代沉积物也可能受到过海潮的影响。依据上述古盐度分析结果可以推断,第⑨层沉积形成时可能受到海水的影响,出现较高盐度。第⑦、⑧层为文化层,但也出现较高盐度,可能也受到过海水的影响,或者这两层沉积物由于人类活动与下伏地层的沉积物之间有一定的扰动性混合。前人发现河姆渡遗址第四文化层的微体古生物中有广盐性的有孔虫、介形虫、硅藻,如毕克卷转虫(*Ammonia beccarii*),宽卵

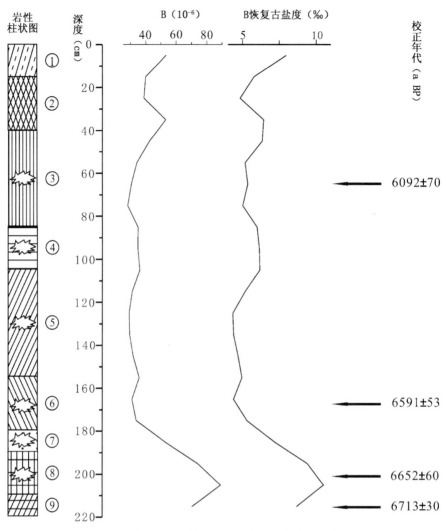

图 5　浙江田螺山遗址剖面硼含量与古盐度曲线

中华丽花介（*Sinocytheridea latiovata*）等[1]，或许可以互相印证。第②层盐度最高，达 20‰以上，可能表明也明显受到过海水的影响。

4. 植硅体含量变化及其环境意义

对田螺山遗址剖面以 10 厘米间距分析植硅体样品，共计.22 个。实验步骤如下：1）

---

① A. 孙湘君、杜乃秋、陈明洪：《"河姆渡"先人生活时期的古植被、古气候》，《植物学报》1981 年，23(2)，146～151 页。
　B. 王海明：《浙江史前考古学文化之环境观》，《环境考古研究》第 3 辑，北京大学出版社，124～133 页。

称量 1 克左右的样品;2)加入一片石松孢子以计算植硅体浓度;3)双氧水(30%)氧化,除去有机质,防止反映剧烈溢出,要多次少量加入;4)加入稀盐酸(15%)热浴(95 ℃,15 分钟),去碳酸钙;5)离心洗酸(3000/分,8 分)3 次;6)用比重 2.3 的重液浮选,然后用中性树胶制片,镜下观察统计。

经显微镜下观察统计,除 TLS58 号样品植硅体含量较少外,其余 21 个样品植硅体保存完整,含量丰富,浓度为 46～1700 万粒/克,达到了统计鉴定的要求。为了保证所有样品中植硅体类型的代表性,尽可能真实反映植硅体组合特征,每个样品植硅体统计数量均超过 500 粒,有的样品甚至达到 1000 粒以上,平均每个样品统计量为 600 粒。此外,还对样品中的硅藻和海绵骨针进行了单独统计。

22 个样品中植硅体化石丰富,并且保持了完整的形态特征。共鉴定出植硅体类型 26 个,分别是哑铃型、多铃型、扇型、盾型、竹节型、长鞍型、短鞍型、齿型、棒型、刺棒型、方型、长方型、塔型、帽型、尖型、导管型、气孔、团块状、毛发状、树枝状、水稻扇形、水稻哑铃、水稻突起、刺球、莎草科和黍亚科。其中主要以哑铃型、棒型、刺棒型、方型、长方型、水稻扇形、尖型、短鞍型和塔型为主。22 个样品中均含有水稻植硅体,含量从 1%～16% 不等。此外还有硅藻和海绵骨针等生物化石。植硅体百分含量的计算是以所有植硅体类型总量为标准,每个类型含量与之相比得到的。硅藻指标是指每个样品中的硅藻数量与植硅体总量的比值。

综合分析植硅体组合含量变化,田螺山遗址剖面自下而上可分为 3 个组合带,与地层的对应关系较好(如图 6),P3 带对应第①、②的表土层和淤泥层,P2 带对应文化层③～⑥层,P1 对应⑦～⑨层粉沙层。具体组合特征如下图。

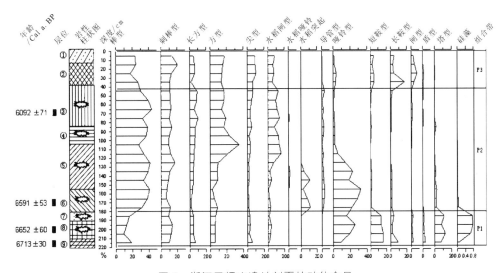

图 6　浙江田螺山遗址剖面植硅体含量

P1(220～180 厘米,对应⑦～⑨层):该带以哑铃型、短鞍型、扇型、塔型、棒型和刺棒型植硅体为主,占有比较高的含量。综观整个剖面我们发现,虽然该带长鞍型、盾型、扇型和塔型植硅体绝对含量不高,但对于整个剖面来说,其相对含量还是比较高的。本带最突出的特征是硅藻含量极为丰富,浓度达 800～1000 万粒/克,硅藻/植硅体比值平均为 0.72。样品中所发现的硅藻多为淡水或滨海相环境下生长的类型。

P2(180～45 厘米,对应③～⑥层):本带植硅体的组合特点是:以棒型、哑铃型、方型和刺棒型等为主要成分,并且有些类型含量达到整个剖面的最大值。短鞍型、长鞍型、扇型和塔型等含量迅速下降,甚至消失。硅藻含量急剧减少,直至晚期消失,平均浓度为 25万粒/克,硅藻/植硅体比值为 0～0.07 之间。哑铃型含量早期较高,晚期骤然减少。

P3(45～0 厘米,对应①、②层):本带植硅体组合仍以棒型、方型和刺棒型等为主要成分,但含量较 P2 带下降。P2 带一度消失的短鞍型、长鞍型和扇型又开始出现,其含量比P1 带略有降低。本带所有样品中未发现硅藻。

从图 6 可以看出,P1 带(6591 ± 53Cal a BP 前)和 P3 带(6092 ± 71Cal a BP 后)植硅体组合特征有一定的相似性,均以短鞍型、哑铃型、扇型、塔型、棒型、刺棒型类型为主要成分,长鞍型、哑铃型和扇型植硅体一般多分布于湿润地区[①],揭示这两个时期田螺山地区的环境比较湿润。但是这两个时期的植硅体也存在明显的差异性,P3 带代表气候干旱的棒型、尖型、刺棒型植硅体[②]含量比 P1 带要高,并且 P1 带硅藻含量极高,说明田螺山地区在距今 6000 年以后,虽然也处于地表多水的环境,但气候上可能有所变干。田螺山文化层主要对应于 P2 带和 P1 带上部,表明田螺山人活动的主要时期与当地地表水体相对缩小的时期一致。说明当地由于受海面影响而地表水体扩大的时期,不大利于人类活动。

田螺山遗址剖面从下而上所有样品中均含有水稻植硅体[③],尽管含量从 1％～16％不等(见图 6),但这在一定程度上说明水稻可能在当时的生业经济中占有一定的地位,稻作农业已经有了一定的规模。

四　有关问题讨论

通过以上的研究分析,并结合前人的相关研究成果,对田螺山地区的环境特点、环境

---

① A. 吕厚远、刘东生、吴乃琴等:《末次冰期以来黄土高原南部植被演替的植物硅酸体记录》,《第四纪研究》1999 年 4 期,336～349 页。

　B. 靳桂云、栾丰实、蔡凤书等:《山东日照市两城镇遗址土壤样品植硅体研究》,《考古》2004 年 9 期,81～86页。

② 吕厚远、刘东生、吴乃琴等:《末次冰期以来黄土高原南部植被演替的植物硅酸体记录》,《第四纪研究》1999年 4 期,336～349 页。

③ 吕厚远、吴乃琴、王永吉:《水稻扇型硅酸体的鉴定及在考古学中的应用》,《考古》1996 年 4 期,82～86 页。

演变及其同古代人类活动的关系等问题做一初步讨论。

1. 田螺山、河姆渡一带位于四明山北麓平原地区,该区属于浙江省杭州湾以南最大的平原——宁绍平原的一部分。平原以南是浙江中部和中西部山地丘陵,山地丘陵区的河流如浦阳江、曹娥江、奉化江等均向北流而与宁绍平原相连。山地丘陵区已陆续有旧石器时期的古人类活动遗迹发现[①]。浦阳江河谷地区已经发现有距今 9000 年以前的浦江上山新石器早期遗址,上山遗址中已发现水稻利用或栽培的证据[②]。曹娥江上游谷地中也已发现距今 9000 年前后的小黄山新石器早期遗址[③]。虽然就目前有限的发现和研究结果,还不能说明浙江杭州湾以南地区从旧石器文化到新石器早期和早中期文化的联系,但已明确显示出古代人类从山地到山间河谷地区,再到平原的发展路线,和由狩猎采集经济到农业萌芽,再到拥有较为发达的农业作为重要食物获取方式的发展轨迹。当四明山和会稽山北麓的宁绍平原区的一些地域适合人类生存时,已经逐步掌握水稻栽培技术的古代人类来这里定居发展是理所当然的。

2. 全新世中期的田螺山、河姆渡一带不仅有姚江谷地平原,平原中还有一些湖泊存在,谷地南北两侧有大片的山地丘陵。这种多样的地貌和环境条件组合,加之温暖湿润的气候,生长了大量栖生于不同生境的丰富的野生动植物。一方面为古代人类的丰衣足食提供了保障,并为形成具有比较发达的木制和骨制工具的河姆渡文化特色提供了原材料。而另一方面也某种程度上降低了人们进一步发展农业的迫切性,因而可能对河姆渡文化趋于保守、农业技术向更高水平发展的进程相对缓慢产生了一定影响。

宁绍平原地区本身的区域发展空间与黄河流域和长江流域一些具有发达的新石器文化的地区相比不算大,而且还处于一种相对较为封闭的地理环境之中。北与长三角地区隔杭州湾,往东为海洋,往南到福建都是以山地为主,往西也为山地或丘陵,只有西南方的金华盆地存在地形上较为开阔平缓的地区。这些地区已发现的新石器文化的数量和水平都很有限。所以该地区虽然形成了当时与全国各主要地区相比都不逊色的河姆渡文化,但后来的发展,与区域更为广大,且同长江中游和黄河流域存在广泛联系的环太湖和长三角地区相比处于劣势。宁绍地区新石器遗址的数量统计分析[④]和遗址所反映的

① 王海明:《浙江史前考古学文化之环境观》,《环境考古研究》第 3 辑,北京大学出版社,124～133 页。

② A. 王海明:《浙江史前考古学文化之环境观》,《环境考古研究》第 3 辑,北京大学出版社,124～133 页。

B. 盛丹平、郑云飞、蒋乐平:《浙江浦江县上山新石器时代早期遗址——长江下游万年前稻作遗存的最新发现》,《农业考古》,2006 年 1 期,30～32 页。

C. 蒋乐平、盛丹平:《上山遗址与上山文化——兼谈浙江新时期时代考古研究》,《环境考古研究》第 4 辑,北京大学出版社,2007 年,25～42 页。

D. 郑云飞、蒋乐平:《从上山遗址古稻遗存谈稻作起源的一些认识》,《环境考古研究》第 4 辑,北京大学出版社,2007 年,43～57 页。

③ 王心喜:《小黄山遗址新石器时代早期遗存的考古学观察》,《绍兴文理学院学报》2006 年,26(2),6～11 页。

④ 冯小妮、高蒙河:《宁绍地区早期遗址群的量化分析》,《东南文化》2004 年 6 期,31～37 页。

社会发达程度表明,该地区河姆渡文化时期,呈现出持续发展的趋势,但之后的良渚和马桥时期,遗址数量逐渐减少,社会发展水平也远不及杭州湾以北的环太湖——长三角地区。导致这种情况的原因,如上所述的区位劣势可能是主要原因,气候变化和相对海面变化引起的水患灾害等可能只是第二位的原因。

3. 气候变化同本地区文化发展的关系是学界关心的问题。关于宁绍地区和长三角地区的全新世气候变化已经有大量的研究,虽然各自的结果还有差异,但也有很多相似之处。如周子康等根据河姆渡地区古植被和古气候的重建研究认为距今 7000~6000 年前,河姆渡一带的气候大致相当于现今福州一带,明显比今天温暖湿润。距今 6000 年以后,温湿度有所降低①。杨守仁、江大勇根据浙江全新世海滩岩的综合研究认为浙江地区自距今 7000 年以来有 8 次较暖的时期和 7 次较冷的时期,但整体而言中全新世为大暖期,晚全新世有所变凉②。周子康、刘为纶根据河姆渡遗址动植物的研究认为距今 7000~6000 年气候最为暖湿,之后有所波动降低③。刘会平、王开发依据沪杭苏地区三个遗址的孢粉分析结果认为,马家浜文化时期气候最为暖湿,气温较现代高 3℃ 多,降水比现代高 250 毫米以上,尤其晚期是最暖湿的时期,之后逐步波动性降低,崧泽时期较现今还要暖湿,良渚时期的气温与降水已比现代略低④。综合已有结果,该地区距今 7000~6000 年前后是气候最为温暖湿润的时期,距今 6000 年之后气候的暖湿程度有逐步降低的趋势,所以河姆渡文化之后的发展势头有所衰落,可能同气候的这种演变趋势也有一定关系。

4. 海面变化对田螺山遗址及其宁绍地区的古文化发展的影响十分重要。前人对浙江沿海及长江下游地区的全新世海面变化历史也有过较多研究。赵希涛等根据多种环境指标推测,江苏沿海距今 7000 年前是迅速上升阶段,距今 7000~4000 年间在 1~3 米范围波动,且后期略高于前期⑤。赵建康、陈介胜研究了浙江沿海的海滩岩的高程和时代后认为 7000 年以来出现过三次高海面,峰值时间分别为距今 6000、5400、2400 年,当时海面高于现今 2~2.5 米⑥。江大勇、杨守仁同样依据浙江海滩岩的研究结果,认为距今 6000 年以来;浙江的海面大致稳定,并有微微下降⑦。沈明洁等根据大量研究文献的统计分析后认为中国东部距今 6500 年以来,海面经历了距今 6000~5750、4000~3750、

① 周子康等:《全新世温暖期河姆渡地区古植被和古气候的重建研究》,《地理科学》1994 年,14(4),363~371 页。
② 杨守仁、江大勇:《浙江全新世海滩岩的综合研究》,《地质论评》1995 年,41(4),332~340 页。
③ 周子康、刘为纶:《杭州湾南岸全新世温暖期气候的基本特征》,《杭州大学学报》(自然科学版)1996 年,23(1),80~86 页。
④ 刘会平、王开发:《沪杭苏地区若干文化遗址的孢粉—气候对应分析》,《地理科学》1998 年,19(4),368~373 页。
⑤ 赵希涛、鲁刚毅、王绍鸿等:《江苏建湖庆丰剖面全新世地层及其对环境变迁与海面变化的反映》,《中国科学》(B 辑)1991 年 9 期,992~999 页。
⑥ 赵建康、陈介胜:《浙江全新世海滩岩及其古地理意义》,《海洋地质与第四纪地质》1994 年,14(1),35~42 页。
⑦ 江大勇、杨守仁:《浙江沿海全新世海滩岩基本特征及其古地理意义》,《古地理学报》1999 年,1(1),61~67 页。

3500～3000、2750～2500、2000～1750、1500～1000 年的 6 个海面上升期,但幅度不超过 2 米①。朱诚等主要根据长三角和宁绍平原地区马家浜－河姆渡文化时期的遗址分布情况和全新世海相沉积的分布情况,提出了与上述结果不同的看法②。

由于不同研究者对某些海面标志的看法有差异,还由于不同地点构造活动升降的差异、地表沉积淤高速率和幅度的差异、松散沉积压实沉降幅度的差异、年代测定结果的误差等,不同研究者在不同地点运用不同标志得到的结果不同是不难理解的。由于海面是变化的,陆地范围和地面高程也是变化的,不妨建议将某地点某一时期的海面沉积标志解释为该地点当时的相对海面(海面与陆地地面的相对高差)。

田螺山遗址文化层之下证明存在受海水影响的淤泥沉积,这与河姆渡遗址情况一致③,表明当时该地区仍有海水淹没。田螺山遗址下部文化层沉积仍表现较高盐度,河姆渡第④文化层中也仍有海相的微体生物存在④表明,当时该地区仍受到海水的一定影响,当时该地区陆地地面较低是重要原因。本文用硼方法证明田螺山遗址文化层之上的一层淤泥也受到过海水影响。浙江省文物考古研究所在遗址附近调查水稻田遗迹的试掘剖面中还发现了河姆渡文化早晚期之间也有一层海相淤泥层⑤。河姆渡遗址中第②、③层文化层之间和第①层文化层之后也发现有淤泥层⑥。这两层淤泥层覆盖了遗址文化层,说明当时的相对水位确有两次升高的时期。而河姆渡地区属于近海平原,相对水位的升高亦很可能同海面的相对升高有关,即证明河姆渡文化中期和晚期之后,至少各存在一次相对海面较高的时期。同时宁绍地区河姆渡文化至马桥的各时期都有遗址分布⑦表明,每次相对海面升高的幅度不大,历时也不太长。

注:本文由教育部人文社会科学重点研究基地重大项目(05JJD780101)、国家科技支撑计划项目课题(2006BAK21B02)、国家自然科学基金(40671016)共同资助。

---

① 沈明洁、谢志仁、朱诚:《中国东部全新世以来海面波动特征探讨》,《地球科学进展》2002年,17(6),886~894页。

② 朱诚、郑朝贵、马春梅等:《对长江三角洲和宁绍平原一万年来高海面问题的新认识》,《科学通报》2003年,48(23),2428~2438页。

③ 朱诚、郑朝贵、马春梅等:《对长江三角洲和宁绍平原一万年来高海面问题的新认识》,《科学通报》2003年,48(23),2428~2438页。

④ A. 孙湘君、杜乃秋、陈明洪:《"河姆渡"先人生活时期的古植被、古气候》,《植物学报》1981年,23(2),146~151页。
　B. 王海明:《浙江史前考古学文化之环境观》,《环境考古研究》第3辑,北京大学出版社,124~133页。

⑤ 浙江省文物考古研究所:《河姆渡文化稻作农耕遗迹研究——田螺山遗址的稻作农耕遗迹》(待刊)。

⑥ 朱诚、郑朝贵、马春梅等:《对长江三角洲和宁绍平原一万年来高海面问题的新认识》,《科学通报》2003年,48(23),2428~2438页。

⑦ A. 王海明:《浙江史前考古学文化之环境观》,《环境考古研究》第3辑,北京大学出版社,124~133页。
　B. 冯小妮、高蒙河:《宁绍地区早期遗址群的量化分析》,《东南文化》2004年6期,31~37页。

由田螺山遗址出土的人类与动物骨骼胶质炭氮同位素组成推测河姆渡文化的食物资源与家畜利用

南川雅男[1]，松井章[2]，中村慎一[3]，孙国平[4]

（1. 日本北海道大学　2. 日本奈良文化财研究所　3. 日本金沢大学　4. 浙江省文物考古研究所）

一　研究目的和原理

本研究主要是藉由浙江省余姚市田螺山遗址出土的人骨、野猪骨与鹿骨的骨胶原同位素分析来了解，长江下游流域的初期稻属资源利用的明确特征与野猪饲养的可能性。此外，针对杂粮与水产资源的利用方面，将透过与淮河流域贾湖遗址的人骨分析结果、日本的采集狩猎集团与弥生时代的稻作集团的比较结果，从地域与文化上的相异点来进行检讨比较。关于野猪，为了了解河姆渡文化对于家畜利用的情况，将会与已发表的从琉球诸岛出土的距今七千年以前的野猪并非是家畜的结果相比较，讨论其可能性。

透过人骨与兽骨的骨胶原碳氮同位素组成，可以反映出生前透过饮食所吸收的食物蛋白质[1]。在植物资源中，稻与麦等碳三植物基本上是相同的，但是，粟米与玉米这类的碳四植物中，其 $\delta^{13}C$ 值则有 15‰ 的差异。此差异具有可供区别的可能性。在海产资源的部份，不只是其 $\delta^{15}N$ 值高出 5 ‰，甚至可以利用骨胶原的同位素分析来推测其利用的比例。此外，假如有利用人的剩饭或排泄物来喂猪的话，那该猪的骨胶原同位素值就会接近人类的骨胶原同位素值，而这一点将会与鹿这一类草食动物有所不同。到目前为

---

①　Stepwise enrichment of 15N along food chains: further evidence and the relation between d15N and animal age, M. Minagawa and E. Wada, *Geochim. Cosmochim. Acta*, 48, 1135－1140(1984).

止,过去的研究者都根据这一个原理去分析从琉球诸岛出土的野猪被饲养的可能性。[①]

二　实验材料与实验方法

分析的材料主要是来自于田螺山遗址出土的人骨 10 个个体,野猪属(*Sus scrofa*)27 个、鹿(*Cervus nippon*)9 个(表 1)。

表 1　样品信息及测定数据

样品编号	种类	单位	层位	C% (ゼラチン分画中)	N% (ゼラチン分画中)	d^{13}C	d^{15}N	C/N 比	备注
DENRH－1	人	M1	⑤	37.2	13.7	－20.4	9.8	3.2	M1 残骨
DENRH－2	人	M6	⑤	40.1	14.7	－20.3	8.0	3.2	M6 肋骨残片
DENRH－3	人	T204	④	37.8	13.8	－20.9	8.3	3.2	头骨破片
DENRH－4	人	T303	④	38.3	14.3	－20.9	8.3	3.1	G1 右下颚
DENRH－5	人	T205	⑤	36.2	13.6	－20.4	8.3	3.1	G20 右尺骨
DENRH－6	人	T302	⑤	33.9	13.0	－20.6	8.1	3.0	
DENRH－7	人	T303	⑤	10.4	3.3	－21.9	10.4	3.6	
DENRH－8	人	T103	⑥	34.5	12.6	－20.2	8.0	3.2	
DENRH－9	人	T202	⑥	31.8	11.8	－20.4	8.0	3.1	
DENRH－11	人	T301	⑦	36.1	13.4	－20.3	10.0	3.1	G51 残骨
DENRS－1	野猪	T103	③	39.6	14.4	－21.7	5.6	3.2	
DENRS－2	野猪	T103	③	37.4	13.3	－21.4	5.2	3.3	
DENRS－3	野猪	T103	③	40.5	14.5	－20.7	4.3	3.2	
DENRS－4	野猪	T104	③	34.6	12.4	－20.4	5.8	3.2	
DENRS－5	野猪	T204	④	34.2	12.2	－21.2	4.8	3.3	
DENRS－7	野猪	T204	④	38.3	13.7	－20.4	5.6	3.3	
DENRS－8	野猪	T302	④	27.6	9.7	－20.0	6.7	3.3	

---

① A. Patterns of prehistoric boar Sus scrofa domestication, and inter－islands pig trading across the East China Sea, as determined by carbon and nitrogen isotope analysis, M. Minagawaa, A. Matsui, and N. Ishiguro, *Chemical Geology* 218, 91 － 102(2005).

B. Wild pig? Or domesticated boar? An archaeological view on the domestication of Sus scrofa in Japan, A. Matsui, N. Ishiguro, H. Hongo and M. Minagawa, The First step of animal domestication, eds. J.－D. Vigne, J. Peters and D. Helmer, 148－159, Oxbow Book, Oxford (2005).

（续表 1）

样品编号	种类	单位	层位	C%（ゼラチン分画中）	N%（ゼラチン分画中）	d¹³C	d¹⁵N	C/N 比	备注
DENRS—9	野猪	T302	④	13.8	4.3	−22.1	5.0	3.7	
DENRS—10	野猪	T302	④	3.5	1.0	−22.7	5.4	3.9	
DENRS—11	野猪	T303	④	27.2	9.6	−20.7	6.4	3.3	
DENRS—12	野猪	T204	⑤	41.2	15.0	−20.2	5.4	3.2	
DENRS—13	野猪	T204	⑤	36.8	13.3	−20.8	4.5	3.2	
DENRS—14	野猪	T205	⑤	41.6	15.1	−20.9	5.7	3.2	
DENRS—15	野猪	T302	⑤	35.4	12.7	−20.8	6.5	3.2	
DENRS—16	野猪	T302	⑤	41.3	14.9	−20.6	5.3	3.2	
DENRS—17	野猪	T103	⑥	37.2	12.7	−20.9	7.1	3.4	
DENRS—18	野猪	T203	⑥	41.5	15.1	−21.9	4.3	3.2	
DENRS—19	野猪	T205	⑥	25.8	8.9	−21.7	5.6	3.4	
DENRS—20	野猪	T205	⑥	42.6	15.2	−21.5	4.1	3.3	
DENRS—21	野猪	T301	⑥	39.4	14.0	−21.3	8.3	3.3	
DENRS—22	野猪	T301	⑥	41.3	14.9	−21.6	4.9	3.2	
DENRS—23	野猪	T301	⑥	37.8	13.4	−20.7	5.4	3.3	
DENRS—24	野猪	K3	⑦	41.7	14.8	−20.8	6.1	3.3	
DENRS—25	野猪	K3	⑦	35.1	12.4	−22.0	4.9	3.3	
DENRS—26	野猪	K3	⑦	30.3	10.8	−19.9	6.4	3.3	
DENRS—27	野猪	T103	⑧	41.4	15.4	−20.4	5.7	3.1	
DENRD—2	鹿			41.1	14.0	−21.0	4.6	3.4	
DENRD—3	鹿			42.4	15.0	−23.4	5.4	3.3	
DENRD—5	鹿	T103	⑥	42.0	14.6	−21.8	5.2	3.4	
DENRD—6	鹿	T103	⑥	35.6	11.5	−22.8	4.8	3.6	
DENRD—7	鹿			36.2	12.0	−22.2	5.1	3.5	
DENRD—9	鹿	T103	⑥	44.7	16.0	−22.0	5.7	3.3	
DENRD—10	鹿	T204	⑤	41.2	15.0	−22.1	5.4	3.2	
DENRD—13	鹿	T302	⑤	39.7	14.2	−22.0	5.2	3.3	
DENRD—14	鹿	T303	⑤	42.1	15.5	−22.0	6.6	3.2	

人骨部分，包含了从④层出土的 2 具标本（T203、T303）、⑤层出土的 3 具标本（T205、T302），⑥层出土的 2 具标本（T104，T202），与⑦出土层的 2 具标本（T103、T301）以及从探方中所得的残骨 M1 和 M2。从⑦出土的编号 T103 的骨骼被推测为烧骨，由于其回收率极低以及碳氮比例（C/N）偏高，所以此标本被排除在外。

野猪与鹿的样本则是与从④层到⑦层探方出土的人骨进行同样的分析。

骨骼样本先用水洗去表面土壤且打碎后，再用去离子水与超音波洗净机进行再次清洗，清洗后干燥并粉碎成粉末状。取干燥样本约 2 克，并根据南川在 1993 年所采用的方法进行分析。利用有机溶剂、碱和酸将夹杂在其中的杂质去除后，在 95℃ 的温度下将样本明胶化，并将透过其中水溶性蛋白质的冷冻干燥得到骨胶原。以锡制容器秤量 0.5 毫克的程度的样本，并透过 FISONS N1500 元素分析仪分析碳氮浓度。样本将通过了元素分析仪并透过 Conflo－II 接口导入氮气与二氧化碳，最后在导入 MAT252 型的同位素比质量分析仪中，依次测量氮 15/氮 14、碳 13/碳 12 的比例。氮的操作标准值是以大气中氮气（N2）为基准而碳的部分则是以 PDB 为标准。将透过这些标准值换算出 δ 值，并用以表示结果。此实验的重复操作精准度达±0.1‰。分析所用的人骨与兽骨过去曾被埋藏在潮湿的土壤，因而有被土壤中有机物污染的情况。不过，除了被推定为烧骨的部分样本外，大部分的样本都能回收到供分析用的必要的质与量，而且其 C/N 原子比在3.0～3.6 的范围内，而杂质的部分则是在不造成问题的程度下被洗净了。在结果中，其骨胶原的回收率则在 0.5％到 26％左右的程度从干重的情况下，其保存性较为良好。

三　结果与讨论

1. 田螺山人骨胶质成分的同位素特征

从田螺山出土的 10 个人骨样本中，其胶质同位素比例为 $\delta^{15}N$：8.7±0.9 ‰与 $\delta^{13}C$：－20.7±0.5 ‰（见表 1）。由于此数据与胡耀武的贾湖人骨标本[①]（河南出土；距今约 7800 到 9000 年前）所得到平均值类似，因此从同位素的特性上面来说，两者对于资源利用的种类存在着一定的相似性。在个体间的分布情况，$\delta^{13}C$ 相较于 $\delta^{15}N$，其变化量较大，氮的成分也会因为不同的资源利用而有较大的差异，这些有可能是因为食物链中最高营养位阶的资源利用的关系。而个体分布的倾向与贾湖遗址的集团类似，这一点与胡耀武等的推测相同，极有可能是因为以碳三植物与依靠碳三植物生存的陆生草食动物为主要

---

① Stable isotopic analysis of human bones from Jiahu site, Henan, China；implications for the transition to agriculture, Y. Hu, S. H. Ambrose, and C. Wang, Jour. *Archaeological Sci*, 33 1319－1330(2006).

的利用资源所造成的。

就目前资料所见,从文化层④层到⑦层之间并不存在显着的差异或倾向(见表1)。

从这一次的结果中可以明白的推测出,田螺山遗址中对于海产资源的利用是很低的。相较于九州岛绳文时代轰遗址的人骨结果,可以发现到由于轰遗在过去有利用海产鱼类的关系,其$\delta^{15}N$达到13.1‰、$\delta^{13}C$则有-16.3‰(表2)。这一结果需要引起重视,因为田螺山遗址在过去比现在更接近海滨。然而到目前为止,对于湿地环境中的水产资源与陆生草食动物的肉中的$\delta^{15}N$是否相同的研究尚缺,因此并不能否定利用淡水资源的可能性。但是,依旧可以推测出田螺山遗址的人对于从野猪与鹿这一类陆生草食动物的动物性蛋白质具有相当的依赖性。这与日本稻作引进后弥生时代的人骨(北九州岛等地区)其$\delta^{15}N$值达到2.6‰的结果相比较,长江下流遗址对于水产资源的低依赖性也是较明显的。

同时,由田螺山遗址发现的个体其$\delta^{13}C$达到-20‰的程度,可以确定其几乎没有利用杂粮一类的碳四植物资源。那是因为在湿润的环境下,并不适合碳四植物的生长。

2. 田螺山出土的野猪特征

田螺山出土的26个猪个体,与从本州岛的七个绳文时代遗址出土的已经被推定的野猪相比较,其$\delta^{13}C$的值大致上是相同的,但是$\delta^{15}N$的平均值则高出1.4‰(见表2)。这一个差异被认定是因为,田螺山的野猪主要食用含高浓度氮15的物质为食物,有可能是食用例如含肉较多的人类剩饭等的缘故。另一方面,相较于没有被饲养的鹿,田螺山出土的鹿也比日本绳文时代的鹿在$\delta^{15}N$的部分高出1.0‰。这说明两个地区其野生的碳三植物存在着约1‰的差异程度。如不考虑这一点的话,从田螺山野猪的δ值的平均值比日本野生的野猪的还要高这一件事,可以判断有可能是由于以人类的剩饭喂食饲养所造成的结果(见表2)。然而,如果出土的野猪当中包含着大量的从狩猎所获得的野生野猪的话,野猪的总体平均值将会下降回原来的值。从图1可以看出每个野猪个体的同位素分布与人骨的同位素值的比较。

从田螺山的鹿(●)、野猪(□)、跟人(■)的个体分布看来,有与鹿相似的$\delta^{13}C$、$\delta^{15}N$值的野猪,也有靠近人类的$\delta^{15}N$值的野猪。如果将绳文时代的野猪与田螺山出土的野猪个体分布拿来比较,可以发现到后者的$\delta^{15}N$在上方的个体数明显偏多(图2)。从这一次的考察看来,在田螺山附近的野猪在过去有被频繁的利用,但是并不能排除当中一部分有可能是在半饲养的状态。综合以上考虑,且因为当时的人并没有使用海产资源,所以对于草食性动物的肉的摄取就变得相当必要。据想象可以推测出,大部分的肉类都是由猎捕周边森林中野生的鹿与野猪获得,同时为了要充分满足当时的需求,也有一部分为饲养。在$\delta^{15}N$的值有超过6‰的情况下,比较其食性较靠近人类的个体,包括位于文

表 2 田螺山遗址与其他地点的数据比较

	遗址	地域	年代	样品数	$\delta^{13}C$	sd	$\delta^{15}N$	sd	参考文献
人	田螺山	长江下游	6500BP	10	−20.7	0.5	8.7	0.9	本文
	贾湖	淮河	7800～9000BP	14	−20.3	0.5	8.9	0.9	Hu 等 2006**
	绳文人（轰）	九州	5500BP	15	−16.3	1.1	13.1	1.9	南川 2001*
	弥生人	北九州	2000BP	4	−19.6	0.2	12.6	0.7	南川 2001*
野猪	田螺山	长江下游	6500BP	26	−21.1	0.7	5.6	1.0	本文
	粟津など7遗址	本州・九州	2000～4000BP	51	−21.0	1.3	4.2	1.1	Minagawa 等 2005***
	野国など5遗址	琉球列岛	2000～7000BP	68	−20.2	1.7	9.2	1.8	Minagawa 等 2005***
鹿	田螺山	长江下游	6500BP	9	−22.2	0.7	5.3	0.6	本文
	古作など6遗址	本州・北海道	2000～4000BP	48	−21.5	1.4	4.3	1.0	Minagawa 等 2005***

* 南川雅男（2001）「炭素窒素同位体分析により復元した先史日本人の食生態」『国立歴史民俗博物館研究報告』第 86 集，p. 333−357.

** Stable isotopic analysis of human bones from Jiahu site，Henan，China：implications for the transition to agriculture，Y. Hu，S. H. Ambrose，and C. Wang，Jour. *Archaeological Sci*，33 1319−1330 (2006).

*** Stepwise enrichment of 15N along food chains：further evidence and the relation between d15N and animal age，M. Minagawa and E. Wada，*Geochim. Cosmochim. Acta*，48，1135−1140(1984)

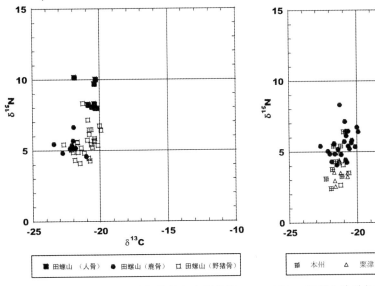

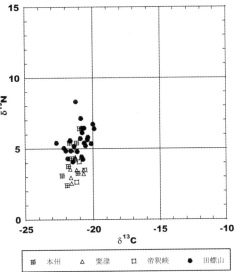

图 1 田螺山遗址出土人骨、猪骨和鹿骨比较　　图 2 田螺山遗址与日本列岛出土野猪比较

化层④层的 2 个个体、⑤层的 1 个个体、⑥层的 2 个个体与⑦层的 1 个个体。与日本列岛类似,家畜饲养必须是在野生资源供应充分的条件下,有透过农耕生产获得剩余资源来维持,然而这些都是在日后需要更进一步讨论的事情。

3. 与琉球的野猪相比较

琉球诸岛出土的野猪,其 $\delta^{15}N$ 的值约在 10 ‰前后,推测有可能是利用人类残余的食粮与排泄物当作饲料饲养的结果,并不是在绳文时代前期左右从外地进口的。此假说在过去已被发表[①]。从这一次田螺山遗址野猪与琉球野猪的比较,可以看出大多数的琉球野猪明显的聚集形成了不同的团体(图 3)。少数田螺山附近的野猪与琉球的野猪具有同样的同位素组成,但是并没有直接发现到与琉球野猪特征相似的个体。如此次样本代表了田螺山所在长江下游可能取得的野猪个体的平均值的话,那么从此处往琉球运送野猪的可能性就很低了。

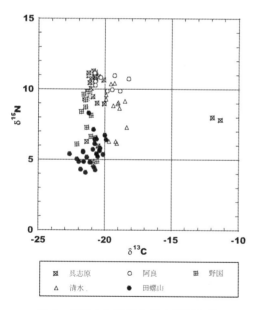

图 3　田螺山与琉球岛出土野猪比较

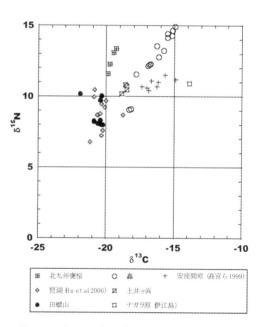

图 4　田螺山人与日本列岛绳文弥生人比较

---

①　A. Wild pig? Or domesticated boar? An archaeological view on the domestication of Sus scrofa in Japan, A. Matsui, N. Ishiguro, H. Hongo and M. Minagawa, The First step of animal domestication, eds. J. — D. Vigne, J. Peters and D. Helmer, 148—159, Oxbow Book, Oxford (2005).
　　B. Patterns of prehistoric boar Sus scrofa domestication, and inter—islands pig trading across the East China Sea, as determined by carbon and nitrogen isotope analysis, M. Minagawaa, A. Matsui, and N. Ishiguro, Chemical Geology 218, 91 — 102(2005).

四　总　结

　　此次分析结果显示,长江下游河姆渡文化史前人类的食性与淮河中游的贾湖遗址的人骨(河南、距今约 7800～9000 年前)的食性并无显著差异。从食物资源的同位素相对应的关系可以发现,两个集团都主要是以利用碳三植物(包括稻米与坚果类等)为主。由于集团中个体差异的特征也相似,其食物资源的利用形式也有可能具有相仿的共通点(图 4)。关于全面性的水产资源利用在今后会进行更加详细的调查,不过就目前的资料来看,田螺山遗址中几乎没有看到利用到海产资源的迹象。若与九州岛的轰(绳文前期)、或是琉球诸岛的安座间原(绳文晚期)、或是ナガラ原(约是弥生时期)北九州岛的弥生人相比较,推测出来其肉食程度并不高。另外一方面,从野猪的个体分析结果看来,少数的野猪样本其同位素组成与那时候的人类相似。其原因有可能是因为拥有共通的食物资源,这同时也暗示着,有可能当时的人们利用剩余的食物资源进行饲养。但是,并没有看到像琉球野猪一般的极端高肉食性的情形。推测这可能是因为暂时性饲养,没有到大范围的家畜饲养环境与完全家畜化的状态的缘故。

长江三角洲地区新石器时代
动物考古学研究的思考
——兼论田螺山遗址动物考古学研究的相关问题

袁　靖

（中国社会科学院考古研究所）

通过多年来对长江三角洲地区的动物考古学研究，我们对这个地区家猪的起源及古代居民获取肉食资源的方式等有了一定的认识[①]。此次浙江余姚田螺山遗址 2004 年第一次发掘出土的哺乳动物研究已经完成，在种属鉴定和定量统计的基础上，研究者认为该遗址出土的哺乳动物中以各种鹿科动物为最多，构成了人们狩猎的主要目标。其次为猪和水牛。根据已有的研究材料推测，水牛为当地的野生种类，所有猪骨中相当一部分也可以确定是野猪。由此可见，田螺山居民的经济生活以狩猎采集为主[②]。这些认识都是十分重要的。本文首先讨论田螺山遗址的动物考古学研究成果，然后围绕长江三角洲地区新石器时代动物考古学研究阐述自己的认识。

一　田螺山遗址动物考古学研究的意义

通过对田螺山遗址出土动物遗存的采集、鉴定、统计及研究，从多个方面推动了长江三角洲地区新石器时代的动物考古学研究。

（一）定量统计结果

1990 年出版的《浙江余姚河姆渡新石器遗址动物群》这本动物考古学专刊，专门描述了河姆渡遗址出土的 61 个动物种属，其中包括贝类有方形环棱螺、无齿蚌等 3 种，甲壳类有锯缘青蟹，鱼类有真鲨、鲟鱼、鲤鱼、鲫鱼、鳙鱼、鲇鱼、黄颡鱼、鲻鱼、灰裸顶鲷、乌鳢等 10 种，爬行类有海龟、陆龟、黄缘闭壳龟、乌龟、中华鳖、中华鳄相似种等 6 种，鸟类有

---

①　袁靖：《中国新石器时代居民获取肉食资源的方式》，《考古学报》1999 年 1 期，1～22 页；袁靖：《论长江流域新石器时代居民获取肉食资源的方式》，见中国社会科学院考古研究所编著《新世纪的中国考古学》，967～983 页，科学出版社，2005 年。

②　见本书张颖等《田螺山遗址 2004 年出土哺乳动物遗存的初步分析》一文。

鹈鹕、鸬鹚、鹭、雁、鸭、鹰、鹤、鸦等 8 种,哺乳类有猕猴、红面猴、穿山甲、黑鼠、豪猪、鲸、狗、貉、豺、黑熊、青鼬、黄鼬、猪獾、水獭、江獭、大灵猫、小灵猫、花面狸、食蟹獴、豹猫、虎、亚洲象、苏门犀、爪哇犀、野猪、家猪、獐、大角鹿、小鹿相似种、水鹿、梅花鹿、麋鹿、圣水牛、苏门羚等 34 种[①]。研究者在阐述各种动物时简单地提及了他们挑选的标本数量,但是对河姆渡遗址出土的全部动物骨骼未做具体统计,研究者认为鹿等野生动物的比例相当大,数倍于猪的数量,这个遗址出土的动物骨骼以野生动物为主。在 2003 年出版的《河姆渡——新石器时代遗址考古发掘报告》中,对河姆渡遗址出土的动物骨骼又进行了专门描述。指出河姆渡遗址出土最多的动物遗骸是鱼类和龟鳖类,其次是鹿[②]。由于没有对全部动物骨骼做定量统计,关于各类动物数量的多少是一个十分含糊的概念,我们在讨论河姆渡遗址的动物遗存及当时的居民获取肉食资源的方式时,受缺乏统计数字的局限,仅能做出大致的推测。

此次通过对属于河姆渡文化的田螺山遗址出土的动物遗骸的研究,发现田螺山遗址出土的动物种类包括鱼类、爬行类和哺乳类。由于对出土的全部鱼类和爬行类的遗骸研究尚未完成,这里不展开讨论。单就哺乳类而言,全部哺乳类骨骼共计 8620 件,其中可鉴定标本数量为 3642 件,占总数的 42.25％,因为过于破碎,无法鉴定种属的标本数量为 4978 件,占 57.75％,其种类包括猴、狗、黑熊、青鼬、獾、水獭、花面狸、猫、豹、野猪、家猪(未明确认定)、黄麂、水鹿、梅花鹿、麋鹿、獐和水牛等 17 种。在田螺山遗址出土哺乳动物的可鉴定标本中,依据数量多少,依次为中型鹿 1753 件,占总数的 48.13％;小型鹿 764件,占 20.98％;大型鹿 450,占 12.36％;猪(因为难以区分,将野猪和家猪归为一类)295,占 8.10％;水牛 237,占 6.51％;猕猴 71,占 1.95％;獾 29,占 0.80％;猫 13,占 0.36％;水獭 9,占 0.25％;狗 8,占 0.22％;貉 6,占 0.16％;黑熊 2,占 0.05％;花面狸 2,占0.05％;豪猪 1,占 0.03；豹 1,占 0.03％;青鼬 1,占 0.03％。

通过研究,首次对属于河姆渡文化的田螺山遗址 2004 年度发掘出土的全部哺乳类遗存做出定量的统计,这对于深化长江三角洲地区新石器时代的动物考古学研究是十分重要的。

(二)存在饲养家猪的行为

研究者在迄今为止的田螺山遗址的动物遗存中没有发现明确可以鉴定为家猪的猪骨,而可以确认为野猪的证据则是相当充分的。我认为,这个认识可能和整理的动物遗存仅仅局限在 2004 年度发掘的田螺山遗址的探方,其动物遗存的数量有限相关。

---

① 魏丰、吴维棠、张明华、韩德芬:《浙江余姚河姆渡新石器时代遗址动物群》,海洋出版社,1989 年。

② 魏丰、吴维棠、张明华、韩德芬:《动物遗骸》,浙江省文物考古研究所《河姆渡——新石器时代遗址考古发掘报告》,文物出版社,2003 年,154～215 页。

　　在河姆渡遗址的动物遗骸研究报告中，明确指出存在家猪的头骨和颌骨，并发表了一块家猪左侧头骨的资料①。我曾经在浙江省自然博物馆对河姆渡遗址出土的猪骨做过认真地观察，发现一些猪下颌存在齿槽脓肿的现象，另外从测量数据看，有一些猪下颌的第3臼齿尺寸较小，这些都可以作为当时存在家猪的证据。我认为，河姆渡遗址存在家猪是确凿无疑的。

　　我们曾经研究过年代早于河姆渡遗址的浙江省萧山跨湖桥遗址出土的动物遗骸。这个遗址可以分为早、中、晚三期，早期为8200年至7800年，中期为7700年至7300年，晚期为7200年至7000年。

　　我们发现当时存在家猪，理由有三点。首先是从出土的猪下颌的形体特征看，在各期都发现有猪颌骨的齿列明显扭曲的现象，显示出因为下颌的缩短而造成牙齿排列凌乱的证据，可以作为家猪来对待。

　　其次从牙齿尺寸看，早期第3臼齿有6个数据，其中有3个大于42毫米，而中期第3臼齿的3个数据均小于40毫米，晚期第3臼齿的4个数据除1个为40.96毫米以外，其余均小于38毫米。除早期的三个超过42毫米的数据可以推测为属于野猪以外，其余的包括早期在内的10个数据都属于家猪的范围。尤其是牙齿尺寸从早到晚存在一个逐步变小的过程，家畜化的过程表现得十分明显。

　　其三，从年龄结构看，2.5岁以上的猪由早期的87.5%降低到中晚期的45%左右，其平均年龄也由早期的4.6岁降低到中期的3.5岁，再降低到晚期的2.9岁。从早期到晚期有一个明显地逐步年轻化的过程，这同样是家畜化过程的具体表现。

　　我认为，上述这些猪骨的形态和年龄特征是在长时间地控制猪的活动范围及人工喂食等因素影响下形成的。因此，我们可以确认距今8200年的跨湖桥遗址早期就存在家猪。同时我们还要强调，基于同样的理由，南方地区家猪起源的时间还应该从距今8200年再向前追溯。

　　这里必须强调的是，跨湖桥遗址出土的家猪数量很少，而且从早期到晚期呈现出逐步递减的过程。从河姆渡遗址的研究报告看，其家猪的数量也是有限的。这与我们过去认识的中国北方地区新石器时代遗址中，自家猪饲养起源以后，其在全部哺乳动物中所占的比例会不断增加的过程明显不同，这是新石器时代长江三角洲地区的特殊现象②。依据跨湖桥遗址和河姆渡遗址有关家猪的研究结果，我认为，正是因为这个地区家猪的数量少，而现在完成的田螺山遗址的资料仅仅局限在2004年度发掘出土的动物遗存，数量有限，因此现在暂时还没有发现明显具有家猪特征的骨骼，但是随着今后整理和研究

---

①　魏丰、吴维棠、张明华、韩德芬：《浙江余姚河姆渡新石器时代遗址动物群》，海洋出版社，1989年，54页。
②　袁靖：《论长江流域新石器时代居民获取肉食资源的方式》，见中国社会科学院考古研究所编著《新世纪的中国考古学》，科学出版社，2005年，967～983页。

工作的不断深入,研究者会在田螺山遗址的动物遗存中发现家猪的证据。

(三)浮选工作的重要性

在田螺山遗址的发掘工作开始以前,我曾经参与了田野操作方案的讨论,大家都强调了实施浮选法的重要性。

此次在田螺山遗址的发掘中引入浮选法,其收获当然是十分可喜的。研究者发现了大量的鱼骨和龟鳖类的骨骼,现在对部分鱼类的研究已经完成,其结果让我们耳目一新[①],使我们认识到田螺山遗址的居民对鱼类和龟鳖类的依赖程度很大。

回顾以前的研究结果,如河姆渡遗址的发掘报告中也强调了发现大量的鱼骨和龟鳖类的骨骼[②],另外,通过对跨湖桥、罗家角、圩墩、新桥、崧泽、龙南及马桥等遗址出土的动物遗存的研究,也发现了类似程度不等的现象[③]。尽管对田螺山遗址出土的遗存进行浮选后获得的认识,与以前对长江三角洲地区新石器时代居民获取肉食资源的方式的认识在总体上是比较一致的,但是动物考古学研究应该强调尽可能全面地收集各个遗址出土的全部动物遗存,尽可能准确的统计各类动物的数量,科学、深入地研究必须建立在这样的基础研究之上。因为以前对那些遗址的发掘中都没有实施浮选法,所以既便通过对那些遗址出土的动物遗存进行研究,最终也不能比较客观地认识被当时居民获取的全部动物种类,另外也不能得出量化的结论,更不能具体论及当时居民是如何获取鱼类和龟鳖类的行为了。

以田螺山遗址的发掘为鉴,今后要继续在各个遗址的考古发掘中应用浮选法,并对浮选出土的动物遗存进行研究。相信今后通过对田螺山遗址各个年度发掘时浮选的动物标本进行种属鉴定、数量统计及其他研究,并将研究结果与同样在发掘中实施浮选法、并进行了研究的长江三角洲地区新石器时代的其他遗址及长江中上游地区同一时期的其他遗址进行比较,可以进一步深化我们对一个遗址、一个地区、一个流域乃至更大地域范围内的古代居民获取肉食资源方式的认识。

二　长江三角洲地区新石器时代获取肉食资源的方式

我对长江三角洲地区迄今为止出土的新石器时代动物考古学研究成果做过整理,这

---

① 见本书中岛经夫《由鲤科鱼类咽齿遗存远观史前时代淡水捕捞同稻作的关系》一文。
② 魏丰、吴维棠、张明华、韩德芬:《动物遗骸》,浙江省文物考古研究所《河姆渡:新石器时代遗址考古发掘报告》,文物出版社,2003年,154~215页。
③ 袁靖:《论长江流域新石器时代居民获取肉食资源的方式》,见中国社会科学院考古研究所编著《新世纪的中国考古学》,科学出版社,2005年,967~983页。

个地区已经正式发表的资料如下。

(一)浙江萧山跨湖桥遗址

跨湖桥遗址属于跨湖桥文化,其年代是距今 8200 年至 7000 年,分为早、中、晚三期。从动物种类看,有螃蟹 1 种;鱼类有鲤鱼科、乌鳢和种属不明的鱼 3 种;爬行类有龟和扬子鳄 2 种;鸟类有天鹅、鸭、鹰、雕、丹顶鹤、灰鹤及多种种属不明的鸟 12 种;哺乳类有海豚科、鼠、貉、狗、獾、豹猫、猪、麋鹿、梅花鹿、小型鹿、水牛及苏门羚等 14 种。

依据可鉴定标本数的统计结果,跨湖桥遗址早期哺乳类中野生动物占 68.73%,家养动物占 31.27%;中期野生动物占 77.69%,家养动物占 22.31%;晚期野生动物占 83.19%,家养动物占 16.81%。当时跨湖桥遗址的居民获取肉食资源的方式以渔猎为主,但是饲养家猪的行为已经形成[①]。

(二)浙江桐乡罗家角遗址

罗家角遗址属于马家浜文化早期,距今 7000 年左右。从动物种类看,贝类有蚌,鱼类有鲤鱼、鲫鱼、青鱼、鳢鱼等 4 种,鸟类有雁,爬行类有乌龟、中华鳖、鼋、扬子鳄、鳄鱼未定种等 5 种,哺乳类有鲸鱼、狗、貉、亚洲象、野猪、家猪、麋鹿、梅花鹿、水牛等 9 种[②]。

研究者对罗家角遗址的动物骨骼未做具体统计,从报告的内容分析动物骨骼中以鹿最多,猪次之。当时这个遗址的居民获取肉食资源的方式以渔猎为主,但也包括饲养家猪。

(三)浙江桐乡新桥遗址

新桥遗址属于马家浜文化,从动物种类看,有种属不明的鱼类,爬行类有龟、鳖、鼋,有种属不明的鸟类,哺乳类有亚洲象、狗、猪、梅花鹿、麋鹿及牛等 6 种。

依据可鉴定标本统计结果,新桥遗址的哺乳类中野生动物占 79% 左右,家养动物占 21% 左右。这个遗址获取肉食资源的方式以渔猎为主,但是也包括饲养家猪[③]。

(四)江苏常州圩墩遗址

圩墩遗址的动物骨骼均属于马家浜文化,距今 7000 年至 6000 年。其中贝类有中国圆田螺、螺、杜氏珠蚌、巨首楔蚌、短褶矛蚌、背瘤丽蚌、环带丽蚌、丽蚌、背角无齿蚌、反扭

① 袁靖、杨梦菲:《动物研究》,见浙江省文物考古研究所、萧山博物馆编《跨湖桥》,文物出版社,2004 年,241~270 页。

② 张明华:《罗家角遗址的动物群》,见浙江省文物考古研究所编《浙江省文物研究所学刊》,文物出版社,1981 年,43~51 页。

③ 张海坤:《桐乡新桥遗址试掘报告》,《农业考古》1999 年 3 期,77~87 页。

蚌、蚬等11种;鱼类有鲤鱼、鲫鱼、草鱼、青鱼、鲻鱼、黄颡鱼等6种;爬行类有草龟、中华鳖和鼋3种;鸟类有鹭、雁、野鸭、鹰、鸡类、秧鸡、鸦和鸽类等8种。哺乳类有狗、貉、獾、小灵猫、食蟹獴、家猪、獐、梅花鹿、麋鹿、水牛、海豹等11种[1]。

依据可鉴定标本数的统计结果,圩墩遗址出土的哺乳类中野生动物占69.95%,家养动物占30.05%。这个遗址获取肉食资源的方式以渔猎为主,但是也包括饲养家猪。

(五)浙江嘉兴南河浜遗址

南河浜遗址属于崧泽文化,距今约6000年至5100年。其中哺乳类有猪、獐、麋鹿和种属不明的鹿4种[2]。

研究者对南河浜遗址的动物骨骼未做全面地统计,从报告的内容看动物骨骼中以鹿和猪的最多,当时这个遗址的居民获取肉食资源的方式包括狩猎和饲养两种。

(六)上海青浦崧泽遗址

崧泽遗址属于崧泽文化,距今5900年至5300年。其中鱼类有青鱼,爬行类有乌龟。哺乳类有狗、獾、水獭、家猪、獐、梅花鹿及麋鹿等7种[3]。

依据可鉴定标本数的统计结果,崧泽遗址出土哺乳类中野生动物占70%,家养动物占30%。当时崧泽遗址的居民获取肉食资源的方式以渔猎为主,同时也包括饲养家猪。

(七)上海青浦福泉山遗址

福泉山遗址崧泽文化层里发现有动物骨骼,其中哺乳类有狗、家猪、獐、麂、梅花鹿和麋鹿等6种[4]。

研究者对福泉山遗址出土的动物骨骼未做统计,从报告的内容推测,主要是鹿等野生动物,包括家猪在内的家养动物数量很少,当时这个遗址的居民获取肉食资源的方式以狩猎为主,同时也包括饲养家猪。

(八)江苏苏州龙南遗址

龙南遗址属于崧泽文化晚期到良渚文化早期,距今5400年至5200年。从出土的动

[1] 黄象洪:《常州圩墩新石器时代遗址第四次(1985年)发掘出土的动物遗骸研究》,见上海市自然博物馆编《考察与研究》,上海科学技术文献出版社,1990年,20~30页。
[2] 浙江省文物考古研究所著:《南河浜遗址——崧泽文化遗址发掘报告》,文物出版社,2005年,377~379页。
[3] 黄象洪、曹克清:《崧泽遗址中的人类和动物遗骸》,见上海市文物保管委员会编《崧泽》,文物出版社,1987年,108~114页。
[4] 黄象洪:《青浦福泉山遗址出土的兽骨》,见上海市文物管理委员会编《福泉山》,文物出版社,2000年,168~169页。

物种类看,贝类有田螺、螺和蚬等3种,鱼类有青鱼,鸟类没有鉴定种属,哺乳类有狗、野猪、家猪、獐、梅花鹿、麋鹿及水牛等7种[①]。

依据可鉴定标本数的统计结果看,龙南遗址出土的哺乳类中野生动物占31.16％,家养动物占68.84％,当时龙南遗址的居民获取肉食资源的方式以饲养家猪为主,同时也包括渔猎。

(九)上海闵行马桥遗址

马桥遗址包括良渚文化层和马桥文化层。良渚文化层距今5000年至4000年。从良渚文化层里出土的动物种属看,贝类有螺、牡蛎、文蛤及青蛤等4种,鱼类有软骨鱼、硬骨鱼2种,爬行类有鳖1种,哺乳类有狗、猪、小型鹿、梅花鹿及麋鹿等5种[②]。

依据可鉴定标本数的统计结果,马桥遗址良渚文化层出土的哺乳类中野生动物占77.14％,家养动物占22.86％。而依据最小个体数的统计结果,野生动物占43.74％,家养动物占56.25％。两种统计方法的结果出入较大,可鉴定标本数中野生动物较多的结果与这个地区其他遗址动物骨骼的统计结果较为一致。而最小个体数的统计结果却与龙南遗址的结果比较接近。考虑到我在同属于良渚文化的浙江余杭卞家山遗址观察到的动物骨骼中,也是以家猪为主的特征,看来良渚时期当地居民获取肉食资源方式以饲养家猪为主的现象,似乎是比较普遍的现象。

通过对属于跨湖桥文化、马家浜文化、菘泽文化、良渚文化的多个遗址出土的动物遗骸的量化研究结果,我们认识到长江三角洲地区新石器时代居民获取肉食资源的方式在相当长的时间里一直以渔猎为主,而到了良渚文化时期出现明显地变化,转为以饲养家猪为主。但是,在对田螺山遗址的动物骨骼开展研究以前,我们对河姆渡文化的居民获取肉食资源方式的认识仅仅是一种推测,没有明确的量化概念,现在有了田螺山遗址哺乳类遗存的统计结果,我们可以对整个地区作出比较全面的量化判断了。这里要指出的是,尽管到良渚文化时当地居民获取肉食资源的方式发生变化,但是到马桥文化时,又恢复到通过渔猎活动获取肉食资源的习惯。

长江三角洲地区新石器时代获取肉食资源的方式在相当长的时间里一直以狩猎和捕鱼为主,饲养家猪仅仅占据次要的地位,这种获取肉食资源的方式与长江中上游地区的基本一致。相比之下,黄河流域新石器时代居民自距今8000多年以前就开始饲养家猪,而后这种饲养行为逐步成为获取肉食资源方式的主流,这两个流域新石器时代居民获取肉食资源的方式形成鲜明的对照。我认为,这种行为的差异和当时各个地区自然资

---

① 吴建民:《龙南新石器时代遗址出土动物遗骸的初步鉴定》,《东南文化》1991年3、4期,179～189页。
② 袁靖:《自然遗存(二)——动物》,见上海市文物管理委员会编著《马桥》,上海书画出版社,2002年,347～369页。

源的丰富程度不同密切相关,可见新石器时代居民获取肉食资源的行为始终是被动地形成和发展的。

三　以考古学的思考指导长江三角洲地区的动物考古学研究

这里所谓的考古学的思考包括夏鼐先生和苏秉琦先生相继提出的考古学文化的概念和区系类型的观点①。这些概念和观点的核心是强调在中国史前时期的整个时空框架内,每个考古学文化都由一批具有相同形制的人工遗迹和遗物的遗址组成。不同的考古学文化分别具有自己独特的物质性特征。所属的时期相同、所处的区域不同的考古学文化与文化之间,各自具有较为明显的特征,区别较大。而处于同一区域、在时间顺序上具有前后关系的考古学文化与文化之间,往往能够看到延续和继承的关系,有一定的同一性。

从通过定性定量的研究探讨古代居民获取肉食资源方式的角度看,我们探讨的长江三角洲地区新石器时代的每个考古学文化的资料都是相当单薄的。如跨湖桥文化仅跨湖桥遗址一处,虽然对跨湖桥遗址三个时期的研究结果所具备的共性多少增加了结论的可信度。河姆渡文化仅田螺山遗址一处,马家浜文化有新桥遗址、圩墩遗址两处,崧泽文化仅崧泽遗址一处,良渚文化虽然有龙南遗址和马桥遗址两处,但是两个遗址的结论不尽相同。尽管这个地区还有一些分别属于各个文化的遗址的动物遗存的定性研究结果可以作为我们认识的补充,但是相比各个考古学文化的认识都是建立在对多个遗址进行研究的基础之上,是全面概括的结果,我们对于各个文化获取肉食资源方式的认识还有许多基础工作要做,我们的证据还是相当单薄的。如果我们对每个文化的古代居民获取肉食资源方式的认识都能建立在对属于这个文化的多个遗址的动物遗存进行全面研究的结果基础之上。这无疑将大大加强我们认识的全面性、系统性、客观性和科学性。

从上面的论述中我们可以看到,考古学的思考在帮助我们进一步具体做好古代居民获取肉食资源的方式的研究中具有重要的指导意义。同样,考古学的思考对于我们做好关于古代各种家养动物起源的研究;各个时期、各个地区、各个阶层利用各种动物进行祭祀、战争、文化交流等多个方面的动物考古研究,也都是十分有益的。

我们认为,以考古学的思考指导我们做好长江三角洲地区新石器时代的动物考古研究,其意义主要体现在两个方面。

第一个方面,因为我们从事的动物考古研究,首先必须针对具体遗址出土的动物骨骼开展基础工作。我们的第一步认识都是通过研究特定遗址的具体动物骨骼提出自己

---

① 　A. 夏鼐:《关于考古学文化的定名问题》,《考古》1959 年 4 期,169～172 页。
　　B. 苏秉琦:《关于考古学文化区系类型问题》,见苏秉琦著《苏秉琦考古学论述选集》,文物出版社,1984 年,225～234 页。

的看法。以考古学的思考为指导,可以帮助我们把自己对特定遗址的动物考古研究的具体看法,放到这个遗址所属的由多个遗址组成的一个考古学文化的层面上去认识。如果属于同一个文化的其他多个遗址已经开展了动物考古的研究,那么我们要把自己的新认识和其他多个遗址里已经得出的认识进行比较,把握它们的同一性和差异性,以求更加客观、更加全面地归纳自己的认识。而如果其他遗址还没有做这方面的研究,或者做的遗址数量还不多,我们则要努力去加强这方面的研究,在属于同一文化的其他遗址开展工作。从一个考古学文化的层面上提出的动物考古的研究结果,必须建立在对一定数量的遗址进行全面、扎实的基础性研究的工作之上。

第二个方面,要在系统总结一个考古学文化的动物考古研究的基础上,开展不同时期、不同地区的文化与文化之间在这个方面的比较研究,从中归纳它们之间是否存在连续性、关联性、变异性及差异性等,以求在全国范围内全面认识动物考古某个方面的研究结果。同样,如果其他考古学文化还没有做这方面的研究,或者做的力度和深度还不够,我们则要努力去开展这方面的研究。从整个国家的范围内、在大跨度的时间框架里提出动物考古某个方面的研究结果,同样必须建立在对多个文化的动物遗存进行全面、扎实的基础性研究工作之上。

四　结　论

综上所述,通过田螺山遗址的动物考古学研究,丰富了我们对长江三角洲地区新石器时代居民主要以渔猎的方式获取肉食资源的认识,也为我们如何进一步全面做好这个地区的动物考古学研究提供了有益的启示。田螺山遗址动物考古学研究的良好开端,必将对这个地区今后的考古学研究产生深远的影响。

由鲤科鱼类咽齿遗存远观史前时代淡水捕捞同稻作的关系

中岛经夫

（琵琶湖博物馆）

一　前言

从日本绳文/弥生遗址中出土了许多鲤科鱼类遗存,其中尤以鲫鱼和鲤鱼的咽齿遗存为最多,成为揭示当时的淡水捕捞活动的有利线索[①]。在鲤科鱼类特别丰富的日本西部地区,即使是距海较近的遗址,海鱼利用率也还是没有鲤科鱼类多[②]。鲫鱼和鲤鱼的产卵期为 5 月到 6 月左右的雨季。每年到了这个时期它们便来到因水位上升而被淹没的芦苇丛等暂时变为水域的水陆交界带(marshy ecotone：transitional zone between aquatic and terrestrial ecosystem) 来产卵。在一年的周期中,以雨季期间的下雨为标志游来产卵的鲫鱼和鲤鱼便成为人们不可缺少的重要蛋白资源[③]。

鲫鱼和鲤鱼都生活在远离人群的"大自然"中,为了产卵才来到人群的近处,产卵期结束后又重返远处的"大自然"。这种循环往复在人类出现以前就已经开始,一直延续至今。属于水生植物的水稻为生长在水陆交界带(鲫鱼和鲤鱼的产卵之地)的野生植物。在大陆,人类还未出现于地球以前,鱼同稻便相互密切联系。日本列岛自绳文时期起开始种植水稻,弥生时期就已经出现了灌溉水田的稻作技术。之后,在人为开发的水陆交界带——水田环境中,鱼同稻相互之间的关系越发紧密相连,这是民族学界众所周知的史实[④]。

① Nakajima, T. (2005) Significance of freshwater fisheries during the Jomon and Yayoi periods in western Japan based on analysis of the pharyngeal tooth remains of cyprinid fishes. Grier, C., Jangsuk Kim, J. and Uchiyama, J. eds. *"Beyond Affluent Foragers"* pp. 45—53, Oxford Press.

② 中島経夫,甲斐朋子,辻美穂,木恭子(2005)「鳥浜貝塚貝層の定量分析についての予察的報告」『鳥浜貝塚研究』,(4/5):1—8.

③ Nakajima, T. (2005) Significance of freshwater fisheries during the Jomon and Yayoi periods in western Japan based on analysis of the pharyngeal tooth remains of cyprinid fishes. Grier, C., Jangsuk Kim, J. and Uchiyama, J. eds. *"Beyond Affluent Foragers"* pp. 45—53, Oxford Press.

④ 安室知(2005)「水田漁撈の研究」,慶友社,p. 450.

　　人类从何时起,又是如何开始食用稻米以及又是怎样进行水稻种植,并为此筑埂辟田、引水灌溉的呢? 鱼同稻自古关系密切。人类是因为捕捞活动才开始同鱼类有瓜葛,又因为农耕而与水稻相关联。通过鉴定分析出土的鱼类遗存,应该能够全面、系统地阐明稻作演变的历史过程。水田稻作的技术传入日本时已基本成熟[1],从这点充分表明水稻的采集、种植还有水田稻作以及灌溉技术明显皆源于大陆。在中国,相关的研究表明:淡水捕捞活动自新石器时期起不管是在长江流域还是黄河流域均十分频繁、活跃[2],可是有关鱼类遗存的详尽分析研究尚未见到。而在日本列岛绳文/弥生时期遗址中出土的鱼类遗存(鲤科鱼类的咽齿)均经专家仔细分析鉴定,已经积累了大量的翔实资料。因此,本文将认真整理、分析这些资料和信息,并以此为基础,对水稻、稻作及水田的相关问题进行阐明。

二　鲤科鱼类的咽齿

　　鲤科鱼类的咽齿着生于角鳃骨特化形成的咽骨上,并经骨性融合后固定。咽齿在"鱼类"中是很普遍常见的,并非鲤科鱼类特有。可是,在鲤科鱼类中,鲤形目鱼类的共同特征是口腔内没有任何牙齿。除此以外鲤科鱼类还有一个重要特征,即在稚鱼期前便可确定齿的排列行数及各行齿数[3]。所以,稚鱼期过后,鲤科鱼类的咽齿便表现出各自特定的齿式。通常,鲤科鱼类的单侧咽齿为 1～3 列。由内向外分别称为"A 列"、"B 列"、"C 列"。最内侧的一列又称为"主列",其他齿列称为"副列"。并且,咽齿如果是 1 列的话,那就只有"A 列";如果是 2 列的话,便为"A 列"和"B 列"[4]。每列齿由前往后分别叫作"A1 齿"、"B2 齿"等(图 1)。这些名称原本是根据长齿的位置命名的。鲤科鱼类的咽齿在一生中会更换数次,所以这些称谓不是表示某个特定齿的名称,而专指长齿的位置。譬如 A1 齿的意思是指长在 A1 位置的齿。

　　鲤科鱼类的咽齿,在由仔鱼向稚鱼再向成鱼成长的过程中,随着牙齿的反复更换,逐渐改变其齿冠形态。但是,长到成鱼的时候,每个种属便各具其特有的形状[5]。因此鲤科鱼类根据齿的排列行数、各行齿数及形状便可鉴定其种属。即使仅有 1 枚牙齿,至少也

① 工楽善通(1991)『水田の考古学』,p. 138,東京大学出版会。

② 甲元眞之(2002)「東アジアの先史時代漁撈」,後藤直・茂木雅博編『東アジアと日本の考古学 IV』,p. 151-181,同成社,東京。

③ Nakajima, T. ,(1987) Development of pharyngeal dentition in the cobitid fishes, Misgurunus anguillicaudatus and Cobitis biwae, with a consideration of evolution of cypriniform dentitions. *Copeia*,1987(1):208-213.

④ 中島経夫,曽根里,堀田善彦,加藤隆朗(1986)「個体発生にもとづくコイ科魚類咽頭歯系の歯式と歯の記号についての考察」『岐歯雑』,25(2):287-296。

⑤ 中島経夫(2005)「多様な形はどのようにできあがるか - コイ科魚類の咽頭歯 -」,松浦啓一編『魚の形』,p. 69-113,東海大出版会。

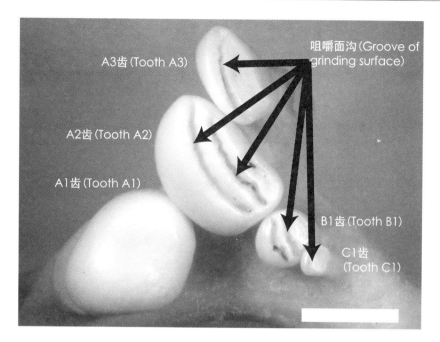

图 1　鲤 *Cyprinus* (*Cyprinus*) *carpio* 左侧咽齿系列。表示咀嚼面
(Grinding surface) 及其咀嚼面沟(Groove of grinding surface)，排列为
A 列、B 列、C 列三列齿，每列从前往后按顺序编号，比例尺为 5 毫米

能够鉴定其是否属于亚科，有时甚至能够通过 1 枚咽齿鉴定出其种属。据此分类学特性，分析出土咽齿遗存，然后鉴定鱼的种属。鲤科鱼类的生物学性特征，成为揭示以淡水捕捞为首的、当时人类活动的重要线索。

三　鲤科鱼类遗存

（一）绳文时期的灭绝种

位于滋贺县大津市晴岚附近的琵琶湖湖底的粟津湖底遗址第三贝冢属于绳文时代中期的遗址[①]。经过抢救性发掘保存的贝层，约有 1% 进行了浮选。从中检查出咽齿遗存 800 枚左右，并对这些咽齿遗存进行了仔细鉴定、统计和研究。其中的 669 枚鉴定为 7 个亚科 13 种属（表 1）。粟津贝冢出土的 7 个亚科中有 6 个亚科为栖息在当今日本列岛的

---

① 伊庭功(1997)「南湖粟津航路(2)の調査」『粟津湖底遺跡第 3 貝塚（粟津湖底遺跡 II）』，p.22－27，滋賀県教育委員会，財団法人滋賀県文化財保護協会。

鲤科鱼类。另外 1 个亚科为日本列岛的灭绝种鲴亚科 *Distaechodon* sp. 和 *Xenocypris* sp.[①]（图 2）。除此以外，还出土了鲌亚科的灭绝种（种属不详）[②]。通过研究粟津贝冢出土的咽齿遗存，可以看出当时的琵琶湖的鲤科鱼类比现在更具多样性。并且，在绳文时代早期末段的滋贺县守山市赤野井湾湖底遗址 A 区中也出土了业已灭绝的鲤鱼 *Cyprinus*(*Cyprinus*) sp.[③]（图 3）。该鲤鱼［*Cyprinus*(*Cyprinus*) sp. 灭绝种］被称之为"绳文鲤"，说明当时琵琶湖内栖息着两种鲤属。

自前中新世日本列岛诞生以来一直到中更新世期间，鲴亚科鱼类同鲌亚科及鲤亚科均为日本鲤科鱼类中的优势群体[④]。从古琵琶湖时代起，湖内就一直栖息着多种鲤属[⑤]。可以推测，这些鱼类是在日本列岛淡水体系中的、水流平缓的大陆性江河及宽浅的湖泊消失的中更新世前灭绝的[⑥]。

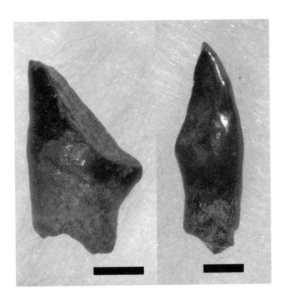

图 2　粟津湖底遗址第三贝冢出土的鲴亚科的咽齿。左边是 *Xenocypris* sp.，右边是 *Distoechodon* sp. 比例尺为 1 厘米

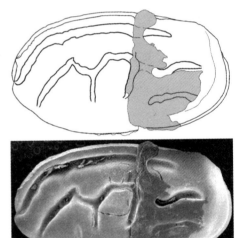

图 3　赤野井湾遗址 A 发掘区中出土的绳文鲤 *Cyprinus*（*Cyprinus*）sp. 的草图（上）与电显照片（下）。比例尺为 1 厘米

①　中島経夫，内山純蔵，伊庭功（1996）「縄文時代遺跡（滋賀県粟津湖底遺跡第 3 貝塚）から出土したコイ科のクセノキプリス亜科魚類咽頭歯遺体」『地球科学』，50(5)：419—421.

②　中島経夫（1997）「粟津遺跡のコイ科魚類遺体と古琵琶湖層群」『化石研究会誌』，30(1)：13—15.

③　Nakajima,T.,Tainaka,Y.,Uchiyama,J.,and Kido,Y.，1998，Pharyngeal tooth remains of the genus Cyprinus,including an extinct species,from the Akani Bay Ruins. *Copeia*,1998：1050—1053.

④　中島経夫（1996）「琵琶湖の生物」，堀越増興，青木淳一編『日本の生物』，p.201—216,岩波書店，東京。

⑤　中島経夫（1994）「コイ科魚類」，琵琶湖自然史研究会編『琵琶湖の自然史』，p.235—275,八坂書房，東京。

⑥　中島経夫（1996）「琵琶湖の生物」，堀越増興，青木淳一編『日本の生物』，p.201—216,岩波書店，東京。

表 1　从粟津湖底遗址第 3 贝冢中出土的咽齿遗存及其种类构成

	种类	数量
鲃　亚科	Danioninae	
宽鳍鱲（桃花鱼）	*Zacco platypus*	5
马口鱼	*Opsarichthys uncirostris*	2
日本鱲	*Nipponocypris* sp.	4
鳍亚科	Acheilognathinae	
鳍属	*Acheilognathus* sp.	1
雅罗鱼亚科	Leuciscinae	
珠星三块鱼	*Tribolodon hakonensis*	20
鲌亚科	Cultrinae	
鲌亚科不详	Cultrinae, gen. et sp. indet.	2
黄鲴鱼	*Ischikauia steenackeri*	87
鲴亚科	Xenocyprinidae	
鲴属	*Xenocypris* sp.	1
圆吻鲴属	*Distoechodon* sp.	4
鮈亚科	Gobioninae	
唇鱼骨/唇鱼骨鱼	*Hemibarbus barbus / H. labeo*	20
日本颌须鮈	*Gnathopogon caerulescens*	1
鲤亚科	Cypriniae	
鲫属	*Carassius* sp.	431
鲤	*Cyprinus (Cyprinus) carpio*	91
	共计	669

此前我一直认为，粟津贝冢及赤野井湾遗址出土的灭绝种或许是由于琵琶湖的特殊性才成为区域性残存种幸存至绳文时期。可是后来从绳文时代前期的福井县鸟浜贝冢中也同样检测出了 *Xenocypris* sp. 咽齿[1]，反映出存在于绳文时期的灭绝种并非为琵琶湖的特例。如果详细考察各地区绳文时期的遗址，在其他地区的遗址中肯定也会发现这些灭绝种的咽齿。

从绳文时期的遗址中如此这般地出土了若干灭绝种。但在弥生时期遗址中却至今从未发现过此类灭绝种。这有可能是因为，绳文时期至弥生时期淡水环境所发生的变化相应地给栖息在那里的鱼类也带来了超乎我们想象的巨大变化。

（二）绳文时期至弥生时期鱼类遗存的变化

琵琶湖周围地区绳文遗址中出土的鲤科鱼类广泛多样。其中从赤野井湾遗址出土

---

[1]　中島経夫，甲斐朋子，辻美穂，鈴木恭子（2005）「鳥浜貝塚貝層の定量分析についての予察的報告」『鳥浜貝塚研究』，(4/5)：1—8.

了 5 亚科 6 属[①],鸟浜贝冢出土 7 亚科[②],粟津贝冢出土 7 亚科 12 属[③],入江内湖遗址出土 3 亚科 4 属[④]。可是,日本西部绳文遗址出土的鲤科鱼类虽说具有多样性,但其特征也以鲫鱼所占比例较高、占半数以上为特征[⑤](图 4)。并且,也有像鸟浜贝冢那样,自某个时期起专门捕捞鲫鱼的实例[⑥]。另外,从弥生遗址中出土咽齿遗存的例子虽然不多,可是一旦出土,其出土种类都集中于鲤鱼和鲫鱼。比如说:下之乡遗址集中出土了居维叶氏鲫(荷色鲫)*Carassius cuvieri*[⑦],朝日遗址集中出土了鲤 *Cyprinus*(*Cyprinus*)*carpio*[⑧]。

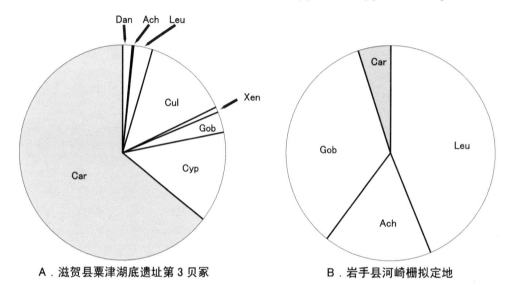

A．滋贺县粟津湖底遗址第 3 贝冢   B．岩手县河崎栅拟定地

图 4 日本西部粟津湖底遗址第三贝冢(中岛,1997)与日本东部河崎栅拟定地绳文遗址中出土的咽齿遗存的种类构成及其鲫鱼所占比例。Dan:鲃鱼丹亚科(Danioninae) Ach:鳑亚科(Acheilognathinae) Leu:雅罗鱼亚科(Leuciscinae) Cul.鲌亚科(Cultrinae) Xen.鲴亚科(Xenocypridinae) Gob.鮈亚科(Gobioninae) Cyp. 鲤亚科鲤属(Cyprinus) Car. 鲤亚科鲫属(Carassius)

---

① 内山純蔵,中島経夫(1998)「動物遺存体 II」『琵琶湖開発事業関連埋蔵文化財発掘調査報告書 2. 赤野井湾遺跡 第 4 分冊」,p. 28－57,滋賀県教育委員会・財団法人文化財保護協会,大津。

② 中島経夫,甲斐朋子,辻美穂,鈴木恭子(2005)「鳥浜貝塚貝層の定量分析についての予察的報告」『鳥浜貝塚研究」,(4/5);1－8。

③ 中島経夫(1997)「粟津遺跡のコイ科魚類遺体と古琵琶湖層群」『化石研究会誌」,30(1);13－15.

④ 山崎健(2007)「動物遺存体の同定」『入江内湖遺跡 I」,p. 329－341,滋賀県教育委員会・財団法人滋賀県文化財保護協会,大津。

⑤ 中島経夫(2009)「コイ科魚類の咽頭歯と考古学 － フナやコイを対象とした縄文・弥生時代の淡水漁撈」『考古学研究」。

⑥ 中島経夫,甲斐朋子,辻美穂,鈴木恭子(2005)「鳥浜貝塚貝層の定量分析についての予察的報告」『鳥浜貝塚研究」,(4/5);1－8。

⑦ 中島経夫(2003)「淡海の魚から見た稲作文化」,守山市教育委員会編『弥生のなりわいと琵琶湖」,pp. 70－91 サンライズ出版。

⑧ Nakajima,T.,Nakajima,M. and Yamazaki T.(2008)Evidence for fish cultivation during the Yayoi Period in Western Japan. *International Journal of Osteoarchaeology*,Published online in Wiley InterScience.

这些考古遗址中出土的鱼类遗存,的确为曾经栖息在当时的淡水水系中的鱼类。但它们是经过人类活动筛选而留存于世的。再者绳文时期至弥生时期出土的鱼类遗存逐渐由多样性构成向单一性演变,恰好反映了古人类捕捞活动的状况。

(三)绳文时期至弥生时期的鲤鱼体长分布变化

鲤 *Cyprinus* (*Cyprinus*) *carpio* 咽齿遗存比较大量的出土例子几乎不多。其中尤以滋贺县守山市的赤野井湾遗址(绳文时代早期末段)、米原市入江内湖遗址的北发掘区(绳文时代中期)、大津市粟津湖底遗址第三贝冢(绳文时代中期),以及横跨爱知县清须市、西春日井郡春日町和名古屋市西区的朝阳遗址(弥生时代中期)为一般所知。另外,在奈良县田原本町的唐古键遗址(弥生时代中期)中也出土过少量鲤鱼遗存。根据这些遗址中出土的鲤鱼咽齿的大小可以推定鲤鱼的体长,鉴定结果表明其体长分布既有绳文型也有弥生型[①]。绳文型体长分布最大的特征是鲤鱼达到性成熟时的体长300~500毫米为高峰,没有体长150毫米以下的个体。与此相对的是,弥生型中既有已经达到性成熟的个体也有

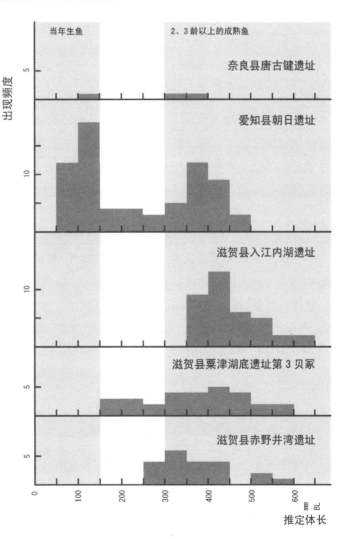

图5　绳文/弥生遗址中出土的鲤鱼遗存的体长分布。绳文遗址(赤野井湾遗址,粟津湖底遗址第三贝冢,入江内湖遗址)从未出土过体长150厘米以下的鲤鱼。相反弥生遗址(朝日遗址,唐古键遗址)中却出土了体长150厘米以下的鲤鱼

---

①　中島経夫(2009)「コイ科魚類の咽頭歯と考古学—フナやコイを対象とした縄文・弥生時代の淡水漁撈」『考古学研究』。

150毫米以下的个体(图5)。显而易见绳文型的鲤鱼体长分布是在产卵期间进行捕捞活动所致,而弥生型的鲤鱼体长分布则为原始性人工养殖鲤鱼的结果①。

所谓"原始性人工养殖鲤鱼",是指捕获产卵期间已经达到性成熟的鲤鱼,放入人为的水域中进行饲养。鲤鱼在此水域中自然产卵,孵化的仔稚鱼吃天然食饵成长,到了秋天最大的可以长至150毫米左右。秋季若将该水域的水排尽,体长150毫米以下的幼鱼及蓄养的亲鱼便可轻而易举捕获②。原始性人工养殖鲤鱼,因未系统地实施繁殖性管理,所以其形态和特性还处于未被人为改变的"半驯化(semi－domestication)"状态。

(四)田螺山遗址出土的鲤科鱼类遗存

位于中国浙江省余姚市的田螺山遗址是河姆渡文化时期的低湿地遗址,也是了解中国初期稻作文化的重要遗址。田螺山遗址曾发掘出一个宽600、长800、深400毫米堆满鱼骨的鱼骨坑。对鱼骨坑中出土的数千枚鲤科鱼类咽齿遗存进行了仔细鉴定、统计和研究。确定其类别为鲫 *Carassius auratus auratus*、鲤 *Cyprinus (Cyprinus) carpio* 和翘嘴鲌 *Culter alburnus* 三种(图6)。这三种鲤科鱼类与其他鱼类的构成比约为126：13：3：1,其中鲫所占比率最高(图7)。并经推算得出坑内鲫鱼数量大约为1500个个体③。

田螺山遗址虽然地处淡水鱼类丰富的长江流域,但从其遗址中出土的鱼类遗存却非常单纯。同日本列岛遗址出土的鱼类遗存比较,其构成类似弥生时期遗址出土的鲤科鱼类遗存。可是,通过对田螺山遗址中出土的293枚鲤A2齿进行测量得出的体长分布却为"绳文型"(图8),这充分显示出当时还没有实行原始性人工养殖鲤鱼④。

四　由鲤科鱼类遗存引发的思考

(一)产卵期间的捕捞与低湿地的定居生活

粟津贝冢出土的咽齿遗存(见表1)多为主要生活在琵琶湖湖心的鱼类⑤。另外,从赤

---

① Nakajima,T.,Nakajima,M. and Yamazaki T. (2008) Evidence for fish cultivation during the Yayoi Period in Western Japan. *International Journal of Osteoarchaeology*,Published online in Wiley InterScience. 中島経夫(2009)「コイ科魚類の咽頭歯と考古学 － フナやコイを対象とした縄文・弥生時代の淡水漁撈」『考古学研究』。
② Nakajima,T.,Nakajima,M. and Yamazaki T. (2008) Evidence for fish cultivation during the Yayoi Period in Western Japan. *International Journal of Osteoarchaeology*,Published online in Wiley InterScience.
③ 见本书中岛经夫等「田螺山遗址K3鱼骨坑内的鲤科鱼类咽齿」一文。
④ 见本书中岛经夫等「田螺山遗址K3鱼骨坑内的鲤科鱼类咽齿」一文。
⑤ 中島経夫(1997)「粟津遺跡のコイ科魚類遺体と古琵琶湖層群」『化石研究会誌』,30(1):13－15.

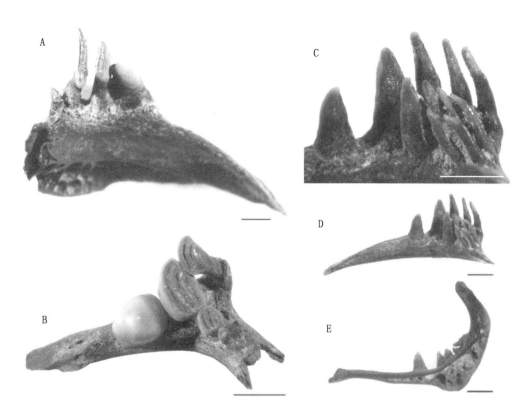

图 6　从田螺山遗址中出土的鲤科鱼类咽齿遗存。A 为鲫 *Carassius auratus auratus*，B 为鲤 *Cyprinus (Cyprinus) carpio*，C、D、E 为翘嘴鲌 *Culter alburnus*. 比例尺 A 为 2 厘米，B 为 5 厘米，C、D、E 为 2 厘米

野井湾遗址①及入江内湖遗址②中分别出土了大量居维叶氏鲫（荷色鲫）*Carassius cu-vieri*。这些居维叶氏鲫主要栖息在琵琶湖湖心表层捕食浮游生物，到了冬天便游向湖心深处。所以，绳文人平时是无法捕捞到居维叶氏鲫的。如果说居维叶氏鲫与人类有连接点的话，那肯定是它们来到湖边芦苇丛产卵的时候。于是"产卵期间的捕捞活动"之构想便自然而然地诞生了③。从入江内湖遗址中出土的鱼类遗存有力地印证了这一构想。因

①　内山純蔵，中島経夫(1998)「動物遺存体 II」『琵琶湖開発事業関連埋蔵文化財発掘調査報告書 2. 赤野井湾遺跡　第 4 分冊」，p. 28－57，滋賀県教育委員会・財団法人文化財保護協会，大津。

②　山崎健(2007)「動物遺存体の同定」『入江内湖遺跡 I 」，p. 329－341，滋賀県教育委員会，財団法人滋賀県文化財保護協会，大津。

③　A. 中島経夫(2001)「琵琶湖周辺の淡水魚の分布 － 自然と人間の営みの重層的な歴史の結果として」『琵琶湖博物館企画展「鯰」展示ガイド」，p. 119－124，琵琶湖博物館，草津。
　　B. 中島経夫，宮本真二 (2000)「自然の歴史からみた低湿地における生業複合の変遷　学際的研究から総合研究への可能性」松井章，牧野久実編『古代湖の考古学」p. 169－184，クバプロ。

为入江内湖遗址出土的鲤鱼遗存,全都是刚刚达到性成熟的体长为 300 毫米以上的鲤鱼[①](见图 5)。这说明当时被捕获的都是来芦苇丛产卵的鲤鱼。

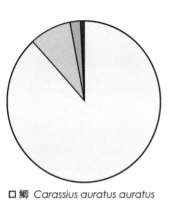

图 7 田螺山遗址的鱼骨坑内鱼的构成比率

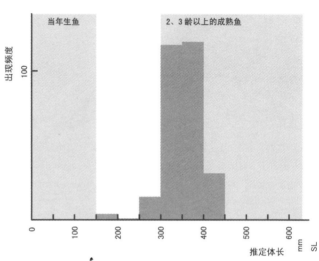

图 8 田螺山遗址出土的鲤鱼体长分布。大部分为达到性成熟的个体,说明是在产卵期间被捕获的

也许是因为日本列岛旧石器时期捕捞活动不太盛行的缘故,所以没有发现其确凿的证据。绳文时代早期末段正值全新世高温期(Hypsithermal)导致的气候温暖化时期,居住在日本西部的先民们在绳文时代早期末段便开始利用鲤科鱼类。这个时期正好是中国水稻种植技术走向规范化的时期。随着古气候变暖,人们逐渐向水边靠近。鱼类再生产的兴盛,使人们注意到来产卵的鱼类。

在一年的周期中,鲫鱼和鲤鱼都以雨季降雨为信号来芦苇丛产卵。到了产卵黄金期,水面上就会密密麻麻拥满大量来产卵的鲫鱼。琵琶湖周围,直至前几年还都能够看得到产卵期间蜂拥而至的鲫鱼,渔夫们称这种情景为"鲫岛"[②]。

像这种以捕捞鲫鱼和鲤鱼为主要目的、季节性的低湿地定居生活早在绳文时代早期末段就已经出现[③]。几乎同时,也开始了以大量捕获的鲫鱼为对象的储存加工。这在赤

① 中島経夫,中島美智代,内山純蔵,瀬口眞司(2008)「動物遣存体の調査」『入江内湖遺跡』p.146－182,滋賀県教育委員会,財団法人滋賀県文化財保護協会,大津。
② 戸田直弘(2002)『わたし琵琶湖の漁師です』,p.204,光文社。
③ 内山純蔵(2007)『縄文の動物考古学 － 西日本の低湿地遺跡からみえてきた生活像 －』,p.234,昭和堂。

野井湾遗址①及鸟浜贝冢②都已被证实。其中在赤野井湾遗址中发现了一个四壁围石的土坑。这个土坑应该是用作处理大量被捕获的鲫鱼和鲤鱼的作业场所。对鸟浜贝冢出土的咽齿按层位进行了定量分析。分析结果显示，从某层开始鲫鱼占了大部分。这表明先是以具有多样性的鲤科鱼类为对象进行储存加工，逐渐转移到轻而易举便可大量捕获的鲫鱼为主要的加工对象。把鲫鱼加工成储存食品，省去了捕捞其他鱼类的劳力和时间。由此，在适于捕获的季节，捕获可以大量捕获的物种并将其加工成储存食品，这种为加工储存食品而进行的捕捞活动在这个时期开始了。后冰期以后出现的中纬度地带的"贮存战略"③，即使对于鲤科鱼类也毫不例外地被纳入其中。

鲤科鱼类的产卵期，从3月份雅罗鱼开始产卵，一直持续到8月份桃花鱼和黄鲷鱼产卵。先民们附和着鱼类的产卵期开始了季节性的低湿地定居生活，通过加工储存大量被捕获的鲫鱼，其定居性应该更加得以强化。水稻种植很可能就是在这种情况下开始的。

(二)水田稻作与淡水捕捞

滋贺县守山市的下之乡遗址是弥生时代中期的环壕聚落遗迹。从该遗址环壕中出土了许多源五郎鲫的头部骨骼，如鳃盖骨、咽骨和咽齿。这一点同绳文时期一样是作为储存加工的预处理，统一切掉鲫鱼头部然后扔入近旁的坑堆里。但是、弥生时期捕捞鲫鱼的地方与绳文时期截然不同。弥生时期不是在湖边的芦苇丛中捕获鲫鱼，而是通过水田系统诱导鲫鱼来到人们居住的村落附近再捕获④。

雨季的时候田块积水，人们便可以在水田内种植水稻。以鲫鱼为首的、惯于在芦苇丛中产卵的鱼类把这种水田系统视为芦苇丛而在此产卵。水田由旧河道及河流周围的低湿地不断向微高地扩展⑤。随着水田面积的不断扩大，鲫鱼和鲤鱼的产卵地方和养育仔稚鱼的场所也随之增多，个体数也相应增加⑥。在弥生时期，应该存在过以水田系统这样一个人为环境作为再生产场所而将个体数不断扩大的能够适应人为环境的鱼类(以下把这种能够适应人为环境的鱼类简称"适应鱼")和不能够适应人为环境的鱼类两种(以

---

① 内山純蔵，中島経夫(1998)「動物遺存体Ⅱ」『琵琶湖開発事業関連埋蔵文化財発掘調査報告書2. 赤野井湾遺跡　第4分冊』，p. 28－57，滋賀県教育委員会・財団法人文化財保護協会，大津。

② 中島経夫，甲斐朋子，辻美穂，鈴木恭子(2005)「鳥浜貝塚貝層の定量分析についての予察的報告」鳥浜貝塚研究』，(4/5)：1－8.

③ 西田正規(1985)「縄文時代の環境」，『岩波講座 日本考古学2』，p. 111－164，岩波書店。

④ 中島経夫(2003)「淡海の魚から見た稲作文化」，守山市教育委員会編『弥生のなりわいと琵琶湖』，p. 70－91　サンライズ出版。

⑤ 田崎博之(2002)「日本列島の水田稲作」，後藤直・茂木雅博編『東アジアと日本の考古学Ⅳ 生業』，p. 73－117，同成社，東京。

⑥ 中島経夫(2001)「琵琶湖周辺の淡水魚の分布 ― 自然と人間の営みの重層的な歴史の結果として」『琵琶湖博物館企画展『鯰』展示ガイド』，p. 119－124，琵琶湖博物館，草津。

下把这种不能适应人为环境的鱼类简称"非适应鱼")。不管是适应鱼还是非适应鱼除了产卵期以外都遨游在受人为影响较少的自然水域中。在那里它们互相竞争着生存着。适应鱼的个体数如果不多的话,肯定会在激烈的竞争中输给非适应鱼。虽然现在还没有确切的研究资料证实那些灭绝种鱼类有着怎样的生活经历、获取什么样的食物、与适应鱼有着怎样的竞争关系。不过,有一点可以完全确定,即从绳文遗址中出土的灭绝种属非适应鱼。

到了弥生时期,加工储存鲫鱼的同时也开始储存鲤鱼。因此畜养活鲤鱼也是食品储存的一种方法[1]。畜养鱼必须对水进行控制。如果不能轻易放掉养鱼的水或调节其水位的话,畜养鱼的回收工作会格外地费工夫。而水的控制对于水田稻作来说是不可或缺的技术之一。因此原始性人工养殖鲤鱼是从这种鲤鱼的畜养自然产生的,是水田稻作过程中水管理的副产品[2]。在弥生时代早期水田传入日本的时候,就已经是基本成熟的灌溉水田[3]。所以,原始性人工养殖鲤鱼的知识也作为弥生文化的一个要素,同水田稻作一并由大陆传入日本[4]。

随着水田稻作的出现,日本从此进入弥生时期。弥生人利用为种植水稻而开辟的水田系统捕捞鱼类。人和鱼之间的相互联系变得更加密切。鱼类利用人为环境产卵,人们则捕捞这些来产卵的鱼类,两者相互交融发展。这种关系亦可视为"半驯化(semi-domestication)"的一种。栖息在现代琵琶湖内的鱼类在某种意义上也可以定义为半家畜鱼类[5]。弥生时期随着水稻种植技术的发展,鱼类"家畜化"也以各种形式问世。

(三)绳文时期至弥生时期淡水捕捞同稻作的关系

通过研究分析鲤科鱼类的咽齿遗存,可以看出淡水捕捞活动在古代水田稻作出现之前和之后有着很大程度的差异。以下将稻作之前称为Ⅰ期,稻作之后称为Ⅱ期并分别对Ⅰ期与Ⅱ期的淡水捕捞活动情况进行总结归纳。

0期:旧石器时期至绳文时代草创期,在水陆交界带的捕捞活动,还处于未发达的阶段。

Ⅰ期(水田稻作出现之前):在绳文时代早期末段,以鲤科鱼类鲫鱼和鲤鱼为主要对象的淡水捕捞较发达。其渔期为初春至初夏的鲤科鱼类产卵期间。由此人们渐渐开始

[1] 大沼芳幸(2003)「田んぼと魚のちょっといい関係 — 近江弥生時代の水田漁労に関する試論」,守山市教育委員会編『弥生のなりわいと琵琶湖』,p.92-111,サンライズ出版。
[2] Nakajima,T.,Nakajima,M. and Yamazaki T.(2008)Evidence for fish cultivation during the Yayoi Period in Western Japan. *International Journal of Osteoarchaeology*,Published online in Wiley InterScience.
[3] 工楽善通(1991)『水田の考古学』,p.138,東京大学出版会,東京。
[4] Nakajima,T.,Nakajima,M. and Yamazaki T.(2008)Evidence for fish cultivation during the Yayoi Period in Western Japan. *International Journal of Osteoarchaeology*,Published online in Wiley InterScience.
[5] 中島経夫(2008)「縄文・弥生遺跡に見る「魚米之郷」佐藤洋一郎編『米と魚』,p.58-70,ドメス出版,東京。

了低湿地的季节性定居生活,并且开始加工储存鱼,定居性更增强了。形成了在特定期间、捕捞大量能够轻易捕获的鱼的淡水捕捞,鱼类遗存的构成也开始由多样化向单纯方向发展。

Ⅱ期(水田稻作出现之后):到了弥生时期,来自大陆的、具有一定成熟度的、在灌溉水田中进行水稻种植的技术传入日本,水田系统便被鱼类当作产卵和养育仔稚鱼的场所。而水田系统则作为捕鱼装置充分发挥着作用。并且,水田系统被更加灵活地用作鲤鱼畜养和原始性人工养殖鲤鱼的场所。大量咽齿遗存的出土,表明其鱼的种类构成趋向单一化。

我们可以将Ⅰ期看成是淡水捕捞的开始和发展时代;把Ⅱ期看成是稻作场所的淡水捕捞较为发达的时代。

从日本西部的绳文时代晚期遗址中出土了许多水稻遗存[1],并且绳文时代早期至后期遗址中出土的陶器残片上发现了水稻植物蛋白石[2]。由此可见,稻作技术是在迎合着鲤科鱼类产卵期的低湿地季节性(鲤科鱼类的产卵期)定居生活开始的时候,传入日本的,并且在鲤科鱼类较丰富的日本西部地区得以广泛推广。

学术界对于绳文时期的水稻渊源有着不同的看法。中尾(1966 年)的《照叶林农耕论》[3]中称:绳文时期的水稻是在栖山先民刀耕火种的原始生产过程中形成的。当时稻谷只不过是作为杂粮的一种而被种植,所以绳文稻应该属于火田农耕的旱稻。的确,除了绳文时代晚期后段以外,从未发现过绳文时期的水田遗迹。即使如此,曾经离开水种植过水稻的说法也还是很难想象的。

佐藤[4](2002 年)认为:绳文时期的火田很有可能是水资源较为丰富的河床和相对平坦的湖滨地区而不是山地。乘着初春地下水位不高的时候燃火烧光草地和森林,到了夏季地下水位升高的时候再开始稻作。如此描述绳文时期稻作的情形,与季节性的低湿地定居生活是相吻合的。可以推测,当时的先民们为了捕捞产卵期的鱼而聚集于临近湖边的沼泽、浅滩,燃火烧光周围的森林、草地和芦苇丛,然后将水稻和稗子、黍子等杂粮一起种植。另外,池桥[5](2005 年)则认为:野生稻向栽培稻的演化,并不是由播种开始的,而是将多年生的野生水稻分根种植而成的。像这种水边的稻作有可能在绳文时期就已经传到日本。

正是由于低湿地的季节性定居生活,人们逐渐开始接受这种在水陆交界带进行稻作

---

① 戸山秀一、中山誠二 (1992)「日本における稲作の開始と波及」,「植生史研究」,(9):13—22.

② 藤原宏志 (1998)『稲作の起源を探る』,p. 201,岩波書店。

③ 中尾佐助(1966)『栽培植物と農耕の起源』,岩波書店,東京。

④ 佐藤洋一郎 (2002)『稲の日本史』,p. 197,角川書店。

⑤ 池橋宏(2005)『稲作の起源』,講談社,東京。

活动的方式。如果以这种观点把绳文时期的捕捞同稻作结合在一起分析的话，Ⅰ期便可被分为两个阶段（表2）。

表2 史前时代日本西部和长江流域的捕捞与稻作的关系

		日本西部	长江流域
0期	在水陆交界带捕捞活动还处于未发达的阶段		
Ⅰ期	Ⅰa期	在水陆交界带捕捞活动较为发达阶段。在捕捞之地采集水稻，进行原始稻作	在水陆交界带鲤科鱼类产卵期间进行捕捞	在水陆交界带鲤科鱼类产卵期间进行捕捞
				在水陆交界带种植水稻
	Ⅰb期		在水陆交界带鲤科鱼类产卵期间进行捕捞 在水陆交界带采集稻种	在水陆交界带鲤科鱼类产卵期间进行捕捞
				在水陆交界带种植水稻
Ⅱ期		在稻作之地进行捕捞活动	在人为的水陆交界带（水田）鲤科鱼类产卵期间进行捕捞 灌溉水田的稻作	在人为的水陆交界带（水田）鲤科鱼类产卵期间进行捕捞
				灌溉水田的稻作

（四）长江流域的淡水捕捞同稻作的关系

即便在长江流域，也应该是淡水捕捞活动在先，接着才开始出现稻作活动的。长江流域的淡水捕捞同稻作的关系应该也跟日本西部地区一样，由Ⅰa期、Ⅰb期、Ⅱ期渐进发展。因为在稻作起源地长江流域，自然生长着许多野稻，所以在Ⅰa期增添了采集稻种一项（见表2）。Ⅰ期，淡水捕捞活动为主，水稻的采集及种植为辅，因而可称之为"在捕捞场所进行稻作"。Ⅱ期，则变为稻作为主，淡水捕捞为辅，可称其为"在稻作场所进行捕捞"。

到了11650BP以后的后冰期，气候变暖，降水量增加；森林代替草原，大型兽类逐渐消失。因此，食物来源便不得不由狩猎大型兽类转为中小型兽类及采集植物。随着自然环境的变化，狩猎经济逐步向宽领域经济转变[①]。在此期间，以淡水鱼类为对象的捕捞活动应该也格外盛行。气候变暖使人们容易靠近水边，目击到鲤科鱼类大群产卵的情形，长江流域及日本西部低湿地的先民们渐渐地将鱼类也列入蛋白资源。有规律性的以雨季下雨为信号大量来产卵的鱼类成为当时替代大型兽类的重要蛋白质来源。使人们靠近水边的动机毫无疑问是鱼类。它们逐渐替代大型兽类成为人们不可缺少的重要蛋白质来源。在长江流域，鱼类的产卵场所——水陆交界带自然生长着野生水稻，所以从这

---

① 中村慎一（2002）『稲の考古学』，p.264，同成社。

个时期起人们便开始采集野生水稻的种子。尔后，历经数千年的岁月，开始种植水稻，建立了稻作的社会。在其演变过程中，淡水捕捞同稻作的关系也应该相应地发生了变化。

由田螺山遗址出土的鱼类遗存，可以推想河姆渡文化时期的捕捞同稻作的关系。据说刚开始大家都把焦点集中到了从河姆渡遗址中出土的稻谷遗存上。后来发现了大量坚果类及储存这些坚果类的储藏坑，还发现了很多菱角。因此，水稻的种植只不过是当时以坚果类为基础的广泛生业中的一项而已[①]。而且，这里出土的水稻遗存具有野生型和驯化型的混合特征[②]。说明河姆渡文化时期的水稻，虽然已被人工种植，但还未完全成为驯化品种。田螺山遗址出土的鲤鱼体长分布属绳文型，从这点来看，可以确知当时的灌溉技术还处于不发达状态。并且，当时捕获的鱼绝大多数都是鲫鱼和鲤鱼，种类构成具有很大局限性。同日本西部的绳文及弥生时期咽齿遗存的出土状况相比较，呈现出Ⅰ期后段的面貌，大概相当于在捕捞场所进行稻作的Ⅰb期末段。为了种植水稻，低湿地的原有面貌可能已经开始被改变了。

当时的田螺山，曾进行过怎样的稻作？还有很多不清楚的部分。但是通过研究分析鲤鱼咽齿遗存，表明至少当时还不存在灌溉水田稻作。从农具和陶器的研究角度，中村[③]认为自崧泽文化后半段到良渚文化期间已经出现灌溉水田并建立了稻作社会。长江流域的水田遗迹发现得很少，其为数不多的出土例之一草鞋山遗址中发现了马家浜文化时期的水田雏形。研究表明曾在此进行过以水井及水塘为水源的灌溉模式[④]。目前，马家浜文化时期到良渚文化时期遗址出土的鱼类遗存，尚未进行详细的考察。不过，我认为今后会从长江流域这个时期的遗址中出土大量的鲤鱼咽齿，如果有确凿证据证明其的确为弥生型的体长分布的话，那么马家浜文化时期至良渚文化时期才是"在稻作场所进行淡水捕捞"的起始时代，可称其为"正式的灌溉水田"的成立期。

总结与课题

通过研究日本西部绳文、弥生时期遗址中出土的鲤科鱼类咽齿遗存，考察了捕捞与稻作的关系。人们靠近水边的动机无疑是捕获来产卵的鱼。由此开始了以产卵期的鱼类为对象的捕捞活动，继而开始了低湿地的定居生活。在长江流域，曾经有过野生水稻

---

① Fuller, D. Q. , Harvey, E. and Qin, L. (2007) Presumed domestication? Evidence for wild rice cultivation and domestication in fifth millennium BC of the Lower Yangtze region. *Antiquity*, 81：316−331.

② Sato, Y. (2002) Origin of rice cultivation in the Yangtze River Basin. Yasuda Y. ed "*The Origins of Pottery and Agriculture*" pp. 143−150, Lustree Press/Roli Books.

③ 中村慎一(2002)『稲の考古学』, p. 264, 同成社.

④ 谷建祥, 邹厚本, 李民昌, 汤陵华, 丁金龙, 姚勒德 (1998)「对草鞋山遗址马家浜文化时期稻作农业的初步认识」『考古学』, (3): 15−24.

的群落，人们先采集野生水稻的种子，逐渐发展为水稻种植。由田螺山遗址出土的咽齿遗存可以想象，当时的稻作，不是在水田而是在略作修整的水陆交界带进行的。很可能当时就是这种稻作作为绳文的稻作传入日本西部。其后，长江下游地区在良渚文化时期以前出现了灌溉水田，从而形成了稻作社会。日本西部，则在弥生时期，与灌溉水田的稻作技术一起，包括原始性人工养殖鲤鱼在内的水田捕捞文化由大陆传入。长江流域的淡水捕捞与稻作的关系是持续渐变的。可是，日本西部却由于是从大陆传来的新技术和文化，所以发生了飞跃性的变化。笔者认为，要想全面、系统地探讨淡水捕捞与稻作的关系，就必须以长江流域遗址中出土的咽齿遗存及其他相关资料为基础进行。遗憾的是目前中国除了田螺山遗址以外，有关咽齿遗存方面的具体研究资料尚无报道。阐明淡水捕捞与稻作、鱼类与水稻的关系，必须仔细比较河姆渡文化时期之前的遗址以及马家浜文化时期至良渚文化时期遗址，还有长江流域以外的遗址中出土的咽齿遗存。在中国，有关咽齿遗存的研究还处于起步阶段，通过今后的不懈地努力，淡水捕捞与稻作的关系一定会更加明晰。

在撰写本稿时，非常感谢金泽大学的中村慎一教授、综合地球环境学研究所的内山纯藏准教授和槙林启介研究员给予很多帮助；以及中国社会科学院考古研究所张静教授在译文校对时赐予宝贵意见。同时也向研究辅助员中岛美智代女士、中文翻译室田潔枝女士以及为本稿整理资料和数据的木下健吾先生致谢。还有承蒙其他诸多人士给予帮助，谨此向大家表示深厚谢意。